Joachim W. Pein

GIGANTEN
der Weltmeere

Die Geschichte der Supertanker

Joachim W. Pein

GIGANTEN
der Weltmeere

Die Geschichte der Supertanker

Koehlers Verlagsgesellschaft mbH · Hamburg

Titelbild: Der Supertanker **Sahara** (356.400 Tonnen Tragfähigkeit) verläßt Rotterdam-Europoort
Photo: Torsten Andreas

Vorsatz: Pipelines auf der Ölverladeinsel Kharg Island, Iran
Photo: Tom Hallat

Nachsatz: Supertanker **Liotina** (317.521 tdw) der Deutsche Shell Tanker-Gesellschaft beim Löschen der Ladung in Rotterdam-Europoort
Photo: Joachim W. Pein

Schutzumschlag Rückseite: Die **Pierre Guillaumat** (555.051 Tonnen Tragfähigkeit), der größte jemals in einem Stück gebaute Tanker
Photo: Sammlung Wolfgang Eder

CIP-Titelaufnahme der Deutschen Bibliothek

Pein, Joachim W.:
Giganten der Weltmeere, Geschichte der Supertanker – 1. Aufl. – Hamburg :
Koehler, 1996
  ISBN 3-7822-0670-3

ISBN 3-7822-0670-3
© 1996 by Koehlers Verlagsgesellschaft mbH, Hamburg
Alle Rechte, insbesondere das der Übersetzung, vorbehalten
Titelbild:Torsten Andreas
Layout und Produktion: Jochen Bock
Druck und Bucheinband: Hans Kock GmbH – Bielefeld
Printed in Germany

Inhaltsverzeichnis

1930-1966 Die Vorgeschichte

1930-1952 Vom Benzintanker zum Rohöltransporter 9
1953-1966 Rekordjagd im Tankerbau 10

1953-1955	Tankerkönige in den Schlagzeilen	
	Japan – Eine Schiffbaumacht entsteht	10
1956/57	Schließung des Suezkanals und die Folgen	
	Verstärkter Trend zu größeren Tankern	12
1958-1963	Die ersten 100.000-Tonner	15
1964-1966	Atemberaubende Entwicklung	
	200.000-Tonner werden gebaut	
	326.000-Tonner werden bestellt	
	500.000-Tonner werden entworfen	
	Einsatzgebiete der Giganten	
	Entstehungsgeschichte der OPEC	16

1967-1973 Goldrausch

1967	Nahostkrise löst Euphorie bei Tankerreedern aus	
	Die erste Großtankerkatastrophe	21
1968	10 Jahre Größenwahn	
	Stabilitätsprobleme bei Neubauten	22
1969	Charterpraxis	
	Explosionen und Untergang eines Riesentankers	25
1970	Hochkonjunktur für Tankerwerften	
	Pläne für den Eine-Million-Tonner	
	Schiffsantrieb: Diesel contra Steam	30
1971	Die Reeder der Supertanker	33
1972	Europäische Werften im Aufwind	
	Neu – OPEC-Öl für die USA	38
1973	Das Ende der goldenen Träume	
	OPEC dreht den Ölhahn zu	42

1974-1986 Die Fahrt zur Hölle

1974-1980 Immer mehr Tanker für immer weniger Fracht 47
- 1974   In Europa gehen die Lichter aus
  - Die Ölmultis als Bittsteller
  - Erste Ölpest durch VLCC-Strandung 47
- 1975   Großtanker werden eingemottet
  - Ein 220.000-Tonner versinkt im Ozean 50
- 1976   Neu und unprofitabel – Die 500.000-Tonner
  - Reeder vor der Pleite – Banken und Regierungen in der Klemme
  - »Onassis on the rocks« 54
- 1977   Werften in der Krise
  - Die VLCC-Flotten der Ölmultis
  - Kollision zweier Giganten vor Südafrika 57
- 1978   Die ersten Supertanker werden verschrottet
  - Erste Maßnahmen gegen Umweltsünder
  - Amoco Cadiz – ein Alptraum wird Wirklichkeit 60
- 1979/80   Der größte Tanker aller Zeiten
  - Irankrise belebt Tankermarkt
  - OPEC – Preise bis zur Schmerzgrenze
  - Schweren Havarien in Serie
  - Kapitän versenkt eigenes Schiff 61

1981-1986 Die Lage ist hoffnungslos 71
- OPECs Förderquoten, Pipelines und das »Öl vor der Haustür«
  – kein Bedarf an Supertankern 71
- Flottenabbau im großen Stil 73
  - Auflieger und Lagerschiffe
  - Ausmusterung – Fernost als letztes Reiseziel
- Werften geben auf 78
- Reedereien – bittere Zusammenbrüche und neue Gesichter 79
  - Die Verlierer der Tankerkrise
  - Supertanker als Ramschware – die Stunde der Spekulanten
- Billigflaggen setzen sich durch 93
- Exocet kann sie nicht knacken – Supertanker im Golfkrieg 94
- Auch die größte Krise hat ein Ende 98
- Auftrieb für Reparaturwerften 99

1987-1996 Fester Markt – brüchige Sicherheit

- Erstmals nach 20 Jahren – der Tankermarkt im Lot 101
- Exxon Valdez und Haven – zwei Namen verändern die Tankschiffahrt 105
- Ein Rückschlag für den Fortschritt – Billiganbieter gegen High-tech-Tanker 109
- Der eintausendste Riesentanker 112

Vorwort

Wie kann man sich nur für Supertanker interessieren, diese klobigen, häßlichen Ungetüme?
Mit dieser Frage bin ich in der Vergangenheit immer wieder konfrontiert worden.
Die Antwort fällt nicht schwer.
Kein Bereich der Handelsschiffahrt hat in den vergangenen Jahrzehnten derartig extreme Höhen und Tiefen erlebt wie die Tankschiffahrt. Glanzvolle Zeiten mit kaum vorstellbaren Gewinnspannen gingen für die Reeder der Supertanker mit dem Beginn der Ölkrise ab Oktober 1973 jäh in einen Absturz ins Bodenlose über. Die Ursache hierfür waren sowohl die nicht kalkulierbaren Ereignisse der Weltpolitik als auch die menschliche Maßlosigkeit, die besonders in Zeiten des Wohlstands oft den Blick für die Realitäten verklärt.
Ohne die Großtanker hätte der Rohölbedarf der Industrienationen nicht annähernd gedeckt werden können. Diese Schiffe waren daher aus wirtschaftlicher Sicht notwendig.
Tanker haben aber in der Vergangenheit auch in erschreckendem Maße zur Verschmutzung der Meere beigetragen, sei es durch den routinemäßigen Schiffsbetrieb oder durch spektakuläre Havarien und es bereitet der Staatengemeinschaft nach wie vor große Schwierigkeiten, vor allem der Bedrohung der Umwelt durch Tankerhavarien mit einheitlichen gesetzlichen Maßnahmen zu begegnen.
Mit diesem Buch habe ich den Versuch unternommen, die Fortentwicklung des Rohöltransports über See bis in die Gegenwart unter Einbeziehung dieser vielgestaltigen Aspekte darzustellen.
Herzlich bedanken möchte ich mich bei allen, die mir mit ihren Fotoarchiven, ihrem Rat und ihrer Kritik beim Entstehen des Buches zur Seite gestanden haben. Besonderer Dank gilt den Freunden Torsten Andreas, Chris Cheetham, Michael Dollenbacher und Reinhard Schnake sowie Mr. Ian Spashett, dem Geschäftsführer der Firma Foto Flite, New Romney, Kent.
Rellingen, im Sommer 1996

Lyme Bay, Südengland, im September 1992: Der Shell-Tanker **Solaris** (83.701 tdw) gibt eine Ladung Nordseeöl an den amerikanischen Supertanker **U.S.T. Pacific** (404.531 tdw) ab.
Photo: Nigel Rolstone Courtesy Interocean Management Corp., Philadelphia

1930 - 1966
Die Vorgeschichte

Nach dem zweiten Weltkrieg hat der Transport von Rohöl über See ständig zugenommen, sind die Tankschiffe fortlaufend größer geworden. Im Dezember 1966 schließlich wurde der erste Tanker mit einer Tragfähigkeit von mehr als 200.000 Tonnen in Dienst gestellt, von der Fachwelt als **V**ERY **L**ARGE **C**RUDE **C**ARRIER (VLCC) bezeichnet. Dieser Schiffstyp übernahm fortan in immer bedeutenderem Umfang die Versorgung der Industrienationen mit Rohöl, dem wichtigsten Rohstoff der Nachkriegszeit.

Die Ursprünge des Rohöltransports in Tankschiffen liegen in den Jahren vor dem zweiten Weltkrieg.

1930-1952 Vom Benzintanker zum Rohöltransporter

Der Seetransport von Rohöl (crude oil) hatte vor dem Krieg nur eine untergeordnete Bedeutung. Damals war es nicht der Rohstoff, sondern fast ausschließlich das Ölprodukt, welches über die Meere verschifft wurde. Öl wurde u.a. zu Benzin verarbeitet und in der im Aufbruch befindlichen Automobilindustrie in eher bescheidenen Mengen benötigt. Für die Energieversorgung in Haushalten und in der Industrie spielte dieser Rohstoff seinerzeit noch keine große Rolle, hierfür wurde hauptsächlich Kohle verwendet. Die USA, Mexico und Venezuela waren in den dreißiger Jahren die Hauptölproduzenten. Die Raffinerien hatten ihre Standorte in der Nähe der Quellen, und den Transport der Ölprodukte zu den Häfen in den Verbraucherländern - hauptsächlich in die USA und nach Europa - erledigten Tanker zwischen 8.000 und 17.000 Tonnen Tragfähigkeit.

Die Verschiffung von Rohöl in nennenswertem Umfang begann erst 1934 mit der Eröffnung einer Pipeline, die von den Kirkuk Ölfeldern im Irak zu den Mittelmeerhäfen Tripoli und Haifa führte. Von dort beförderten Tanker das Öl weiter nach Frankreich. Mit diesem Ereignis begann auch der Aufstieg des Mittleren Ostens zum Hauptversorger Europas, zumal die USA ihre eigenen Quel-

*Auf Jungfernreise: Die **Tina Onassis** passiert Ende November 1953 Stadersand.*

Photo: Rolf Meinecke

len für den heimischen Bedarf benötigten und als Exporteure bedeutungslos wurden.

Der eigentliche Grund für den Wandel vom Transport des verarbeiteten Öls hin zur Rohölfahrt lag im politischen Bereich. Nachdem Mexiko im Jahr 1938 die privaten Ölgesellschaften des Landes verstaatlicht hatte und die iranische Regierung 1951 die Kontrolle über die seinerzeit größte Raffinerie der Welt in Abadan übernommen hatte, bis dahin im Eigentum der Anglo-Iranian Oil Co., einer Tochtergesellschaft der BP, änderten die Ölgesellschaften ihre Geschäftspraktiken. Von nun an sollte das Öl nicht mehr an den Quellen verarbeitet werden, sondern in den politisch stabileren Verbraucherländern.

Auch technische und wirtschaftliche Gesichtspunkte sprachen gegen die Raffinerie an der Quelle. Einerseits wird beim Verarbeiten gern auf Rohöl verschiedener Qualitäten aus unterschiedlichen Quellen - leichter und schwerer Beschaffenheit - zurückgegriffen, und zum anderen ist es billiger, den Rohstoff zu importieren als die bereits verarbeitete Ware.

Folglich wurden von den fünfziger Jahren an in den wirtschaftlich prosperierenden Gebieten der Welt, wie Westeuropa, Japan und den USA, riesige Raffineriekomplexe errichtet, für deren reibungslose Versorgung mit Rohöl Tankschiffe gebraucht wurden. Und der Ölverbrauch stieg und stieg. Waren es im Jahre 1938 weltweit noch 255 Millionen Tonnen gewesen, so war man 1952 schon bei 613 Millionen Tonnen angelangt. Dies war nur der bescheidene Anfang einer Entwicklung, die man später gern als Ölboom bezeichnete.

Vielversprechende Aussichten also für die Tankschiffahrt.

1953-1966 Rekordjagd im Tankerbau

Die Welttankerflotte hatte zwischen 1939 und 1949 zwar um 45 Prozent zugenommen (von 16 Millionen auf 23,3 Millionen Ladetonnen), sie war gleichwohl für den Transport von Rohöl über weite Entfernungen nicht geeignet.

Mit überwiegend weniger als 20.000 Tonnen Ladefähigkeit waren die Schiffe aus ökonomischer Sicht zu klein. Die sogenannten T-2-Tanker z.B., von US-Werften während des Krieges in großer Stückzahl gebaut, waren mit ihrer Tragfähigkeit von 16.600 Tonnen den größeren Nachkriegsbauten schnell unterlegen. Der größte Neubau des Jahres 1952, der Shell-Tanker *Velutina*, Tragfähigkeit 28.330 Tonnen, war in der Lage, die Tonne Rohöl um 35 Prozent billiger zu befördern als ein T-2-Tanker. Die Besatzungsstärke der *Velutina* entsprach der eines kleineren Tankers, und die übrigen Betriebskosten, wie Brennstoff, Versicherung oder Hafengebühren, waren in Relation zur größeren Transportmenge ebenfalls günstiger. Gleiches galt für die Baukosten des Schiffes.

Wachsende Schiffsgrößen = Verbilligung der Transportkosten: diese Maxime beherrschte für die nächsten 20 Jahre die Tankschiffahrt, weil sie den Reedern erstklassige Ertragsaussichten versprach und die Fördermengen von Rohöl weiterhin steil nach oben stiegen. Aufbruchstimmung machte sich breit, jetzt setzte er ein, der Wettlauf nach immer größeren Einheiten – der Begriff Supertanker entstand.

1953-1955 Tankerkönige in den Schlagzeilen
Japan – Eine Schiffbaumacht entsteht

Mit den Tankergrößen ging es fortan ständig aufwärts:

1953: *Tina Onassis* wurde von den Howaldtswerken A.G. in Hamburg in Dienst gestellt, Tragfähigkeit 45.230 Tonnen und damit das größte Tankschiff der Welt.

1954: *World Glory*, abgeliefert von Bethlehem Steel Co., Quincy, Massachussetts, brachte es auf 45.509 Tonnen.

1955: *Sinclair Petrolore*, gebaut von Kure Shipyards, Japan, stellte mit einer Tragfähigkeit von 59.089 Tonnen einen neuen Größenrekord auf.

Bei den Eignern dieser Schiffe handelte es sich um Persönlichkeiten, die man getrost als die Väter der Supertanker bezeichnen darf: die Griechen Aristoteles S. Onassis und Stavros Niarchos sowie den Amerikaner Daniel K. Ludwig. Sie waren es, die im ständigen Wettstreit miteinander immer größere Tankschiffe bestellten. Bis 1962 gehörte jeder neu in Dienst gestellte »Weltmeister« abwechselnd einem dieser drei Tankerkönige.

Ludwig hat den Großtankerbau am stärksten vorangetrieben. Schon im Jahre 1951 hatte er die frühere Kaiserlich-Japanische Werft in Kure für einen Zeitraum von zehn Jahren gepachtet. Eine kluge Entscheidung, denn die Werft verfügte damals schon vom Kriegsschiffbau her über ein Trockendock für Schiffe bis zu 150.000 Tonnen Tragfähigkeit. Ludwigs Engagement in Kure war der Startschuß für die Serienfertigung von Großtankern in Japan und wurde zur Grundlage für den enormen Anteil dieses Landes am Bau der VLCCs ab Mitte der sechziger Jahre.

Der entscheidende Schachzug war der Transfer amerikanischen »Know-hows« im Standardschiffbau nach Japan. Diese neue Art, Schiffe in Serie zu fertigen, sozusagen am Fließband, hatten die Amerikaner aus der Notsituation während des zweiten Weltkrieges entwickelt. Sie sollte wegweisend werden für die Zukunft im Schiffbau.

Die Alliierten in Europa waren damals dringend auf den Nachschub an Nahrungsmitteln, Waffen und Rohstoffen, vor allem aber auf Benzin aus den USA angewiesen. Frachter und Tanker für den Transport über den Atlantik fehlten jedoch an allen Ecken und Enden, durch Kriegsverluste waren die Handelsflotten stark dezimiert worden.

Es wurden Werften benötigt, die in der Lage waren, einige Tausend Schiffe in kürzester Zeit zu bauen.

Solche Werften gab es nur in den Vereinigten Staaten, fernab von den Kriegsschauplätzen Europas, und im Februar 1942 leitete die US-Regierung ein Bauprogramm für Frachter und Tanker ein, das in seiner Dimension und in der Art und Weise des Schiffbaus bis dahin ohnegleichen war.

Man ging weg vom herkömmlichen Schiffbau, bei dem auf den Helgen Stahlplatte für Stahlplatte zusammengenietet wurde, bis schließlich nach einigen Wochen der Schiffskörper im Rohbau fertig war und zu Wasser gelassen wurde, um dann an der Ausrüstungspier den individuellen Wünschen des Reeders entsprechend fertiggestellt zu werden. Für jede Art von Extras war jetzt keine Zeit, je bedrohlicher die Lage in Europa wurde, desto lauter wurde der Ruf nach schneller Ablieferung neuer Schiffe. Serienfertigung war das Zauberwort. Die sogenannten Liberty-Frachter und Victory-Frachter sowie die Standardtanker vom Typ T-2 wurden nach jeweils dem gleichen Generalplan in riesiger Anzahl quasi über Nacht gebaut.

So führten amerikanische Werften die Sektionsbauweise ein: Auf dem Werftgelände wurden ganze Schiffsteile, wie z.B. Steven- oder Hecksektionen, nach identischen Plänen vorgefertigt, dann

*Wegweisend für den modernen Schiffbau: US-Standardschiffe aus dem zweiten Weltkrieg. Dazu gehörten die Liberty-Schiffe, hier die britische **Lassell** auf der Unterelbe…*
Photo: Rolf Meinecke

mit Kränen zur Helling gehievt und dort mit anderen »am Fließband« erstellten Teilen im Baukastenprinzip zusammengesetzt. Schon nach wenigen Tagen war der Rumpf fertig und konnte zu Wasser gelassen werden. Der Libertyfrachter *Robert E. Peary* lief z.B. im November 1942 nach einer Rekordbauzeit von nur viereinhalb Tagen von Stapel. An der Ausrüstungspier wurden die Schiffe dann mit den weiteren bereits vorgefertigten Teilen, z.B. den Aufbauten, in Windeseile fertiggestellt. Auf dem Helgen wuchs derweil schon der nächste Neubau heran. Mit dieser Schnellbauweise gelang es z.B. fünf amerikanischen Werften, innerhalb von nur vier Jahren insgesamt 481 Tanker des Typs T-2 SE+A1 zusammensetzen, eine wahrhaft außergewöhnliche Leistung.

Unter Nutzung dieser Prinzipien ließ D.K. Ludwig im Großdock von Kure während der fünfziger Jahre für seine eigene Flotte einen Tanker nach dem anderen bauen. Die japanischen Schiffbauer waren begeistert von dieser Methode, bedeutete sie doch für das einzelne Schiff erheblich geringere Entwicklungskosten und viel kürzere Bauzeiten. Die Werften des Landes machten sich in jener Zeit das Prinzip der Standardfertigung in der Sektionsbauweise zu eigen und verschafften sich dadurch eine gute Ausgangsposition, bei entsprechender Nachfrage Tankschiffe weltweit zu günstigen Preisen, in kurzer Bauzeit und guter Qualität anzubieten.

Ästhetische Gesichtspunkte beim Schiffbau blieben dabei allerdings mehr und mehr auf der Strecke, vor allem Ludwigs Tanker aus dieser Zeit waren wahrlich keine Schönheiten. Dem Eigner war es egal, denn Eleganz brachte schließlich kein Geld ein. Einem Gerücht zufolge hat Ludwig sogar prüfen lassen, ob sich auch die Hohlräume der Schiffsmasten seiner Tanker mit Rohöl füllen ließen und so als zusätzliche Einnahmequelle zu nutzen waren. Die europäischen Werften setzten diese neue Art, Schiffe zu bauen, erst viel später um. Hier dauerte es bis in die sechziger Jahre, bis man in den Standardschiffbau einstieg – fast zu spät, um den großen japanischen Vorsprung noch aufzuholen.

1956/57 Schließung des Suezkanals und die Folgen Verstärkter Trend zu größeren Tankern

Im Juli 1956 verstaatlichte der ägyptische Präsident Nasser den Suezkanal, den Wasserweg für alle Rohöltransporte vom Persischen Golf nach Europa, der bis dahin unter britischer Kontrolle gestanden hatte. Israel sah daraufhin das militärische Gleichgewicht in der Region bedroht und verabredete mit England und Frankreich einen Angriff auf Ägypten.

Am 30. Oktober setzten England und Frankreich Nasser ein auf 24 Stunden befristetes Ultimatum, dem Kanal den Status eines

…und die T-2 Tanker wie die amerikanische **Battle Rock**, die hier in Kriegsausstattung kurz nach dem Ende des zweiten Weltkrieges in Auckland, Neuseeland, einläuft.
Photo: David N. Brigham

*Von Eleganz wie bei der **Tina Onassis** keine Spur: Die **Petro Emperor**, ein D. K. Ludwig-Neubau aus Kure, Baujahr 1953*
Photo: Gerhard Müller-Debus

international frei befahrbaren Wasserwegs einzuräumen. Das lehnte die ägyptische Seite jedoch ab. Aus Angst vor einer militärischen Auseinandersetzung gaben Ölgesellschaften und Reeder von Handelsschiffen mit Kurs auf den Suezkanal ihren Kapitänen noch am gleichen Tag die Order, umzukehren und den Seeweg um Südafrika zu nehmen.

Als Antwort auf Ägyptens Ablehnung des Ultimatums begann eine britisch-französische Luftoffensive auf Kanalstädte – der Suezkanal war vom 16. November an für die Schiffahrt gesperrt. Plötzlich war der Seeweg vom Persischen Golf nach Nordeuropa um etwa 5.000 Seemeilen länger geworden, die Tanker waren 14 Tage zusätzlich unterwegs. Für die Versorgung Europas wurde dringend zusätzliche Tonnage benötigt, die Frachtraten schossen in die Höhe, und Reeder mit freien, d.h. nicht vercharterten Tankern machten exzellente Abschlüsse.

Ein Versorgungsengpaß ist damals nicht entstanden. Durch die ausgezeichnete Flottendisposition der Ölgesellschaften sowie zusätzliche Importe aus den USA und Venezuela hat der Verbraucher von einer Ölkrise nichts bemerkt.

Nach einer Intervention der USA zogen England und Frankreich bis Ende des Jahres ihre Truppen wieder zurück. Außerdem entfernte Israel im März 1957 seine Truppen von der Ostseite des Kanals, nachdem dort UN-Einheiten stationiert worden waren, die auch die Räumung des Wasserwegs überwachten. Die Ägypter hatten nach Ausbruch der Spannungen mehrere Dutzend Schiffe mit Zement beladen und als Hindernisse im Kanal versenkt. Am 9. April 1957 war der Suezkanal wieder frei befahrbar.

Jetzt trat genau der gegenteilige Effekt ein, denn der nun wieder sehr viel kürzere Seeweg ließ weltweit einen großen Überhang an Tankschiffen entstehen. Innerhalb weniger Wochen fielen die Charterraten stark ab, und viele Tanker, vor allem ältere und kleinere, mußten aus dem Verkehr gezogen und eingemottet werden.

Moderne größere Tanker blieben meist in Fahrt, sie konnten aufgrund geringerer Betriebskosten auch bei niedrigen Frachtraten noch Geld verdienen. Der kostengünstigere Betrieb von Großtankern begann sich auszuzahlen.

Mit der Suezkrise 1956/57 wurde in der Tankschiffahrt erstmals das große Risiko des Seetransports von Rohöl erkennbar: Aufgrund weithin nicht kalkulierbarer Ereignisse der Weltpolitik waren einerseits riesige Gewinne möglich, kurz darauf konnte man aber jeglichen Spielraum verlieren, überhaupt noch profitable Einsatzmöglichkeiten für die Schiffe zu finden. Stavros Niarchos schrieb damals: »Es ist eine Tatsache, daß die Tankschiffahrt bei bestimmten Entwicklungen ein hervorragendes Geschäft sein kann, aber umgekehrt auch schnell ein ›Faß ohne Boden‹ wird, welches die Gewinne und Reserven aus guten Zeiten schnell wie-

Die Schließung des Suezkanals ließ den Seeweg vom Persischen Golf nach Nordeuropa von 6.500 auf 11.300 Seemeilen wachsen

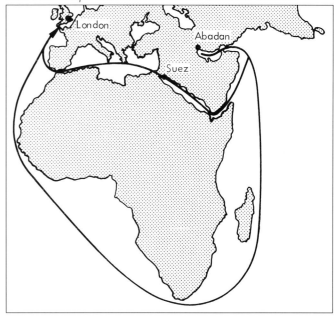

Der erste 100.000-Tonner:
*Die **Universe Apollo***

der auffrißt.« (Tanker Directory of the World, 1959.) Diese Feststellung sollte eine Grundweisheit für die Tankschiffahrt bleiben, sie wurde allerdings von manchen Reedern vor allem in Zeiten wirtschaftlicher Blüte schnell wieder vergessen.

Die Suezkrise 1956/57 ließ bei den Tankerreedern und den Ölgesellschaften Skepsis aufkommen, ob dieser Wasserweg zukünftig frei befahrbar sein würde oder ob sich solche Ereignisse, wie dieser internationale Konflikt, wiederholen könnten. Es wurden Überlegungen angestellt, generell die Kap-Route zu benutzen. Erstmals faßte man Tankergrößen ohne Rücksicht auf die Tiefgangsbeschränkungen des Kanals ins Auge. Den Ökonomen kamen diese Gedanken sehr gelegen, sie wollten ohnehin die Transportkosten weiter reduzieren und beauftragten jetzt noch intensiver die Planungsbüros und Werften, Großtanker für den Weg um das Kap der Guten Hoffnung zu entwickeln.

Einer war schon soweit, natürlich Daniel K. Ludwig, dessen Werft in Kure 1956 mit der *Universe Leader* einen Tanker in Dienst stellte, der mit seiner Tragfähigkeit von 84.756 Tonnen für die Passage durch den Suezkanal zu groß war.

*Bei voller Abladung für den Suezkanal zu groß: Die **Esso Warwickshire***   Photo: Joachim W. Pein

1958-1963 Die ersten 100.000-Tonner

Im Jahr 1959 wurde der erste Tanker mit über 100.000-Tonnen Tragfähigkeit in Dienst gestellt, die *Universe Apollo* aus Kure. Verglichen mit einem 20.000-Tonner waren die Baukosten per Tonne halb so hoch und die Transportkosten um 65 Prozent geringer.

1960/61 kamen dann immer mehr Tanker in Dienst, die den Suezkanal mit seinem Maximaltiefgang von 11,30 Metern vollbeladen nicht mehr befahren konnten. Die Schiffe der sog. County-Klasse von Esso (*Esso Warwickshire* etc.) oder der S-Klasse von Shell (*Solen*, *Sepia* etc.) hatten einen Tiefgang von 14 bzw. 13 Metern und fuhren entweder mit Teilladungen durch den Suezkanal, die dann in Mittelmeerhäfen komplettiert wurden, oder sie nahmen von vornherein vollbeladen die Kap-Route.

Weiter steil bergauf ging es 1962 mit der *Nissho Maru* aus Japan, Tragfähigkeit 132.334 Tonnen. Dieses Schiff wurde ausschließlich in der Rohölfahrt vom Persischen Golf nach Japan beschäftigt, ein Seeweg ohne Tiefgangsbeschränkungen für diese Tankergrößen. Im Januar 1963 gab es auf der Welt insgesamt 16 Tanker mit mehr als 80.000 Tonnen Tragfähigkeit, allein neun davon gehörten der Universe Tankships Ltd. des D. K. Ludwig.

Anfang der sechziger Jahre wurde im Tankerbau der Baustil verändert. Hatte man bis dahin die Aufbauten der Schiffe noch zweigeteilt – mitschiffs und achtern – so wurden jetzt mehr und mehr alle Einrichtungen, wie Kammern der Besatzung, Verpflegungsräume und Kommandobrücke, in einem Aufbautenblock auf dem Achterschiff errichtet. Die moderne Technik, wie Radar oder auch Kameras auf dem Vorschiff, ließ die Konstruktion der Kommandobrücke in der Mitte des Schiffes überflüssig werden.

Auf dem Sprung zur Weltspitze: Japanischer Schiffbau 1966

1964-1966 Atemberaubende Entwicklung
*******200.000-Tonner werden gebaut***
*******326.000-Tonner werden bestellt***
*******500.000-Tonner werden entworfen***
*******Einsatzgebiete der Giganten***
*******Entstehungsgeschichte der OPEC***

Der Trend in Richtung 200.000-Tonnen-Tanker hielt unvermindert an.
Ölgesellschaften wie auch Privatreeder waren gleichermaßen aktiv: 1965 bestellte die Esso fünf Tanker mit je 171.000 Ladetonnen in St. Nazaire, Frankreich (3), und bei HDW in Kiel (2), die Shell orderte gar sieben Tanker zwischen 165.000 und 173.000 Tonnen in Japan (3), Frankreich (2) und der Bundesrepublik (2 Tanker bei HDW Kiel), zwei Schiffe gleicher Größe bestellte der Norweger Sigval Bergesen d.Y. (d.Y. = der Jüngere) in Japan.
Im Juni 1965 schließlich bestellte die Idemitsu Tanker K. K., Tokyo, bei der Ishikawajima Heavy Industries in Yokohama einen Tanker, der einmal der erste VLCC werden sollte.
Jetzt setzte der große Konkurrenzkampf zwischen den Werften in Japan und Europa um den sich abzeichnenden riesigen Auftagskuchen ein. Die Japaner hatten aber bereits einen beachtlichen Vorsprung durch ihr »Know-how« im Standardschiffbau. Sie boten weltweit einheitliche Typen von Großtankern an, preisgünstig, kurzfristig und in guter Qualität lieferbar.
Komplett neue Werften für die Massenproduktion von Großtankern entstanden, alte Helgenanlagen wurden zugunsten neuer Baudocks demontiert, die mit riesigen Portalkränen versehen wurden. Solche Kräne waren in der Lage, die bis zu 200 Tonnen schweren, in großen Montagehallen vorgefertigten Einzelsektionen zu den Baudocks zu hieven. Diese Docks waren so geräumig konzipiert, daß ein 200.000-Tonnen-Tanker sowie die Hecksektion des nächsten Standardtankers incl. Hauptmaschine simultan gefertigt werden konnten. All diese Neuerungen ließen zwischen 1958 und 1964 den Lohnkostenanteil im japanischen Schiffbau um 60 Prozent sinken.
Die europäischen Werften dagegen, in der Vorkriegszeit dominierend im Weltschiffbau, setzten in den Fünfzigern und Anfang der Sechziger ihren traditionellen Stil im Schiffbau fort, wohl auch deshalb, weil der Anstoß zum Serienschiffbau fehlte. Europäische Reeder verlangten keine Standardschiffe. Jede Reederei, vor allem die traditionellen Linienreedereien, hatte ihren eigenen Stil, legte großen Wert auf ihre eigene Note, die auch und vor allem im unverwechselbaren Erscheinungsbild der Flotte ihren Ausdruck fand. Es wurde auf individuelle Schönheit oder Beibehaltung klassischer Linienführungen Wert gelegt, und wenn es zum Bau von mehreren Schiffen gleichen Typs kam, dann waren es nur einige wenige Schwesterschiffe innerhalb einer Reederei. Anschließend verschwanden die Baupläne in den Schubladen. Eine reedereiübergreifende Serienfertigung anzubieten, hätte damals wohl wenig Aussichten auf Erfolg gehabt. Die Schiffe wurden weiterhin »maßgeschneidert«, zeitaufwendig und kostspielig.

Jetzt, Mitte der sechziger Jahre, als sich für Japan das frühzeitig gezeigte Interesse am Standardschiffbau bezahlt machte, wurde es für die Werften in Europa höchste Zeit, umzudenken und schnell zu reagieren. Man war Japan hinsichtlich der Technologie, Produktivität und Baukosten deutlich unterlegen. »Alte Zöpfe« mußten schleunigst abgeschnitten und durch neue Konzepte ersetzt werden. Für die Serienfertigung waren alte Helgenanlagen und Werkshallen zu klein und unproduktiv, sie mußten ausgebaut und modernisiert bzw. abgerissen werden, um durch neue, großzügig angelegte Fertigungsanlagen und Baudocks ersetzt zu werden. Dies alles kostete sehr viel Geld und Zeit, und es dauerte immerhin bis Anfang der siebziger Jahre, bis im europäischen Tankschiffbau der japanische Vorsprung wettgemacht war.
Die Handelswege der Großtanker sind schnell aufgezählt, die Schiffe waren dafür bestimmt, Rohöl aus dem Persischen Golf nach Europa und Japan zu transportieren. Gelegentlich lag das Reiseziel auch in Tiefwasserhäfen der Karibik, in denen einige Ölgesellschaften Raffinerien betrieben.
Im Persischen Golf wurden damals fieberhaft neue Verladeeinrichtungen gebaut, um die wachsende Zahl der Großtanker abfertigen zu können. In Ras Tanura, Saudi Arabien, dem größten Ölverladehafen der Welt, entstand zusätzlich zu den bereits vorhandenen zehn Liegeplätzen für Tanker eine künstliche Verladeinsel, die zunächst zwei, später vier VLCCs gleichzeitig bedienen konnte. Im iranischen Kharg Island wurde im Sommer 1966 eine in Form eines T angelegte Ölpier fertiggestellt, an der drei VLCCs gleichzeitig Platz fanden.
In Japan baute man mit Hochdruck neue Löschbrücken für Großtanker und auch Löschbojen in Tiefwasserbuchten, über die das Öl von den dort verankerten Tankern an Land gepumpt wurde.
Größere Schwierigkeiten galt es in Europa zu bewältigen, denn dort waren die Wasserwege zu den meisten Ölhäfen tiefgangsbeschränkt. Umfangreiche Wasservertiefungen waren nötig, um den künftigen 200.000-Tonnern unbeschränkten Zugang nach Rotterdam, Le Havre, Milford Haven oder Wilhelmshaven zu ermöglichen.
In Rotterdam hatte man bereits in den fünfziger Jahren eine durch die günstige geographische Lage sich abzeichnende positive Entwicklung für die Region erkannt. Es war einerseits die unmittelbare Nähe zur tiefen Nordsee, andererseits das gewaltige industrielle Potential auf dem europäischen Festland im Rücken, welches den Hafen binnen kurzem zum größten Rohölentladehafen der Welt wachsen lassen sollte. Schon 1958 machten die ersten Tanker in Rotterdam-Europoort fest, einem Tiefwasserhafen, der

Immer voll belegt: Die Ölverladehäfen im Persischen Golf, hier die Tankerpier von Kharg Island, Iran   Photo: Tom Hallat

*Anfang 1966 wurde der erste 150.000-Tonner, die **Tokyo Maru**, in Dienst gestellt…*

Photo: Sammlung Yann Le Gouard

westlich von Rotterdam teilweise durch Landgewinnung aus der Nordsee direkt am Meer entstanden war.

Die USA spielten damals im Rohölverkehr vom Persischen Golf eine Nebenrolle. 80 Prozent des Ölverbrauchs kam aus heimischen Quellen, und der Rest wurde aus der Nachbarschaft importiert, in erster Linie aus Mexico und Venezuela. Es gab zudem keinen US-Hafen, der von beladenen VLCCs angelaufen werden konnte. Die relativ flachen Fahrwasser zu den Häfen der US-Ostküste und im Golf von Mexico, über die 95 Prozent aller Ölimporte abgewickelt wurden, konnten nur von vollbeladenen Tankern mit maximal 76.000 Tonnen Tragfähigkeit angesteuert werden.

Für die Zurückhaltung seitens der USA, sich auch aus Quellen des Persischen Golfs zu versorgen, waren aber vor allem politische Gründe ausschlaggebend. Im Jahr 1959 hatte die US-Regierung Importrestriktionen erlassen, das Mandatory Oil Import Program. Um die heimische (kostspieligere) Produktion zu schützen und auch in Zeiten des Kalten Krieges nicht von den als unsicher erachteten Quellen des Mittleren Osten abhängig zu sein, wurden die Importe auf das Niveau von 1959 eingefroren, d.h., nur vier Prozent des amerikanischen Ölbedarfs durfte aus den Ländern des Mittleren Ostens importiert werden.

Diese Entscheidung hatte weitreichende Konsequenzen. Ohne Zugang zum riesigen US-Markt war der Absatz der Ölförderländer im wesentlichen auf Europa und Japan beschränkt. Auf Grund hoher Fördermengen in den arabischen Ländern überstieg das Angebot die Nachfrage deutlich, und nach den Importrestriktionen der USA war z.B. der Preis für ein Barrel (=159 Liter) arabischen Rohöls leichter Qualität von 2,08 Dollar im Jahr 1957 auf 1,76 Dollar im Jahr 1960 gefallen.

In jener Zeit konnten es sich die Käufer des Rohöls, allen voran die großen Ölgesellschaften, erlauben, den sogenannten »posted price«, eine Art Katalogpreis, zu dem das Öl offiziell und öffentlich gehandelt wurde, einseitig festzulegen. Preisverhandlungen, wie sie normalerweise zwischen Vertragspartnern üblich sind, wurden nicht für notwendig gehalten, schließlich hatten die Förderländer keine anderweitigen Absatzmöglichkeiten für ihr Öl. Als dann am 9. August 1959 wieder einmal eine einseitige Preissenkung erfolgte – die Esso senkte den »posted price« um 14 cents – war es mit der Geduld der Ölförderländer vorbei.

Nachdem bereits im April 1959 in Kairo inoffizielle Übereinkommen stattgefunden hatten (Maadi Pakt), trafen unmittelbar nach der erneuten Preissenkung am 12. August 1959 Vertreter der Länder Saudi Arabien, Irak, Iran, Kuwait und Venezuela zusammen, um über Maßnahmen gegen einen weiteren Preisverfall zu beraten. Am 14. September 1960 schließlich gründeten diese fünf Länder, die zusammen 80 Prozent aller Rohölexporte der Welt bestritten, in Bagdad die Organisation ölexportierender Länder OPEC. In den ersten zehn Jahren ihres Bestehens konnte diese Organisation allerdings keine Preisstabilität gegen die mächtigen Ölgesellschaften durchsetzen. Öl floß immer reichlicher, und gegen Ende der sechziger Jahre hatte sich der Preis auf nur 1,20 Dollar pro Barrel eingependelt.

Die Volkswirtschaften der Länder Westeuropas und Japans als die Hauptölimporteure aus den Ländern des Persischen Golfs waren die eigentlichen Nutznießer der US-Importbeschränkungen. Für

... und im Dezember 1966 war es dann soweit: Der erste VLCC, die **Idemitsu Maru**, ging auf Jungfernreise.

Photo: Sammlung Yann Le Gouard

diese Länder war arabisches Rohöl damals in jeder beliebigen Menge und zu Spottpreisen erhältlich. Es begann, Kohle als Hauptenergiequelle zu verdrängen, man baute Kraftwerke nicht mehr auf Kohle- sondern auf Ölbasis.
Im Jahr 1966 wurden gleich zwei »Schallgrenzen« im Schiffbau gebrochen. Am 25. Januar wurde in Yokohama mit der *Tokyo Maru*, 152.400 tdw (**t**ons **d**ead **w**eight bezeichnet die Tragfähigkeit eines Schiffes in metrischen Tonnen), erstmals ein Schiff mit über 150.000 Tonnen Tragfähigkeit in Dienst gestellt. Dieser Rekord hielt jedoch nicht lange, denn bereits am darauffolgenden Tag streckte man bei der gleichen Werft, der Ishikawajima Harima Heavy Industries Co. Ltd, den Kiel für den ersten 200.000-Tonner.

Bereits Ende 1966 gab es Entwürfe für den 500.000-Tonner, in der Skizze noch mit Aufbauten mitschiffs dargestellt

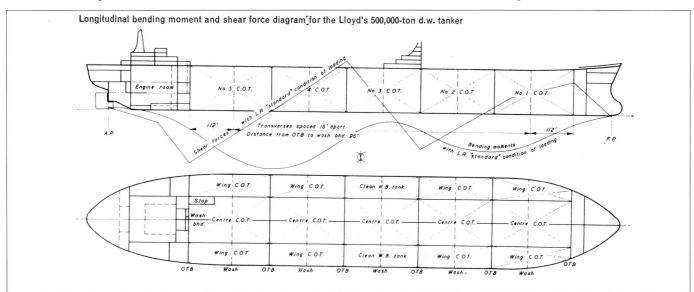

Am 5. September war Schiffstaufe, und am 7. Dezember 1966 wurde die *Idemitsu Maru* von 206.106 Tonnen Tragfähigkeit in Dienst gestellt. Das Zeitalter der Supertanker, das Zeitalter der VLCCs, war angebrochen.

Doch damit nicht genug. Die Reeder wollten mehr, die Tanker sollten noch größer werden, man wollte die Transportkosten noch weiter reduzieren. Welche Aussichten, wenn man sich ausrechnete, daß ein 250.000-Tonner die Tonne Rohöl noch um 41 Prozent billiger beförderte als ein 100.000-Tonner. Vor dem Hintergrund ständig wachsender Rohölverschiffungen konnten sich die Tankerreeder die Hände reiben.

Jetzt war wieder einmal Daniel K. Ludwig an der Reihe. Im Juni 1966 bestellt die ihm gehörende Bantry Bay Transport Co. sechs Giganten mit je 276.000 tdw bei japanischen Werften. Ludwigs Pachtvertrag bezüglich der Kure Werft war inzwischen ausgelaufen, und so orderte er je drei Tanker bei Ishikawajima Harima Heavy Industries Co. Ltd und Mitsubishi Heavy Industries Ltd. Später wurde die Tragfähigkeit der Schiffe sogar auf 326.000 tdw erhöht.

Sie sollten – langfristig an Gulf Oil verchartert – hauptsächlich zwischen dem Persischen Golf und Whiddy Island in der Bantry Bay, Irland, pendeln, wo Gulf Oil einen Tiefwasserhafen für die Anlandung, Lagerung und Weiterverschiffung von Rohöl für den europäischen Markt errichtete.

Ein weiteres Beispiel für die enormen Anstrengungen dieser Zeit im Großtankerbau war die Tatsache, daß sich die Klassifikationsgesellschaften bereits mit den technischen Möglichkeiten zum Bau von Tankern mit 500.000 Tonnen Tragfähigkeit beschäftigten.

Und so nahm das Unheil seinen Lauf…

Trotz aller Rekorde: Bis in die zweite Hälfte der sechziger Jahre stellte der klassische 80.000-Tonner die Mehrzahl der Tankerneubauten dar. Hier die bei der Kieler Howaldtswerke AG im Jahr 1967 für die Reederei John T. Essberger abgelieferte **Helga Essberger** *(80.720tdw)*
Photo: Joachim W. Pein

1967 – 1973
Goldrausch

***1967 Nahostkrise löst Euphorie
bei Tankerreedern aus
Die erste Großtankerkatastrophe***

Die Entwicklung des Jahres 1967 ergab die endgültige Gewißheit für den Siegeszug des Very Large Crude Carriers während der folgenden Jahre.

Wieder einmal war Krieg im Nahen Osten, erneut wurde der Suezkanal für die Schiffahrt gesperrt. Am 5. Juni war der Sechs-Tage-Krieg ausgebrochen, und am Tag darauf hatte Israel die Sinai-Halbinsel bis zum Suezkanal besetzt. Die kriegführenden Parteien Ägypten und Israel standen sich auf beiden Seiten des Kanals gegenüber, der damit für die Schiffahrt unpassierbar geworden war. Wie bereits im November 1956 mußten alle Rohöltransporte vom Persischen Golf westwärts den Weg um das Kap der Guten Hoffnung nehmen, und wieder einmal wurden zusätzliche Tanker händeringend gesucht. Allerdings waren die Ölgesellschaften und Reeder auf ein solches Ereignis nicht mehr ganz so unvorbereitet wie noch elf Jahre zuvor. Es waren ja schon Tanker im Einsatz, die vollbeladen die Kap-Route nahmen, im Jahre 1966 wurden immerhin schon 16 Millionen Tonnen Rohöl westwärts um den afrikanischen Kontinent herum verschifft, im Vergleich zu 154 Millionen Tonnen durch den Kanal.

Die Bedeutung des Öls war jetzt allerdings eine andere geworden als 1956. Öl war zur Hauptenergiequelle aufgestiegen, und die westlichen Industrien, vor allem die Autoindustrie, verzeichneten stattliche Produktionszuwächse. Kurzum: während der sechziger Jahre verdreifachte sich der Verbrauch an Rohöl. Damit die Schornsteine weiterhin qualmen konnten, wurden für den Rohöltransport westwärts quasi über Nacht zusätzliche 16 Millionen Tonnen an Tankertonnage benötigt. Die Ölgesellschaften charterten alle verfügbaren Einheiten – ob alt oder neu – zu Spitzenraten. Aufgelegte Veteranen kamen wieder in Fahrt, Werftaufenthalte wurden abgesagt – niemand wollte sich diesen fetten Braten entgehen lassen.

Vor allem manche griechischen Reeder, die bis dahin ihre älteren Tanker nicht an den Mann bringen konnten, profitierten von der Lage. Kurz nach dem Beginn des Sechs-Tage-Krieges standen sie bis zu den Knien im Geld. Versorgungsengpässe gab es nicht, wieder einmal klappte die Umstellung auf die Kap-Route reibungslos, Ölgesellschaften und Reeder lieferten ihr Meisterstück. Die Bedeutung des Suezkanals für die Tankschiffahrt war nach dem Sechs-Tage-Krieg schlagartig gesunken. Man rechnete mit einer längeren Sperrung des Kanals und wollte auch generell nicht mehr von dieser politisch unsicheren Wasserstraße abhängig sein. Was bis dahin für die Tankerkapitäne ein Umweg war, die Route um das Kap der Guten Hoffnung, sollte von nun an der routinemäßige Seeweg für mittelöstliches Rohöl Richtung Westen werden.

Jetzt war die Situation maßgeschneidert für goldene Zeiten in der Tankschiffahrt. Es mußte immer mehr Rohöl über sehr weite Entfernungen transportiert werden. Die Reaktion der Tankerreeder ließ nicht lange auf sich warten. Bereits im August 1967 waren die Orderbücher der Werften prall gefüllt: 64 Tanker mit mehr als 200.000 Tonnen Tragfähigkeit, 64 VLCCs also, waren bestellt worden. Der Tankerboom hatte eingesetzt.

Der Euphorie auf der einen Seite stand auf der anderen Seite ein sehr düsteres Ereignis gegenüber: Die Strandung der *Torrey Canyon*, die erste Großtankerkatastrophe. Am 18. März 1967 lief dieser Tanker mit 118.285 Tonnen Tragfähigkeit auf dem Weg nach Milford Haven, Wales, am Seven Stones Reef bei den Scilly Islands an der Südwestspitze Englands auf Grund, die Ladetanks waren bis an den Rand gefüllt mit Rohöl. Ursache war ein falsch gesteuerter Kurs, menschliches Versagen. Alle Bergungsversuche schlugen fehl, und auch ein Bombardement des Wracks aus der Luft mit dem Ziel, das Öl in Brand zu setzen, brachte nicht den erwünschten Erfolg, so daß eine schwere Ölpest die Küste überzog.

Da der Öltransport über See und auch die Tankergrößen ständig zunahmen, konnte sich ein solches Unglück entlang der Tankerrouten der Welt jederzeit wiederholen, in nationalen wie in internationalen Gewässern. Die Staatengemeinschaft war gefordert, über Schritte zur Vermeidung und Bekämpfung der Meeresverschmutzung durch die Tankschiffahrt nachzudenken.

Die **Torrey Canyon** kurz nach der Strandung　　　　　　　　　　　　　　　　　　　　　　　Photo: R.N.A.S. Culdrose

Bereits im Jahr 1948 hatten die Vereinten Nationen in Genf die »Inter Governmental Maritime Consultative Organization« – I.M.C.O. – ins Leben gerufen. (Diese Vereinigung hieß ab 1982 International Maritime Organization – I.M.O.) Bis zur Verabschiedung der Safety at Sea Convention im Jahr 1958 sind von dieser Organisation allerdings keine nennenswerten Aktivitäten entwickelt worden. Die Interessenunterschiede der Nationen waren zu groß, und so scheiterte die Ausarbeitung und zügige Durchsetzung von einheitlichen Maßnahmen gegen die Verschmutzung der Meere durch die Tankschiffahrt immer wieder am Widerstand von Nationen, die den Reedern unter ihrer Flagge eine weitgehend unkontrollierte und kostengünstige Beschäftigung einräumten. Erst in den siebziger Jahren konnten erste Erfolge in diesem Bereich erzielt werden, doch dazu später.

Wie im Jahr 1966 wurde auch 1967 nur ein VLCC in Dienst gestellt, es herrschte noch »Ruhe vor dem Sturm«. Der norwegische Tanker Bergehus war nicht nur die »Nummer Zwei« dieses Schiffstyps, sondern der erste dieser Tankerriesen, der, einer alten Tradition der Skandinavier folgend, nicht mit dem damals üblichen Turbinenantrieb, sondern mit Dieselantrieb versehen war. Die Burmeister & Wain Maschine mit einer Leistung von 18.799 kw ermöglichte dem 205.807 Tonnen tragenden Tanker eine Geschwindigkeit von 15,75 Knoten.

1968　Zehn Jahre Größenwahn
Stabilitätsprobleme bei Neubauten

Die hervorragenden Aussichten im Geschäft mit den Supertankern übten während der nun folgenden zehn Jahre eine Magnetwirkung aus. Reedereien, die schon seit längerem in der Rohölfahrt Erfahrung gesammelt hatten, aber auch »newcomer« wollten teilhaben an der Chance, schnell und leicht das große Geld zu verdienen. Und so geschah es, daß zwischen Januar 1968 und Dezember 1977 insgesamt 753 VLCCs fertiggestellt wurden. Die Welttankerflotte wuchs um sage und schreibe 350 Prozent von 111 Millionen Tonnen Tragfähigkeit auf 380 Millionen Tonnen, es handelte sich um Größenordnungen, wie sie bis dahin im Schiffbau noch nie erlebt worden waren und welche mit Fug und Recht als abenteuerlich bezeichnet werden können.

Mit 17 Ablieferungen nahm sich das Jahr 1968 noch bescheiden aus. 13 Einheiten kamen von japanischen, vier von europäischen Werften. Anfangs wurden vereinzelt auch Tanker mit knapp unter 200.000 Tonnen Tragfähigkeit in Dienst gestellt, zwischen 1968 und 1971 waren es zwölf Schiffe zwischen 190.000 und 200.000 Tonnen. Obwohl keine klassischen VLCCs, sollen sie hier und auch in der Flottenliste dennoch Erwähnung finden, da sie teilweise Bestandteile von Großtankerserien für die Ölmultis Esso und Shell waren.

Im übrigen ging der Trend eher zu größeren Einheiten, denn Tanker zwischen 150.000 und 200.000 Tonnen machten aus wirtschaftlichen Gründen im Rohölverkehr über weite Distanzen keinen Sinn und wurden daher nur in ganz seltenen Fällen gebaut. Die Marke von 200.000 tdw hat sich daher als Untergrenze für den Begriff Very Large Crude Carrier durchgesetzt.

Die Ölgesellschaft Shell stellte zwischen 1968 und 1970 insgesamt 22 Tanker der M-Serie in Dienst, erbaut von verschiedenen Werften in Japan (elf Schiffe) und Europa (elf), Tragfähigkeit zwischen 190.000 und 213.603 Tonnen. Die Turbinentanker *Megara* und *Medora* machten im Januar 1968 den Anfang. Bei diesen Schiffen handelte es sich um Bestellungen aus dem Jahr 1965 über 173.000-Tonner, die auf Grund neuer internationaler Richtlinien über die Beladung von Tankern (Int. Convention on Load Lines aus dem Jahr 1966, am 21.7.68 in Kraft getreten) bei mehr Tiefgang nunmehr erheblich größere Ladekapazitäten aufweisen durften. Bei der *Megara* z.B. erhöhte sich der zulässige Tiefgang durch die neuen Load Lines von 16,42 m auf 18,89 m. Auch die beiden ersten Großtanker der Esso, *Esso Malaysia* (193.802 tdw) und *Esso Anglia* (193.361 tdw) waren 1965 als 171.000-Tonner bestellt worden.

Eigenwilliger Baustil: die **Bulford**, auf dem Photo zur Reparatur in Hamburg an der Norderelbe vor den Elbbrücken liegend
Photo: Arnold Kludas

VLCC »Nummer Zwei« und gleichzeitig das erste Schiff dieser Größe mit Dieselantrieb: Die norwegische **Bergehus** aus dem Jahr 1967
Photo: Sammlung Michael Dollenbacher

Im Juni 1968 wurde in Japan ein VLCC mit außergewöhnlichen Formen in Dienst gestellt. Die britische *Bulford*, mit 210.822 tdw für kurze Zeit größtes Schiff der Welt, hatte keine herkömmlichen Aufbauten, sondern lediglich eine Art von »Aussichtsturm mit Mini-Brückenhaus«, ein Baustil, der vielerorts Erstaunen auslöste und sich letztlich nicht durchsetzte.

Der Weltrekord der *Bulford* hatte nur für kurze Zeit Bestand. Im Juli 1968 stellten die Howaldtswerke-Deutsche Werft AG, Kiel, mit dem Shell-VLCC *Murex*, Tragfähigkeit 212.150 tdw, einen neuen Weltmeister in Dienst, und schon im darauffolgenden Monat mußte man sich an ganz neue Dimensionen gewöhnen. Mit der *Universe Ireland* von 326.585 tdw kam in Japan der erste von sechs baugleichen Giganten für die D. K.-Ludwig-Gruppe und zugleich das erste Schiff mit mehr als 300.000 Tonnen Tragfähigkeit in Fahrt.

Diese Spezies von Großtankern wurde von Experten bald Ultra Large Crude Carrier – ULCC – genannt, wenngleich es hier keine einheitliche Differenzierung gab. Für manche begann der Schiffstyp ULCC erst bei einer Tragfähigkeit von 320.000 Tonnen, andere sahen ihn erst ab einer Größe von 350.000 tdw. Anders als bei der Abgrenzung des VLCC zu seinen kleineren »Kollegen« – hier entstand die 200.000-Tonnen-Marke nachvollziehbar aus den realen Gegebenheiten – gibt es für eine bestimmte Grenzlinie zwischen VLCC und ULCC kein zwingendes Argument, daher soll auf diese willkürliche Abgrenzung nicht näher eingegangen werden.

Deutlich zu machen und festzuhalten bleibt in erster Linie, was bis zu jenem August 1968 im Schiffbau passiert war: innerhalb von nur sechs Jahren war die Entwicklung vom 100.000-Tonner zum 300.000-Tonnen-Tanker vollzogen worden. Der Größensprung von *Murex* zu *Universe Ireland* betrug 114.000 Tonnen, und das innerhalb von nur einem Monat.

So etwas hatte es nie zuvor gegeben, und mancher unbeteiligte Beobachter fragte sich, ob es mit dieser Entwicklung derart rasant weitergehen würde und wo die Grenzen beim Tankerbau liegen würden. Die Techniker sahen weitere Steigerungen als durchaus möglich an, obwohl sie bei manchen VLCCs des Jahres 1968 böse Überraschungen erlebten.

Bei einer Reihe der Großtanker traten nach den ersten Probefahrten Schäden auf, z.B. Verbeulungen in den großen Plattenfeldern der Tanks, sowie Risse. Es war naheliegend, daß bei der statischen Berechnung der Neubauten Fehler unterlaufen waren. Der Grund hierfür lag in der fehlenden Erfahrung der Schiffbauer im Großtankerbau. Der Ansturm der Reeder auf VLCCs hatte nach den politischen Entwicklungen des Jahres 1967 sehr plötzlich eingesetzt. Für Werften, die bis dahin vorwiegend Tanker um die 80.000 Tonnen Tragfähigkeit gebaut hatten, bedeutete der Bau von Schiffen von nahezu dreifacher Größenordnung völliges Neuland. In Japan hatte man schon mehr Erfahrung gesammelt, wenngleich auch dort bei einigen VLCC-Neubauten unvorhergesehene Schäden gleicher Art auftraten.

*Der erste 300.000-Tonner, die **Universe Ireland**, am 9. Januar 1968 im Rohbau beim Verlassen des Baudocks in Yokohama*

Es zeigte sich, daß die Erfahrungen aus der Fertigung kleinerer Tanker auf den Supertankerbau nicht ohne weiteres übertragbar waren. Bei den nunmehr erheblich größeren Schiffstanks mit vergleichsweise wenig Querschotten passierte es, daß bei Belastungen auf See die Querrahmen in den Seitentanks oder die Bodenträger in den Mitteltanks verbogen. Die Querfestigkeit der Schiffe war das große Problem, und es nützte nichts, einfach die Materialstärke des Baustahls zu erhöhen, da man dadurch einen Mangel an Flexibilität befürchtete. Zudem war ein Mehr an Gewicht aus wirtschaftlichen Gründen unerwünscht. Komplett neue Berechnungsmethoden mußten her, die die Spannungen im Schiffsrumpf unter extremen Wetterbedingungen sowie die Einflüsse von Schiffsantrieb, Vibrationen usw. exakt kalkulierten. Mit Hilfe neuer Computerprogramme wurde rasch Abhilfe geschaffen, und gegen Ende der sechziger Jahre waren die Schwierigkeiten behoben. Einige Neubauten aus dem 68er-Jahrgang mußten allerdings nachträglich mit Stahlverstärkungen im Rumpf versehen werden, die Ablieferung an die Eigner verzögerte sich dadurch manchmal um einige Wochen oder Monate.

Auch konnten viele Werftanlagen mit der rasanten Größenentwicklung nicht Schritt halten, hier war Erfindungsreichtum gefragt. So baute z.B. die Nederlandsche Dok & Scheepsbouw Maatschappij, Amsterdam, die drei Shell-Tanker *Melania*, *Mysella* und *Marticia* auf ihren Helgen in zwei Hälften. Zunächst wurde die hintere Hälfte gebaut und zu Wasser gelassen. Während man am Ausrüstungskai die Maschine einbaute und die Aufbauten fertigstellte, wuchs auf dem Helgen das Vorschiff heran, das nach dem Stapellauf mit dem Achterschiff zusammengeschweißt wurde. Im französischen St. Nazaire wurde die *Magdala* im Baudock wegen Platzmangels zunächst ohne Backbordseitentanks gebaut, sie wurden nach dem Ausdocken angesetzt.

Zur Lösung der Tiefgangsprobleme in den Häfen Nordeuropas wurde die Lyme Bay im Südwesten Englands für viele VLCCs zum ersten Ansteuerungspunkt. Die Ölgesellschaften BP, Esso und Shell nutzten die geschützte Bucht, um Teilladungen für die Ölhäfen an flacheren Gewässern in kleinere Tanker umzuladen und gleichzeitig die VLCCs so weit zu leichtern, daß sie in der Lage waren, die Terminals in Rotterdam, Wilhelmshaven oder anderen Häfen anzulaufen. Am 30. Mai 1968 fand erstmals eine solches »ship to ship«-Manöver in der Lyme Bay statt, als der mit speziellen Fendern ausgerüstete Shell-Tanker *Drupa* längsseits des VLCC *Macoma* ging und eine Ladung von 65.000 Tonnen Rohöl übernahm. Einige Tanker, z.B. die *Darina*, *Naticina* und *Niso* der Shell, die *British Dragoon* der BP und die *Esso Cardiff* der Esso, waren bis in die achtziger Jahre ausschließlich im shuttle service von der Lyme Bay zu verschiedenen Ölhäfen Nordeuropas eingesetzt.

*Erst an der Ausrüstungspier wurden die Seitentanks der **Magdala** angesetzt*
Photo: Chantiers de l'Atlantique

1969 Charterpraxis
Explosionen und Untergang eines Riesentankes

1969 wurden schon 49 VLCCs in Dienst gestellt, 29 von japanischen, 20 von europäischen Werften.

Die Ölmultis Chevron, Mobil Oil und Texaco übernahmen ihre ersten Tanker mit über 200.000 tdw.

Besonders bemerkenswert war dabei die *Mobil Pegasus*. Zusammen mit ihren drei in den Jahren 1970/71 in Sasebo, Japan, gebauten Schwesterschiffen, *Mobil Pinnacle*, *Mobil Pride* und *Mobil Progress*, war dieses Schiff mit einem Doppelboden versehen, eine Bauweise, die auf Grund von schweren Tankerunfällen sehr viel später, nämlich erst in den neunziger Jahren, einmal gesetzliche Vorschrift werden sollte. Der 3,05 Meter betragende Zwischenraum zwischen dem Schiffsboden und den Tanks sollte nicht nur eine erhöhte Sicherheit gegen die Gefahr von Ölverlust bei Grundberührungen gewährleisten, sondern brachte auch bessere Löschergebnisse von Restöl, da die Ladung durch das im Zwischenraum unter den Tanks befindliche Rohrleitungssystem in Richtung Pumpenraum geleitet wurde. Tankreinigung und Korrosionsbekämpfung waren einfacher durchzuführen, außerdem

*Leichterung vor der Küste von Devon: Der bei HDW in Kiel gebaute Shell-VLCC **Murex**, im Juli 1968 für kurze Zeit das größte Schiff der Welt, gibt 65.000 Tonnen Rohöl an die 1965 bei der Deutschen Werft AG in Hamburg-Finkenwerder gebaute **Drupa** (72.008 tdw) ab*

Photo: Foto Flite

konnte der Doppelboden zur Aufnahme von Ballastwasser genutzt werden.

In Europa machte man Fortschritte in Richtung Serienfertigung. Sieben Werften aus England, Nordirland, Frankreich, den Niederlanden, Italien, Dänemark und Deutschland – der »Dorchester Club«, benannt nach dem Hotel in London, in dem man die Vereinbarung unterzeichnet hatte – legten bis 1972 nach gleichen Bauplänen für verschiedene Gesellschaften der Esso insgesamt 15 Tanker mit je 250.000 tdw auf Kiel. Den Anfang machten 1969 die *Esso Scotia, Esso Caledonia* und *Esso Northumbria.*. Die Tatsache, daß die Esso dieses Neubauprogramm auf so viele Werften verteilt hat, unterstreicht erneut das große Interesse der Tankerreeder an möglichst kurzfristiger Übernahme ganzer VLCC-Serien.

Hier einige Beispiele für die jetzt anrollende Welle an Supertankerneubauten:

*Die ersten Supertanker mit Doppelböden: Die **Mobil Progress** und ihre drei Schwesterschiffe*

Photo: Foto Flite

Die Olympic Armour (219.982 tdw) war der erste Tanker einer Serie von zwölf VLCCs für die Onassis-Gruppe, alle mit Olympic A. beginnend und bemerkenswert vor allem durch den weißen Rumpfanstrich, der in der »schmutzigen« Rohölfahrt sonst nicht üblich ist. Auch diese Tanker wurden von verschiedenen Werften gebaut, acht Einheiten bei drei Werften in Japan und vier Tanker im französischen St. Nazaire.

Auch die Tanker der Reederei United Shipping & Trading Co. of Greece (Petros J. Goulandris) behielten ihre traditionelle Namensgebung. Andros Apollon, Andros Star und Andros Texas waren 1969 die ersten VLCCs für diesen Reeder.

Gleichermaßen einfach waren die Schiffe des norwegischen Reeders Hilmar Reksten zu erkennen, er bevorzugte die Namen römischer Kaiser. Aurelian, Nerva, Octavian und Hadrian gehörten zu einer Gruppe von fünf baugleichen VLCCs, das Typschiff Kong Haakon VII aus dem Jahr 1969 trug allerdings den Namen eines einheimischen Monarchen. Die Neubauten Fernhaven und Thorshammer wiesen mit ihrer Vorsilbe traditionsgemäß auf ihre Eigner, die Reedereien Fearnley & Eger sowie Thor Dahl, ebenfalls aus Norwegen, hin.

Die Sea Sovereign war der erste VLCC für die schwedische Reederei Salén und bildete den Auftakt einer Serie von 14 Großtankern, die dieser Eigner bis 1973 bei der von ihm kontrollierten Kockums Mekaniska Verkstads AB. in Malmö kontrahierte.

Auch für verschiedene Reeder aus Fernost wurden 1969 die ersten VLCCs abgeliefert. Tanker der Island Navigation Co., Hongkong des Mr. C.Y. Tung waren an der Vorsilbe Energy zu erkennen (1969: Energy Evolution und Energy Transport). Yue Kong Pao's World Wide Shipping Co., Hongkong, stellte 1969 mit der World Chief den ersten von mehreren Dutzend in den Folgejahren entstehenden und beim Schiffsnamen jeweils mit »World«… beginnenden VLCCs in Dienst.

Auch japanische Eigner setzten jetzt für ihre Ölimporte vermehrt Tanker mit über 200.000 tdw ein, Japan Canna und Japan Marguerite, 1969 in Dienst gestellt, setzten z.B. den Brauch der Japan Line fort, bei der Namensgebung ihrer Schiffe den Reedereinamen mit einem Begriff aus der Botanik zu verbinden. Sie waren erst der Auftakt für viele weitere VLCCs in den Folgejahren.

Arabiyah und Al Funtas für die Kuwait Oil Tanker Co. waren

Ein gemeinsames Produkt europäischer Werften und gleichzeitig der erste Stapellauf eines VLCC in der Hansestadt Bremen: Die **Esso Scotia**
Photo: Sammlung Wolfgang Eder

Die **Energy Transport**, Auftaktschiff einer Serie von Supertankern für den Großreeder C.Y. Tung, Hongkong, und einer der wenigen VLCCs mit Brücke mitschiffs
Photo: Sammlung Michael Dollenbacher

außerdem die ersten Giganten für ein Ölförderland am Persischen Golf.

Schließlich ist noch festzuhalten, daß nach der *Idemitsu Maru* aus dem Jahr 1966 nur noch zwei weitere VLCCs mit zweigeteilten Aufbauten – Brücke mittschiffs – in Fahrt kamen, die *Shoju Maru* und *Energy Transport* im Jahr 1969. Ansonsten war im Tankerbau die Kommandobrücke generell nur noch achtern zu sehen.

Eine erneute Größensteigerung bedeutete die Bestellung eines Tankers von 372.000 tdw durch die Tokyo Tanker Co. bei der Ishikawajima Harima Heavy Industries Co. Ltd in Kure zur Ablieferung 1971.

Mit Wirkung vom 15. September 1969 trat ein neues Regelwerk in Kraft, in dem wichtige Rahmenbedingungen für die Charterung von Tankern festgelegt wurden, das »Worldwide Tanker Nominal Freight Scale« – Worldscale.

Tankschiffe werden an Ölgesellschaften oder andere Charterer für unterschiedlich lange Zeiträume verchartert, oftmals auch nur für eine Reise.

Langzeitchartern, sogenannte Zeitcharterverträge, werden oftmals für fünf, zehn oder gelegentlich gar bis zu zwanzig Jahre geschlossen, also für die unter normalen Umständen zu erwartende gesamte Lebensdauer eines Tankers. Einige vorsichtige Unternehmer bestellten Tankerneubauten erst, nachdem sie für die Schiffe langfristige Charterverträge geschlossen hatten. Solche Verträge waren erstklassige Sicherheiten für die Finanzierung der Neubauten und stärkten die Bonität des Auftraggebers gegenüber den Werften. Gewöhnlich werden Zeitcharterraten auf die Tragfähigkeit des Schiffes bezogen oder einfach zu einem bestimmten Tagessatz vereinbart. Bei einer Beschäftigung von mehr als einem Jahr wird in der Regel ein stufenweiser Ratenanstieg zum Ausgleich steigender Betriebskosten festgelegt. Der Abschluß langfristiger Charterverträge ermöglicht dem Reeder eine exakte Kalkulation für die Zukunft, rezessionsbedingte Einbrüche der Frachtraten betreffen ihn nicht. Andererseits kann ein Reeder für die Dauer der Zeitcharter nicht von eventuell eintretenden marktbedingten Erhöhungen der Frachtraten profitieren.

Das Gegenstück zur Zeitcharter ist die Charter für einzelne oder einige aufeinanderfolgende Reisen. Hier kann der Reeder über sein Schiff in relativ kurzen Zeitabständen neu verfügen, ist dabei aber allen kurzfristigen Änderungen des Ratengefüges ausgesetzt. Die Bezahlung bei dieser Art von Charter bezieht sich auf die tatsächlich transportierte Menge an Öl.

In einer umfangreichen Fibel, der Worldscale, werden die für jede denkbare Tankerroute der Welt zu Grunde zu legenden Reisekosten in US-Dollar ermittelt. Bis 1989 wurde ein Tanker von 19.500 tdw als Bezugsgröße herangezogen, seither dient der 75.000-Tonner als Kalkulationsgrundlage. Es werden in jährlichen Abständen alle durch z.B. Personal, Treibstoff, Hafengebühren, Routineüberholungen und Abschreibungen entstehenden Kosten für ein Schiff dieser Größe errechnet und als Worldscale 100 bezeichnet.

Wenn etwa für die vergleichsweise kurze Strecke vom Persischen Golf nach Bombay Worldscale 100, d.h. der die Transportkosten deckende Betrag, bei 1,50 Dollar per Tonne Ölfracht festgelegt ist,

*Aufgeschlitzt wie eine Sardinenbüchse: Das Deck der **Mactra** im Januar 1970 in Durban, Südafrika*

*Fünf Monate später: Die **Mactra** hat ein »Stahlkorsett« zur Stabilisierung des Schiffsrumpfes erhalten und kann die Überführungsreise zur Reparaturwerft nach Japan antreten*

so ist dieser für die Seereise Persischer Golf – Rotterdam natürlich erheblich höher, bei etwa 17 Dollar per Tonne.

Bei größeren Tankern, einem 250.000-Tonner etwa, liegen die Gestehungskosten für den Transport einer Tonne Öl erheblich niedriger als bei der Worldscale Standardgröße von 75.000 tdw. Hier können Raten deutlich unter WS 100 akzeptiert werden, in der Regel fährt ein 250.000-Tonner z.B. bei WS 50 noch ordentliche Gewinne ein. Tanker unter 75.000 tdw hingegen benötigen zur Kostendeckung Raten, die WS 100 übersteigen.

Die Höhe der Tankerraten wird durch Angebot und Nachfrage bestimmt. Dabei haben politische Ereignisse und militärische Konflikte im Nahen Osten, durch die in der Vergangenheit schon mehrfach eine reibungslose Versorgung mit Rohöl in Frage gestellt wurde (siehe Suezkrisen 1956 und 1967), regelmäßig einen starken Anstieg der Raten verursacht. Auch die VLCC-Reeder waren von solchen weitgehend unberechenbaren Ereignissen betroffen und fuhren zu Blütezeiten bei Raten von deutlich über WS 100 exzellente Ergebnisse ein, sollten aber später bei Margen unter WS 30 nicht mehr zum kostendeckenden Einsatz ihrer Schiffe in der Lage sein.

Die Wahl der Reeder, ihre VLCCs entweder auf dem relativ sicheren Zeitchartermarkt unter Inkaufnahme bescheidenerer, aber langfristig konstanter Einkünfte unterzubringen oder sie mehr spekulativ auf dem spot-market, d.h. für Einzelreisen, zu beschäftigen, sollte später in Krisenzeiten einmal ausschlaggebend sein für das Wohl und Wehe mancher Tankereigner.

Das Jahr 1969 endete für die VLCC-Fahrt sehr düster. Im Dezember ereigneten sich innerhalb von 16 Tagen auf drei brandneuen Supertankern folgenschwere Explosionen in den Ladetanks, als die Schiffe sich in Ballastfahrt auf dem Weg zum Persischen Golf befanden. In allen drei Fällen wurden zum Zeitpunkt der Explosionen Tankreinigungsarbeiten durchgeführt.

Der Zwischenfall auf dem Shell VLCC *Marpessa* war derart heftig, daß der Tanker am 15. Dezember vor der Küste Senegals sank, zwei Besatzungsmitglieder kamen ums Leben. Das Schiff befand sich nach Beendigung der Jungfernreise auf dem Rückweg von Rotterdam zum Persischen Golf.

Am 29. Dezember explodierte die *Mactra*, ebenfalls zur Shell gehörig, in der Straße von Mozambique, und tags darauf wurden auf der norwegischen *Kong Haakon VII* durch die Wucht einer Explosion vor der Küste von Liberia ebenso wie auf den beiden anderen Tankern große Teile des Hauptdecks aufgerissen. Zwei Seeleute der *Mactra* überlebten das Unglück nicht, auf dem norwegischen Tanker kam niemand zu Schaden. Die letztgenannten beiden Schiffe konnten gerettet werden, hatten jedoch derart schwere Beschädigungen erlitten, daß die Reparaturen, die sich über mehrere Monate hinzogen, die ursprünglichen Baukosten erheblich überschritten. Darüberhinaus gab es in der Folgezeit weitere Zwischenfälle, mehrere Tanker trafen am Ende der Ballastreise mit aufgerissenen Tanks im Persischen Golf ein.

Unruhe kam auf, sowohl in der Öffentlichkeit, die den Einsatz von Tankern der VLCC-Größe generell in Frage stellte, als auch bei Reedern, Werften und Versicherern. Man wollte sich diesen gerade im Aufbau befindlichen sehr profitablen Bereich der Tankschiffahrt unbedingt erhalten. Ab Januar 1970 löste eine Krisensitzung zwischen den Beteiligten die nächste ab. Millionen von Dollar wurden für eingehende Untersuchungen ausgegeben, die der Ursache für die Explosionen auch bald auf den Grund kamen.

Man fand heraus, daß sich bei der Tankreinigung, die unter Verwendung von Heißwasserkanonen durchgeführt wurde, in den riesigen Tanks ein elektrisch geladenes Gasgemisch entwickelte, vergleichbar etwa einer Gewitterwolke. Die Experten vermuteten, daß der mit Hochdruck auf die Tankwände prallende Heißwasserstrahl an den scharfen Stahlleisten und -kanten kleine Funken entstehen ließ, die letztlich die Explosionen auslösten.

Die Lösung des Problems war überzeugend einfach. Ziel war es, in den Tanks ein Gasgemisch zu erzeugen, in dem keine Entzündung der Gase mehr möglich war, d.h., der Sauerstoffanteil mußte auf unter acht Prozent reduziert werden. Dazu leitete man durch ein Rohrleitungssystem die unentzündbaren, die inaktiven Abgase aus der Hauptmaschine des Schiffes in die Tanks, bis dort eine nicht explosive Atmosphäre erzeugt war. Bei vielen VLCCs der ersten Stunde waren diese vom Schornstein entlang der Aufbauten nachträglich angebrachten Leitungen deutlich zu erkennen.

So wurden von 1970 an 90 Prozent der VLCC-Neubauten mit diesen sogenannten Inert Gas-Einrichtungen versehen, die für einen gefahrlosen Ablauf der Tankreinigung sorgten. Auch in beladenem oder teilbeladenem Zustand, vor allem während des Löschens des Rohöls im Zielhafen, wurden fortan die Leerräume in den Tanks mit inaktiven Abgasen ausgefüllt, um jegliche Gefahr von Explosionen auszuschalten. Ein teurer Nebeneffekt der Ereignisse vom Dezember 1969 lag darin, daß die Versicherungsprämien für Supertanker stark anstiegen, sie machten jetzt etwa 54 Prozent der gesamten Betriebskosten der Schiffe aus.

1970 Hochkonjunktur für Tankerwerften
Pläne für den Eine-Million-Tonner
Schiffsantrieb – Diesel contra Steam

1970 wurden bereits 68 VLCCs in Dienst gestellt, 39 in Japan, 29 in Europa.
Die BP übernahm mit der *British Explorer* und *British Inventor* ihre ersten VLCCs.
Viele andere bekannte Reedereien stiegen jetzt ebenfalls in das Supertankergeschäft ein. Japans Mitsui OSK Lines (erste VLCCs: *Kaien Maru* und *Meigen Maru*), Nippon Yusen Kaisha (*Takase Maru* und *Towada Maru*) und Sanko Line (*Juko Maru*), die Griechen Niarchos (*Elena* und *World Hero*) und Nomikos (*King Alexander The Great*) sowie die Norweger Godager (*Norse King*), Jahre (*Jalinga*), Knut Knutsen O.A.S. (*Elisabeth Knudsen*) und Wilhelm Wilhelmsen (*Tabriz*) und schließlich die US-Reederei Maritime Overseas Corp. (*Aquarius*): bei allen handelte es sich um traditionsreiche Namen in der Tankerbranche. *Emeraude* war der erste Großtanker für die französische Cie. Navale des Pétroles, eine Tochtergesellschaft der Ölgesellschaft Total, und mit der *Caterina M.* und *Anita Monti* wurden die ersten Giganten unter italienischer Flagge in Dienst gestellt.

All diese Schiffe trafen bei ihrer Indienststellung auf hervorragende Marktbedingungen. Für VLCC-Reisechartern wurden Raten bis zu Worldscale 280 bezahlt. Die Gewinne betrugen schlichtweg das achtfache der Betriebskosten, so daß auf einer Reise vom Persischen Golf nach Europa von einem 210.000-Tonner etwa fünf Millionen Dollar Reingewinn eingefahren wurde. Solche »Goldesel« schafften pro Jahr vier bis fünf Rundreisen, und diejenigen Reeder, die frühzeitig größere Serien von VLCCs in Dienst gestellt hatten, wußten praktisch gar nicht, wohin mit dem vielen Geld. Der Grieche Onassis zählte schon Ende 1970 zehn VLCCs der *Olympic A.*-Klasse zu seiner Flotte. Er dürfte seinen üppigen Lebensstil damals mehr oder weniger aus der Portokasse bezahlt haben.

Frisch von der Bauwerft: Der japanische Supertanker **Takase Maru** *in der Straße von Malacca auf dem Weg zum Persischen Golf; im Hintergrund ein vollbeladener VLCC mit Kurs Fernost*
Photo: Sammlung Michael Dollenbacher

Ein Niarchos-VLCC der ersten Stunde: die **World Hero** Photo: Foto Flite

Es gab natürlich einen verlockenden Weg, das Geld wieder anzulegen. Man konnte es in den Bau neuer Tanker investieren, und wenn man sich die äußerst günstigen Finanzierungsbedingungen seitens der Werften vor Augen hält, bedurfte es für einen Reeder schon einer gehörigen Portion an Selbstbeherrschung, nicht schwach zu werden und neue Tonnage zu ordern.

Vor allem japanische Werften wurden damals von der Regierung bei der Buchung von Exportaufträgen finanziell kräftig unterstützt. Notgedrungen zogen die europäischen Schiffbauer nach, und so kam es, daß beispielsweise für einen Tanker von 210.000 tdw (Preis bei Ablieferung 1970: 22 Millionen Dollar) bis zur Übergabe an den Reeder nur 20 Prozent des Kaufpreises bezahlt werden mußten. Diesen Betrag verdiente dieser damals ganz locker mit nur einer Reise auf dem Spotmarkt. Der Restkaufpreis war dann bei lediglich 7,5 Prozent Kapitaldienst innerhalb von acht Jahren fällig. Kein Wunder also, daß Anfang der siebziger Jahre immense Summen in Supertankerneubauten reinvestiert wurden, und zwar nicht etwa nur in einzelne Schiffe, sondern vielfach in Großserien von VLCCs.

Die für die Fremdfinanzierung benötigten Mittel wurden von den Banken nur zu gern zur Verfügung gestellt, sie wurden den Reedern geradezu hinterhergeworfen, denn der »Tankerboom« versprach satte Gewinne. Viele der weltweit operierenden Banken richteten extra neue Abteilungen für die Finanzierung von Supertankern ein.

So verwundert es nicht, daß fortan auch solche Reedereien VLCCs bestellten, denen das Geschäft mit den Tankern bis dahin fremd gewesen war, in der Bundesrepublik Deutschland zum Beispiel die Hapag Lloyd AG, Hamburg, und die Reederei Egon Oldendorff, Lübeck, die 1973 jeweils zwei VLCCs bei der A.G. »Weser«, Bremen, bzw. HDW, Kiel, in Auftrag gaben. Eine 15 prozentige Schiffbauhilfe durch die Bundesregierung diente als zusätzlicher Anreiz.

In dieser Zeit wurde die Saat gesät, die, einmal aufgelaufen, außer Kontrolle geraten sollte. Anders ausgedrückt: der Moment, in dem sich alle auf das profitable Geschäft mit den Supertankern stürzten, markierte gleichzeitig den Anfang vom Ende des scheinbar grenzenlosen Wohlstands in diesem Zweig der Handelsschiffahrt.

Auch hinsichtlich der Schiffsgrößen zeichnete sich noch keine Grenze nach oben hin ab. Im Juni 1970 bestellte die Globtik Tankers Ltd., London, in Japan einen 477.000-Tonner zur Ablieferung

*Die **Berge King**, Auftakt einer erfolgreichen Serie von Motortankern*

*Die **Olympic Anthem**, einer von zehn bis Ende 1970 fertiggestellten Goldeseln der Onassis-Flotte*

Photos: Sammlung Michael Dollenbacher

im Februar 1973. In Japan und auch in Europa wurden Baudocks für 800.000-Tonner geplant, und es verging kaum eine Woche ohne eine Vorausschau auf den Eine-Million-Tonnen-Tanker in der maritimen Fachliteratur. Die Frage war schon bald nicht mehr, ob so ein Gigant überhaupt gebaut werden könne, es schien nur noch eine Frage der Zeit zu sein.

Beim Schiffsantrieb war die Dampfturbine damals klarer Favorit: Bis Ende der siebziger Jahre wurden 92,5 Prozent aller VLCCs mit Turbinenantrieb gebaut. Die Gründe dafür waren einfachere und kostengünstigere Unterhaltung, kaum Extraliegezeiten durch Reparaturen und nur minimaler Bedarf an Schmieröl. Der erheblich niedrigere Brennstoffverbrauch beim Dieselantrieb (bis zu 29 Prozent) fiel damals nicht ins Gewicht, denn Bunkeröl war in jeder gewünschten Menge zu Spottpreisen zu bekommen. Eine Tonne Brennstoff kostete 1970 nur zehn Dollar.

Die Befürworter von Dieselantrieb waren zunächst hauptsächlich Privatreeder, vor allem Skandinavier. Die Reederei Sigval Bergesen d.Y., Oslo, stellte 1970 das größte motorgetriebene Schiff der Welt

*Der größte Tanker der Welt, die **Nisseki Maru**, eröffnete am 3. November 1972 zusammen mit der französischen **Emeraude** die neue Verladeinsel von Kharg Island, Iran*
Photo: Tom Hallat

in Dienst, den VLCC *Berge King*, 284.919 tdw. Angetrieben von einer Neun-Zylinder-Dieselmaschine mit einer Leistung von 26.334 kw war dieser Tanker das erste von sieben bis 1974 bei Mitsui Shipbuilding & Engineereing Ltd Co., Chiba, gebauten Schwesterschiffen. Auf Grund ihres wirtschaftlichen Antriebs haben alle sieben Schiffe über einen Zeitraum von über 20 Jahren ununterbrochen Beschäftigung gefunden. Sie waren vor allem in Zeiten, in denen Brennstoff erheblich teurer wurde, ihren »durstigen« Kollegen mit Turbinenantrieb in punkto Kostenersparnis deutlich überlegen.

Die Ölgesellschaften, insbesondere die Ölmultis, rüsteten ihre VLCCs hingegen ausschließlich mit Turbinenantrieb aus.

1971　Die Reeder der Supertanker

1971 wurden insgesamt 72 VLCCs in Fahrt gebracht, 39 aus Japan, 33 von europäischen Werften.

Am 20. April 1971 wurde – es dauerte immerhin drei Jahre – der Größenrekord der *Universe Ireland*-Klasse (326.000 tdw) gebrochen, als die *Nisseki Maru* von 372.698 tdw Tragfähigkeit abgeliefert wurde. Dieser Gigant wurde ausschließlich in der Rohölfahrt vom Persischen Golf nach Japan eingesetzt und war für dieses Fahrtgebiet so etwas wie ein »Ausreißer«. Für den üblichen Seeweg, die Malacca-Straße, die von der Wassertiefe her nur von vollbeladenen VLCCs bis zu 260.000 tdw befahren werden kann, war dieser Tanker zu groß und mußte daher in beladenem Zustand den 1.000 Seemeilen längeren Seeweg durch die Lombok-Straße nehmen. Es gab in Japan auch nur einen Tankerterminal, welcher die *Nisseki Maru* und später erbaute noch größere Tanker aufnehmen konnte, den Ölhafen von Kiire. Alle übrigen Löschhäfen waren entsprechend den Beschränkungen der Malacca-Straße nur für 260.000-Tonner ausgelegt.

Ein bemerkenswerter Neubau aus dem Jahr 1971 war zudem die *Paul L. Fahrney*.

Dieser VLCC war der erste einer Serie von insgesamt 18 baugleichen Tankern, die von nur einer Werft für denselben Auftraggeber abgeliefert wurden. Bis 1975 lieferte die Mitsubishi Heavy Industries Ltd, Nagasaki, die zwischen 264.000 und 272.000 Tonnen tragenden Supertanker an die Chevron Shipping Co., San Francisco, bzw. deren Tochtergesellschaften. Auch die Bauweise war ungewöhnlich. Die Aufbauten der Tanker waren unterteilt in einen »Wohnblock« und das darüber auf zwei dicken Säulen ruhende Brückendeck. Diese nicht unbedingt ästhetische Bauweise war von jetzt an im japanischen Tankerbau häufig zu sehen.

1971 kamen mit der norwegischen *Hoegh Hill* und der schwedischen *Jarl Malmros* auch die beiden ersten Erz-Öl-Schiffe mit über 200.000 tdw in Fahrt. Sie konnten in ihren speziell verstärkten Laderäumen entweder Erz oder Öl befördern und waren daher vielseitiger einsetzbar. Während der siebziger Jahre wurden von diesem Typ insgesamt 34 Schiffe mit über 200.000 tdw gebaut.

Anfang der siebziger Jahre waren es inzwischen fast ausschließlich die VLCCs, die die Rohöltransporte über die weiten Strecken, z.B. Persischer Golf – Europa oder Persischer Golf – Japan, erledigten. Die älteren kleineren Tanker verkehrten auf anderen Routen, z.B. in der Karibik oder waren in der Verschiffung west- und nordafrikanischen Rohöls nach Europa eingesetzt. Viele von ihnen fanden überhaupt keine Beschäftigung mehr und wurden aufgelegt oder verschrottet.

Ende 1971 – fünf Jahre nach der Indienststellung des ersten VLCC – befanden sich insgesamt 208 Einheiten dieses Typs in Fahrt, eine gute Gelegenheit, einmal die Struktur und Bedeutung der sie betreibenden Reeder zu untersuchen.

Die größten Tanker der Welt gehörten fast ausschließlich Reedereien aus den kapitalistischen Industrienationen Westeuropas, aus Fernost und den USA. Eine Handvoll VLCCs kam aus afrikanischen Ländern, und nur ein einziger ist bisher unter der Flagge eines kommunistischen Landes in der Rohölfahrt zum Persischen Golf eingesetzt worden. Nordkorea erwarb 1982 den norwegischen VLCC *Polyscandia* und brachte das Schiff unter dem Namen *Son Bong* in Fahrt. Die Karriere unter diesem Namen währte allerdings nur kurz, denn im September 1985 sank der Tanker bei einem irakischen Luftangriff auf den iranischen Ölhafen Kharg Island.

Grundsätzlich kann man die Tankerreeder in zwei Gruppen unterteilen, in Ölgesellschaften und unabhängige Reeder.

Den Ölgesellschaften kam deswegen eine besondere Bedeutung zu, weil sie einerseits selbst über große Tankerflotten verfügten, andererseits auch als Charterer für die Tankschiffe der unabhängigen Reeder auftraten. Bei den Ölgesellschaften gab es weltweit operierende und solche, die nur in bestimmten Ländern, Regionen oder Kontinenten aktiv waren.

Zur ersten Gruppe, den sogenannten Ölmultis, gehörten in den siebziger Jahren sieben Gesellschaften, die auch gelegentlich als die »seven sisters« bezeichnet wurden: die fünf US-Firmen Esso (ab 1972 in den USA unter dem Namen Exxon registriert), Gulf Oil, Mobil Oil, Standard Oil of California (Chevron) und Texaco sowie in Europa die britisch/niederländische Royal Dutch Shell Co. und die British Petroleum Co. (BP). Die »oil majors« hatten damals 85 Prozent der gesamten Ölförderung im Persischen Golf in ihrer Hand und kontrollierten darüberhinaus bei der weltweiten Vermarktung von Öl und Ölprodukten einen Anteil von etwa zwei Drittel. Entsprechend umfangreich waren die von den »oil majors« kontrollierten Flotten an VLCCs, wenngleich die Strukturen recht unterschiedlich waren. Während die meisten Ölmultis größere VLCC-Flotten aufbauten, bevorzugte z.B. die Gulf Oil langfristige Charterverträge mit unabhängigen Reedern (z.B. die

*Mit der **Paul L. Fahrney** fing es an: Die US-Ölgesellschaft Chevron war Großkunde bei der Mitsubishi Heavy Industries Ltd, Nagasaki*
Photo: Foto Flite

*Die **Fina Britannia**, einer von zwei in Amsterdam für die Petrofina erbauten VLCCs*

Photo: Foto Flite

*Die drei Supertanker der US-Ölgesellschaft Getty Oil wie die abgebildete **George F. Getty II** waren ausschließlich in der Rohölfahrt vom Persischen Golf nach Japan eingesetzt*

Photo: Foto Flite

sechs 326.000-Tonner der *Universe Ireland*-Klasse). Gulf Oil besaß 1971 noch keinen eigenen Tanker über 200.000 tdw.

Zu den Ölgesellschaften mittlerer Größe zählten etwa die Standard Oil Co., Indiana, Amoco genannt, die Continental Oil Co. – Conoco gen., Getty Oil und Amerada Hess, alle aus den USA, Total und ELF aus Frankreich, Petrofina aus Belgien/Frankreich und E.N.I., Italien. Sie beschäftigten für ihre Rohöltransporte VLCCs in unterschiedlicher Anzahl, in der Regel jedoch nicht mehr als zehn Einheiten.

Drei in der Bundesrepublik Deutschland ansässige Energieversorgungsunternehmen stiegen 1973 ebenfalls in das VLCC-Geschäft ein. Sie wurden zu Großkunden der Howaldtswerke-Deutsche

Werft AG, Kiel, die in den Jahren 1973 und 1974 insgesamt fünf 240.00-Tonner an die Gelsenberg AG (*Faust* und *Egmond*), die Veba Chemie AG (*Westfalen*) und die Union Rheinische Braunkohlen Kraftstoff AG (*Minerva* und *Victoria*) ablieferte.

Die Lage in Japan war demgegenüber anders. Hier agierten die Ölmultis nicht unter ihren eigenen Firmenbezeichnungen, sondern hielten beträchtliche Anteile an japanischen Unternehmen. Der japanischen Ölindustrie blieb nach dem Krieg nichts anderes übrig, als diese Beteiligungen zu akzeptieren, schließlich war man auf eine reibungslose Versorgung mit Rohöl aus den Quellen am Persischen Golf angewiesen, Quellen, über deren Fördermengen die großen Ölgesellschaften bestimmten. Die Anteile der fünf US-Ölmultis plus Shell und Getty Oil an japanischen Ölgesellschaften lagen im Jahr 1969 immerhin bei 59 Prozent.

Bei den Rohölimporten wurde der japanische Anteil überwiegend mit einheimischer Tonnage angelandet, den übrigen Teil besorgten eigene oder eingecharterte VLCCs der ausländischen Teilhaber. Die japanischen Ölgesellschaften betrieben in der Regel selbst keine Tankerflotten. Sie übertrugen ihre Rohölimporte den »big six«, wie die sechs bedeutendsten Tankerreedereien des Landes damals genannt wurden. Es handelte sich dabei um: Japan Line, Kawasaki Line KK, Mitsui OSK Lines, Nippon Yusen Kaisha, Showa Line und Yamashita Shinnihon Steamship Co.

Als Ergebnis einer grundlegenden Neuordnung in der Tankschiffahrt in der Zeit von 1963 bis 1967 waren diese Unternehmen von ehemals 88 Reedereien übriggeblieben. Viele der zahlreichen kleinen japanischen Reedereien waren nach dem weltweiten Verfall der Tankerraten als Folge der Wiedereröffnung des Suezkanals im Jahr 1957 in finanzielle Schwierigkeiten geraten. Mit oft nur einem bis zwei Tankern konnten sie nicht wie größere Unternehmen rationalisieren und die Kosten senken. Die Regierung in Tokio erkannte die grundlegende Bedeutung einer gesicherten Rohölversorgung für das Land und leitete 1963 gesetzliche Schritte ein, um die einheimische Schiffahrt zu stärken. Als Anreiz für Fusionen wurde den Reedern ein fünfjähriger Zahlungsaufschub für ausstehende Zinsschulden angeboten. Als Gegenleistung mußten diese sich verpflichten, alle Neubaupläne durch das Verkehrsministerium absegnen zu lassen. Auf diese Weise entstand in Japan gewissermaßen eine staatliche Lenkung beim Aufbau der Tankerflotten. Die Beschäftigung der VLCC-Flotten der »big six« war zudem von vornherein durch langfristige Chartern mit einheimischen Ölgesellschaften abgesichert, so daß die großen japanischen Tankerreedereien keinen unabhängigen Status im eigentlichen Sinne hatten.

Nur eine der großen Tankerkompanien des Landes, die Sanko Line, beteiligte sich nicht an dem Regierungsprogramm, sie bevorzugte eine Geschäftspolitik ohne staatliche Kontrolle und letztlich auch ohne staatlichen Schutz.

Die unabhängigen VLCC-Reeder der Welt hatten ihre Heimat schwerpunktmäßig in Norwegen, Griechenland und Hongkong. In Norwegen und Griechenland war man auf Grund der widrigen Verhältnisse in der Landwirtschaft seit jeher gezwungen, den Lebensunterhalt auf See zu verdienen. Die Norweger stellten schon vor dem zweiten Weltkrieg bedeutende Tankreedereien, die Griechen entdeckten diesen Zweig der Seefahrt vorwiegend

Japanische Großtanker wie die **Munetama Maru** *der Yamashita Shinnihon Steamship Co. fuhren fast ausschließlich im »Liniendienst« vom Persischen Golf nach Japan*

Photo: Torsten Andreas

*Supertanker griechischer Reeder sind nach dem zweiten Weltkrieg ständige Gäste in den Ölhäfen der Welt geworden: Die **Alexander The Great** läuft in Rotterdam-Europoort ein*

Photo: Bertil Palm

in der Nachkriegszeit. In beiden Ländern bestand die Schiffahrtsszene aus einer Vielfalt größerer und kleinerer Unternehmen. Norwegische Schiffe fuhren unter heimischer Flagge, während die Griechen schon damals die sogenannten Billigflaggen bevorzugten, in erster Linie Liberia und Panama, wo vergleichsweise wenig Heuern und Steuern bezahlt werden mußten. Norweger und Griechen vercharterten ihre Großtanker hauptsächlich an die westlichen Ölgesellschaften.

Die Tankerszene in Hongkong wurde im wesentlichen von nur zwei Großreedereien bestimmt:

Die World-Wide Shipping Co. des Yue-Kong Pao und die Island Navigation Corp. Ltd. des C.Y. Tung erlebten ab Ende der sechziger Jahre einen geradezu kometenhaften Aufstieg. Beide machten sich die hohen Betriebskosten in der Tankschiffahrt Japans zunutze und boten den dortigen Reedereien preisgünstige Alternativen an.

Ende der sechziger Jahre hatten japanische Reeder versucht, die Kosten auf ihren Tankern durch Übertragung der Schiffe in Billigflaggenregister zu senken, sie scheiterten jedoch am Widerstand der Gewerkschaft »All Japan Seaman's Union«. Pao und Tung erkannten ihre Chance und stießen frühzeitig in diese Marktlücke.

Reeder aus Honkong konnten ihre Schiffe unter Billigflagge einsetzen und zudem auf ein großes Reservoir an chinesischen Seeleuten zu niedrigen Heuersätzen zurückgreifen. So entstand ein Übereinkommen namens »Shikumisen« (Verbindung, Beziehung), und das funktionierte so: die Reeder aus Hongkong orderten bei Werften in Japan Supertanker, die an japanische Reedereien verchartert wurden und auch nach den speziellen Wünschen der Charterer gebaut wurden. Die Japaner übernahmen sogar die Bauaufsicht. Die Schiffe kamen in der Regel unter den Flaggen Liberias oder Panamas zum Einsatz. Bei geschickter Ausgestaltung der Ein-Schiff Reedereien konnte auch noch das Zahlen von Steuern umgangen werden. Innerhalb weniger Jahre stiegen Pao und Tung mit diesem Modell in den Kreis der größten unabhängigen Reeder der Welt auf.

Neben diesen geographisch bedingten Konzentrationen von Tankerreedern gab es weitere bedeutende Schiffahrtshäuser mit ausgedehnten Aktivitäten im VLCC-Bereich. So waren z.B. die Supertanker der dänischen Reederei A. P. Möller, der Salénrederierna aus Schweden oder der Universe Tankships Inc. (D. K. Ludwig) aus den USA häufige Kunden in den Tiefwasserhäfen der Welt.

*Far-East-Business: Die **World Duchess** der World-Wide Shipping Co., Hongkong, trat mit ihrer Indienststellung eine fünfzehnjährige Charter für die Japan Line an*

Photo: Joachim W. Pein

Abschließend ist anzumerken, daß die VLCCs in der Regel nicht im Alleineigentum der Reedereien standen, deren Schornsteinmarke sie trugen. Während in der Vorkriegszeit die Tankerreeder – Ölgesellschaften wie auch unabhänige Unternehmen – ihre Flotten selbst finanziert hatten, nahmen die Investitionen in diesem Bereich in der Nachkriegszeit derartige Dimensionen an, daß fremdes Kapital benötigt wurde. Die Ölgesellschaften, die u.a. für den Aufbau von Raffinerien einen riesigen Kapitalbedarf hatten, scheuten sich, ihre flüssigen Mittel langfristig in Großtankerflotten anzulegen. Es entstanden eigenständige Tankerfinanzierungsgesellschaften unter Beteiligung von Banken und Versicherungen, die die Schiffe langfristig an die Ölgesellschaften vercharterten. Auch bei den unabhängigen Reedereien beteiligten sich Banken, Versicherungen und andere Investoren an der Finanzierung von Schiffen. Teilweise geschah dies in Form von Schiffsbeteiligungen, teilweise wurden Darlehensverträge mit Absicherung durch Schiffshypotheken abgeschlossen.

1972 Europäische Werften im Aufwind
Neu – OPEC-Öl für die USA

Die Anzahl der Ablieferungen von VLCCs nahm jetzt von Jahr zu Jahr kräftig zu. 1972 wurden 83 Neubauten in Dienst gestellt, 48 von Werften in Japan, 35 von europäischen Schiffbauern.
Mit der bei den Astilleros y Talleros Del Noroeste S.A. (Astano) in Ferrol, Spanien, gebauten *Arteaga* von 317.987 tdw kam der erste in Europa gebaute Tanker mit mehr als 300.000 Tonnen Tragfähigkeit in Fahrt. Das Schiff war nach den Plänen der in Japan gebauten *Universe Ireland*-Klasse entstanden und gehörte einer spanischen Tochtergesellschaft des US-Ölmulti Gulf Oil.
Den Europäern war es unterdessen gelungen, dank intensiver Modernisierungen den technischen Vorsprung der Japaner im Großtankerbau auszugleichen. Die im Tankerbau engagierten Werften boten bestimmte Typen von VLCCs an, die, in größeren Serien gebaut, preisgünstig, schnell und in guter Qualität geliefert werden konnten.
Skandinavische Werften setzten ihre großen Traditionen im Tankerbau erfolgreich fort und lieferten in den siebziger Jahren allein 40 Prozent der in Europa gebauten VLCC-Tonnage ab. Hier einige Beispiele für die Fülle der Auftragsbücher:
Die dänische Odense Stalskipsvaerft A/S hatte bereits 1968 ein Baudock von 415 Metern Länge und 90 Metern Breite in Betrieb genommen. Sie baute Anfang der siebziger Jahre nicht weniger als 14 VLCCs von jeweils 284.500 tdw, acht davon für die einheimische Reederei A.P. Möller, gleichzeitig Eigentümer der Werft, fünf Schiffe für griechische Rechnung und einen Tanker für Norwegen. Die Sektionsbauweise verkürzte dabei die Bauzeit mehr und mehr. So brauchte man bei der *Romö Maersk* von der Kiellegung bis zur Ablieferung des Schiffes nur einen Zeitraum von 65 Tagen – eine neue Rekordzeit. Im Juli 1972 waren in Odense weitere elf Bauaufträge über Tanker mit jeweils über 300.000 tdw in den Büchern, die später noch um zwei Einheiten aufgestockt wurden: sechs 310.000-Tonner für die Shell und sieben 333.000-tdw-Tanker für A. P. Möller.
Besonders erfolgreich in der Aquisition großer Tankerneubauserien waren die Werften Schwedens, die 1972 mit 13,6 Millionen tdw abgelieferter Tonnage weltweit hinter Japan an zweiter Stelle im Tankerbau lagen. Einige Werften des Landes hatten sich ausschließlich auf den Großtankerbau konzentriert.
Die Kockums Mekaniska Verkstads A/B, Malmö, baute zwischen 1970 und 1974 allein 20 VLCCs eines 255.000-tdw-Standarddesigns für verschiedene Reedereien, sechs davon für die einheimische Salénrederierna, die auch Eigentümer der Werft war. Wie in Odense war auch in Malmö der Trend zu größeren Einheiten erkennbar. Ab 1974 wurden nur noch Supertanker mit 357.000 Tonnen Tragfähigkeit auf Kiel gelegt, bis Ende der siebziger Jahre insgesamt 14 Einheiten.
Die Götaverken AB., Göteborg, auch als Erbauer von VLCCs gut im Rennen (bis 1974 wurden 15 Tanker und Erz-Öl-Frachter mit jeweils mehr als 200.000 tdw abgeliefert) entwickelten mit großem Erfolg einen Tankertyp von 140.000 tdw Tragfähigkeit. Ab 1974 wurden insgesamt 32 Schiffe dieses Typs quasi vom Fließband geliefert. Sie entstanden in den beiden 332 x 46 Meter messenden mit großen Hallen überdachten Baudocks der Werft. Der norwegische Tanker *Sydhav* leitete die Tankerserie ein, die darauf ausgelegt war, den Suezkanal bei einer späteren Wiedereröffnung in vollbeladenem Zustand befahren zu können, daher setzte sich für diese Schiffsgröße die Bezeichnung Suezmax-Tanker durch.
An der Westküste Norwegens hatte sich die Stord Verft A/S im VLCC-Neubau etabliert. Man war Haus- und Hoflieferant für den norwegischen Großreeder Hilmar Reksten, der in Stord zwischen 1969 und 1975 nicht weniger als zehn VLCCs in zwei Gruppen zu je fünf Schiffen mit 222.000 bzw. 289.000 tdw bauen ließ. Ein von dieser Werft neu ins Angebot aufgenommener 370.000-Tonner fand auch gleich guten Absatz, fünf dieser Giganten wurden gebucht.
Der Trend zu steigenden Schiffsgrößen war bei fast allen Tankerwerften Europas zu erkennen. Ermutigt durch die vielen Bestellungen über 300.000-Tonner machten sich viele Werften daran, ihre Bauanlagen für noch größere Tanker auszulegen. Immerhin waren etwa zwei Drittel aller weltweiten Aufträge dieser Größenordnung bei europäischen Werften eingegangen.
Die Werft Harland & Wolff in Belfast beispielsweise buchte 1972/73 Aufträge über zehn Supertanker: Vier 318.000-Tonner für die britische Shell und sechs 330.000-Tonner für die israelische Maritime Fruit Company, für die, wie der Name vermuten läßt, die Tankschiffahrt Neuland war. Das neue Baudock der Werft mit Ab-

messungen von 556 x 93 Metern ließ für die Zukunft die Konstruktion noch erheblich größerer Tanker zu.

In der Bundesrepublik Deutschland plante man bei den Howaldtswerken in Kiel ein Baudock für 650.000-tdw-Tanker, im Herbst 1973 erfolgte der erste Spatenstich für dieses Projekt.

Die Werft A.G. »Weser« in Bremen nahm den Ausbau ihrer Helgenanlage für Tanker mit 392.000 Tonnen Tragfähigkeit in Angriff. Diese sogenannten Europa-Tanker sollten einmal die größten Schiffe werden, die auf herkömmliche Weise durch den klassischen Stapellauf zu Wasser gelassen wurden. Der Name Europa-Tanker machte deutlich, daß diese Schiffe in der Lage waren, sogar in vollbeladenem Zustand einen Ölhafen in Europa anzusteuern. Auf Grund ihrer extremen Breite von 64 Metern brachten es diese Tanker im Gegensatz zu anderen Schiffen dieser Größen-

*Weltweit die »Nummer Zwei« im Tankerbau: Die Werften Schwedens, darunter die Götaverken AB. mit ihren überdachten Baudocks, in denen gerade die typgleichen Supertanker **Veni** (231.074 tdw, links im Bild) und **Alva Star** (231.759 tdw) entstehen* Photo: Götaverken AB.

*Die **N' Tchengue** der Ölgesellschaft ELF, unter der Flagge von Gabun fahrend, war die dritte Einheit von insgesamt 32 Suezmax-Tankern aus Göteborg*
Photo: Ingwer Matthiessen

ordnung in abgeladenem Zustand auf einen Tiefgang von »nur« 21,95 Meter., was exakt dem Maximaltiefgang für Rotterdam-Europoort, nach Vertiefung der Fahrrine im Jahr 1975 entsprach. Zum Vergleich: Die japanische *Nisseki Maru* aus dem Jahr 1971 hatte bei 372.000 Tonnen Tragfähigkeit abgeladen einen Tiefgang von 27 Metern.

In den Niederlanden stieg die Verolme Dok-En Scheepsbouw Maatschappij N.V., Rozenburg, gelegen am Nieuwe Waterweg zwischen Rotterdam und der Nordsee, mit ihrem neuen 405 x 89 Meter messenden Trockendock in das große Geschäft mit den Giganten ein und hatte schon bald Aufträge für vier 310.000-Tonner in den Büchern.

Ein interessantes Projekt war außerdem die riesige kombinierte Bau- und Reparaturwerft, die in Setubal, Portugal, praktisch auf der grünen Wiese am Meer entstand. Von den drei Trockendocks mit Längen von 450, 420 bzw. 350 Metern war das große für Neubauten, das kleine für Schiffsreparaturen und das mittlere für beide Zwecke, je nach Auftragslage, bestimmt.

Den spektakulärsten Neubauauftrag dieser Zeit aber konnte die französische Werft Chantiers de l'Atlantique in St. Nazaire gewinnen. Im August 1972 bestellte die französische Shell dort die ersten Tanker mit mehr als einer halben Million Tonnen Tragfähigkeit. Die Reederei hatte die Aufträge über vier 275.000-Tonner in zwei Tanker von je 540.000 tdw umgewandelt.

Jetzt war aus dem Traum der sechziger Jahre Realität geworden. Die Euphorie in jenen Tagen war grenzenlos: Dem damaligen Zeitgeist waren Wachstumsgrenzen, Grenzen des Machbaren fremd.

Einer der Gründe für die ab 1972 einsetzende große Nachfrage nach Tankern mit über 300.000 tdw lag in den stetig wachsenden Import mittelöstlichen Rohöls durch die USA. Ende der sechziger Jahre merkten die Amerikaner, die an einen üppigen, fast verschwenderischen Umgang mit Ölprodukten gewohnt waren, daß die einheimischen und auch die benachbarten Quellen in Mexico und Venezuela zur Deckung des Bedarfs nicht mehr ausreichten. Man suchte händeringend nach neuen Importquellen. Nun war man plötzlich auf die Lieferanten aus dem Persischen Golf angewiesen, denen man 1959 noch die kalte Schulter gezeigt und sie vom US-Markt ausgeschlossen hatte. Vor dem Hintergrund rasant steigender Öllieferungen aus dem mittleren Osten, die zwischen 1970 und 1973 von 176 Millionen auf 316 Millionen Tonnen kletterten, blieb der US-Regierung gar nichts anderes übrig, als die Importbeschränkungen von 1959 formell wieder aufzuheben. Das geschah im April 1973.

Eine Schwierigkeit bestand allerdings darin, daß es keinen US-Hafen gab, der die VLCCs mit dem arabischen Öl aufnehmen konnte. Alle Zufahrten an der Ostküste waren mit einer maximalen Wassertiefe von 38 Fuß zu flach. Und kleinere für die US-Häfen geeignete Tanker auf der 12.000 Seemeilen langen Route vom Persischen Golf in die USA einzusetzen machte aus wirtschaftlichen Gründen keinen Sinn. Der Transport wäre viel zu teuer geworden.

Rohöl gelangte über drei verschiedene Wege in die USA. Teilweise fuhren die VLCCs bis vor die Küste der Südstaaten, um ihre Ladung dort in kleinere Tanker umzuladen. Bei Galveston und Port Arthur vor der Küste von Texas und bei Pascagoula vor dem Bundesstaat Mississippi gab es spezielle Ankerplätze für vollbeladene VLCCs , deren Ladungen komplett in mehrere kleine Tanker zur Weiterbeförderung in die nahegelegenen US-Häfen abgegeben wurden.

Ein erheblicher Teil des arabischen Öls wurde in Tiefwasserhäfen der Karibik angelandet und dort entweder sofort oder nach kurzer Zwischenlagerung auf kleinere Tanker mit Ziel USA umgeladen. Verschiedene auf dem US-Markt präsente Ölgesellschaften richteten während der siebziger Jahre sieben größere crude oil transshipment terminals ein: Auf den drei zu den niederländischen Antillen gehörenden Inseln Aruba, Curaçao und Bonaire, auf Trinidad, in St. Croix auf den Virgin Islands und an zwei Standorten auf den Bahamas, Freeport und South Riding Point. Besondere Erwähnung verdient in diesem Zusammenhang der Curaçao Oil Terminal in der Bullen Bay auf Curaçao. Gebaut von der Royal Dutch Shell wurde die Anlage ab 1974 von der Mehrzahl der großen und kleineren in den USA aktiven Ölgesellschaften genutzt. In Spitzenzeiten von 1974 bis 1983 kamen pro Tag eine Million Barrel arabisches Öl per VLCC an, die gleiche Menge ging in Tankern von jeweils bis zu 80.000 tdw weiter in die USA. In landseitigen Tanks können bis zu 17 Millionen Barrel zwischengelagert werden. Sechs Liegeplätze, drei davon für Großtanker bis zu 550.000 tdw Tragfähigkeit, reichten teilweise nicht aus, um die aus dem Persischen Golf angelandeten Mengen aufzunehmen und umzuladen. Die Tanker lagen nebeneinander an den Ölpiers oder mußten den Öltransfer vor Anker liegend in der Bucht vornehmen. Kommentar eines holländischen Schlepperkapitäns über diese Zeit: »the harbour tugs never stopped engines.«

Schließlich wurde ein Großteil des für den US-Markt bestimmten arabischen Öls in einigen bedeutenden Raffinerien in der Karibik verarbeitet, an Standorten, die allesamt über Tiefwasserhäfen verfügten. Kleinere Produktentanker übernahmen dann den Weitertransport der Ölprodukte in die USA Die Shell hatte zwischen 1915 und 1918 einen großen Raffineriekomplex auf Curaçao errichtet, damals ausschließlich zur Verarbeitung von Rohöl aus dem nur 50 Kilometer entfernten Venezuela. Über den Tiefwasserhafen in der Bullen Bay wurde jetzt arabisches Öl bezogen und weiterverarbeitet. Auf der Nachbarinsel Aruba hatte die US-Gesellschaft Lago Oil and Transport Co. 1929 ebenfalls eine Großraffinerie für venezoelanisches Öl in Betrieb genommen, die mit dem Ende des zweiten Weltkriegs an die Esso übergegangen war. In der wassertiefen San Nicolas Bay wurden während der siebziger Jahre zwei Löschplätze für Großtanker, einer davon für Tanker bis zu 530.000 tdw, eingerichtet. In Pointe à Pierre auf Trinidad hatte die Texaco in den fünfziger Jahren eine Raffinerie zur Verarbeitung arabischen Rohöls für den US-Markt eröffnet.

Diesen mächtigen drei Ölgesellschaften war es sogar gelungen, eine Befreiung von den US-Importbeschränkungen von 1959 zu erwirken. Ölprodukte (residual fuels) aus den Raffinerien der Karibik hatten auch nach 1959 Zugang zum US-Markt, unabhängig vom Ursprungsland des verarbeiteten Rohöls.

Die US-Ölgesellschaft Amerada Hess baute auf Grund dieser Ausnahmeregelung in St. Croix auf den Virgin Islands eine der größten Raffinerien der Welt – Fertigstellung 1966 –, und die Chevron war Mitbetreiber einer 1968/69 auf den Bahamas für den US-Markt errichteten Raffinerie.

Der Hauptvorteil der Ölverarbeitung in der Karibik lag darin, daß der Weltmarktpreis für das dort verwendete Rohöl aus dem Persischen Golf damals um etwa 1,50 Dollar pro Barrel unter dem Preis für US-Rohöl lag.

Drehscheibe für den US-Rohölimport aus dem Persischen Golf: Der Tiefwasserhafen in der Bullen Bay, Curaçao

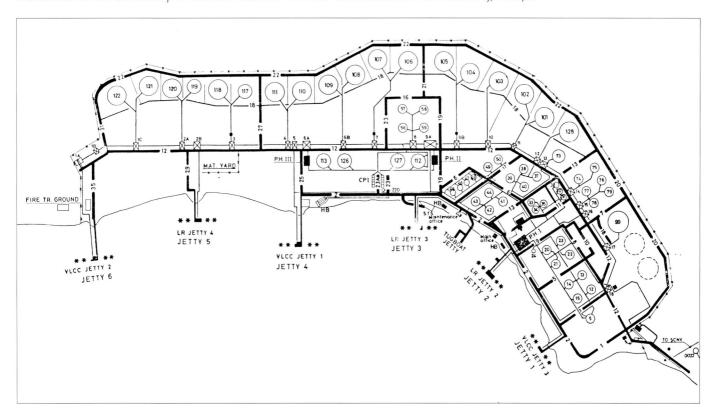

*Voll Voraus in Richtung Persischer Golf: Die **Globtik Tokyo**, der erste 400.000-Tonner*   Photo: Foto Flite

1973 Das Ende der goldenen Träume
OPEC dreht den Ölhahn zu

1973 wurde die stattliche Anzahl von 101 VLCCs in Dienst gestellt, 57 davon aus Japan, 43 aus Europa und der erste, die *Brooklyn* von 229.727 tdw, von einer Werft aus den USA. Die ehemalige Marinewerft Seatrain Shipbuilding Corp., Brooklyn, lieferte das Premierenschiff.

Die Welttankerflotte wuchs nach wie vor kräftig: Mit etwa 200 Millionen Tonnen Tragfähigkeit machte sie 1973 etwa die Hälfte aller Wasserfahrzeuge der Welt aus, Privatyachten, Fischereifahrzeuge usw. mit eingerechnet. Auch das Wachstum der Schiffe nahm weiterhin zu: Während 1972 die 300.000-Tonner den Schwerpunkt bildeten, so standen 1973 schon die Giganten mit mehr als 400.000 Tonnen Tragfähigkeit im Mittelpunkt.

Im Februar 1973 kam die 476.025 Tonnen tragende *Globtik Tokyo* in Fahrt, gebaut von der Ishikawajima Harima Heavy Industries Co. Ltd in Kure, gefolgt von ihrer Schwester *Globtik London* im Oktober des gleichen Jahres. Wie auch der 1975 abgelieferte Nachbau *Nissei Maru* waren diese Schiffe ausschließlich im Verkehr Persischer Golf – Japan (Kiire) via Lombokstraße eingesetzt. Sie sollten für absehbare Zeiten die größten jemals auf dieser Route eingesetzten Tanker bleiben. Beim Rennen um die 400.000-Tonner hatten japanische Werften eindeutig die Nase vorn, wie die folgende Übersicht der bis Anfang 1974 eingegangenen Aufträge bestätigt:

- Mitsubishi Heavy Industries Ltd: zehn Tanker mit über 400.000 tdw, davon jeweils drei 406.000-Tonner für die Chevron, Sanko Line und die Anglo Nordic Shipping Co. und ein 402.000-Tonner für die Kuwait Oil Tanker Co.
- Kawasaki Heavy Industries Ltd: zehn Tanker à 415.000 tdw für verschiedene Reedereien.
- Hitachi Zosen: zwei 500.000-Tonner für den Griechen Andreadis und zwei 400.000-Tonner für die Exxon.
- Ishikawajima H.I.: vier Tanker je 446.000 tdw für die Meridian Transport Co. (D.K. Ludwig).
- Mitsui Shipbuilding & Engineering Co.Ltd: sechs 414.000-Tonner für verschiedene Reeder.
- Sumitomo Shipbuilding & Machinery Co.Ltd: vier 412.000-Tonner.
- Nippon Kokan K.K.: sieben Tanker mit je 360.000 tdw.

Aber auch in Europa konnten sich die Ergebnisse sehen lassen:

- Stord Verft A/S, Norwegen: vier Tanker à 420.000 Tonnen für Hilmar Reksten.

*Der erste Supertanker aus den USA: Die **Brooklyn***   Photo: Joachim W. Pein

- Eriksbergs Mekaniska Verstads AB., Göteborg: je zwei Tanker à 400.000 tdw für die Navigazione Alta Italia, S.p.A. und den griechischen Reeder Stavros Livanos.
- Uddevallavarvet AB., Uddevalla: zwei 485.000-Tonner für skandinavische Rechnung.
- Chantiers de l'Atlantique, St. Nazaire: nach dem spektakulären Auftrag der Shell aus dem Jahr 1972 über zwei 540.000-Tonner nunmehr zwei 426.000-Tonner für Onassis.
- Howaldtswerke-Deutsche Werft AG, Kiel: für das neue Großdock zeichnete sich durch Aufträge aus Norwegen über zwei Tanker à 470.000 tdw, zu denen 1974 noch zwei Bestellungen hinzukamen, eine gute Auslastung ab.
- A.G. »Weser«, Bremen: der neue Helgen war voll ausgebucht, es waren sieben Bestellungen für Europa-Tanker mit je 392.000 tdw eingegangen, drei davon durch den Griechen Niarchos.

Ende 1973 standen weltweit 66 Supertanker mit über 400.000 tdw in den Auftragsbüchern. Die Finanzierung dieses Megaprogramms gestaltete sich weitgehend problemlos, denn in Kreisen der beteiligten Banken galt der Abschluß von Kreditverträgen für den Bau dieser Schiffe nach wie vor als ein Bombengeschäft.

Wenn man geahnt hätte, wie nah´ man sich damals schon am tiefen Abgrund bewegte!

Niemand erkannte die Gefahr, weder die Banken, noch die Reeder, noch die Werften. Ein realitätsferner Wagemut, ein unsensibles Draufgängertum ließen jede Art von Bedenken gar nicht erst entstehen. Dabei wäre eine Portion an Skepsis durchaus angebracht gewesen, denn ein Vergleich des für die zweite Hälfte der siebziger Jahre erwarteten Ölverbrauchs mit der zur Ablieferung in diesem Zeitraum anstehenden Tankertonnage ließ die Gefahr einer Überkapazität an Großtankern durchaus möglich erscheinen. Das Gegenteil jedoch war der Fall: Die Tanker sollten noch mehr wachsen, sowohl von der Anzahl als auch von der Größe her.

Im Juni 1973 forderte die Shell europäische und japanische Werften zur Abgabe von Angeboten über den Bau eines 630.000-Tonners auf. Globtik Tankers Ltd gab gegenüber der Werft Ishikawajima H.I. eine Absichtserklärung zum Bau eines Tankers von 706.000 tdw ab, und auch Mr. C.Y. Tung aus Hongkong äußerte Pläne, einen 700.000-Tonner zu bestellen.

Die Tankerwerften hatten sich gut eingestellt auf diese Entwicklung. Neben den bereits beschriebenen Werftkapazitäten in Europa hatten alle acht japanischen VLCC-Werften inzwischen Baudocks für Tanker mit über 500.000 tdw erbaut. Das im September 1973 fertiggestellte Megadock der Mitsubishi H.I. in Koyagi, Japan, mit einer Länge von 990 Metern und einer Breite von 100 Metern bildete dem Höhepunkt.

Die grenzenlose Euphorie beruhte auf den unglaublichen Gewinnspannen, die das Geschäft mit den Supertankern 1973 bot. Die Spotcharterraten für VLCCs kletterten bis auf Worldscale

350, was bedeutete, daß nur zehn Prozent der Einnahmen für die Betriebskosten aufgewendet werden mußten, die restlichen 90 Prozent waren Gewinn.

In dieser Zeit war der Transport einer Tonne Rohöl vom Persischen Golf nach Europa um die Hälfte teurer als die Ware selbst, und jeder Tankerreeder hing wunderschönen Träumen nach – den Träumen von mehr und mehr und noch mehr Geld.

Und plötzlich war alles vorbei. Der Wind begann zu drehen, von Rückenwind auf Gegenwind, unvermittelt und unvorhergesehen. Wieder einmal war die politische Entwicklung im Mittleren Osten der Auslöser.

Am 6. Oktober 1973 brach Krieg aus. Am Tag des jüdischen Versöhnungsfestes Jom Kippur starteten Ägypten und Syrien einen Überraschungsangriff gegen Israel mit dem Ziel, die beim Sechstagekrieg 1967 verlorenen Gebiete zurückzuerobern. Die ägyptischen Truppen durchbrachen die israelische Befestigungslinie entlang des Suezkanals und stießen auf die Sinaihalbinsel vor, syrische Einheiten griffen die Golanhöhen an, unterstützt durch sowjetische Lufttransporte. Am 8. Oktober 1973 ging Israel mit Unterstützung der USA (Luftbrücke nach Israel) zum Gegenangriff über und konnte verlorenes Terrain teilweise zurückgewinnen.

In dieser Phase des Krieges begannen die Ölförderländer des Mittleren Ostens, das Erdöl als politische Waffe gegen den Westen, vor allem gegen die USA, einzusetzen, um ihre in Bedrängnis geratenen Verbündeten Ägypten und Syrien zu unterstützen. Die Amerikaner befanden sich nun in der Zwickmühle. Einerseits waren sie auf gute Beziehungen zu den arabischen Ölförderländern angewiesen, deren Öl sie dringend benötigten. Andererseits hatten die traditionell engen Beziehungen zu Israel immer eine besondere Stellung genossen, und so war die Fortsetzung der militärischen Unterstützung für Israel keine Überraschung.

Die nun bis Weihnachten 1973 folgenden Ereignisse sollten die schwerste Wirtschaftskrise der westlichen Welt in der Nachkriegszeit auslösen und für die Tankschiffahrt, den Tankerbau düstere Zeiten anbrechen lassen:

Ein 237.000-Tonner verliert sich im neuen Großdock der Mitsubishi Heavy Industries Ltd, die Tragfähigkeit der beiden Portalkräne beträgt jeweils 600 Tonnen

16. Okt. 1973:
OPEC-Beschluß in Kuwait, den »posted price« (Listenpreis) für Rohöl der Sorte Arabian Light um 70 Prozent von 3,011 Dollar auf 5,119 Dollar per Barrel zu erhöhen.

17. Okt. 1973:
Die OAPEC die arabische Unterorganisation der OPEC, beschließt, die Fördermengen ihrer Mitglieder fortlaufend um jeweils fünf Prozent per Monat zu kürzen, bis Israel sich von allen 1967 besetzten Gebieten zurückgezogen hat und die »legitimen Rechte« der Palästinenser wiederhergestellt sind.

19. Okt. 1973:
Libyen verhängt ein Ölembargo gegen die USA.

20. Okt. 1973:
Auch die OAPEC beschließt ein Ölembargo gegen die USA, das kurz darauf auf die Niederlande erweitert wird, das Land, über dessen Ölhafen Rotterdam-Europoort, die meisten Ölimporte für Kontinentaleuropa abgewickelt wurden.

23. Dez. 1973:
Die OPEC legt in Teheran den »posted price« neu auf 11.651 Dollar per Barrel fest.

Die Situation in den Verbraucherländern war von Empörung, Verzweiflung und Ratlosigkeit geprägt, denn damit hatte niemand gerechnet:

Öl knapp und teuer?

In der Tat, die Ölproduzenten hätten sich kein wirkungsvolleres Szenario ausdenken können, denn das Öl wurde zu einem Zeitpunkt als Waffe angewendet, in dem die Abhängigkeit von diesem Rohstoff so groß war wie nie zuvor.

Die Gründe:
- Bei der Energieversorgung war man weltweit von Kohle auf Öl umgestiegen, sowohl in der Industrie als auch in Privathaushalten.
- Rohöl war als Grundstoff für industrielle Fertigung, vor allem für die Petrochemie, nicht mehr wegzudenken.
- Für die USA waren Ölimporte großen Umfangs lebensnotwendig geworden.

Innerhalb weniger Tage hatten die Förderländer am Persischen Golf diejenigen, die ihnen bisher die Preise für ihre einzigen Bodenschätze und Haupteinkommensquelle mehr oder weniger diktiert hatten, in die Knie gezwungen. Die westlichen Industrienationen mußten sich beugen, denn es gab außerhalb des Mittleren Osten auf der ganzen Welt keine Alternativen, aus denen der Bedarf an Rohöl auch nur annähernd hätte gedeckt werden können.

Eine kurzfristig im westlichen Lager angedachte Anwendung militärischer Gewalt zur Wiedererlangung der Verfügungsgewalt über die arabischen Ölquellen wurde glücklicherweise schnell verworfen.

Es gab nichts mehr zu rütteln: OPEC hatte die Zügel fest in den Griff bekommen.

Vorbei waren die Zeiten, in denen vor allem die Europäer und Japaner arabisches Öl in jeder beliebigen Menge zu wahren Spottpreisen kaufen konnten. In der japanischen Wirtschaft brach Panik aus. Man hatte sich bei der Ölversorgung vollkommen auf die Länder am Persischen Golf eingerichtet und befürchtete nun einen Zusammenbruch der Industrieproduktion. Man war zu allem bereit, um an das ersehnte schwarze Gold heranzukommen. Es wurden Preise bezahlt, die deutlich über dem »posted price« lagen, gelegentlich war sogar von bis zu 22 Dollar per Barrel die Rede. Die Folge dieser verteuerten Ölimporte war eine Inflationsrate von 25 Prozent im Jahr 1974, ähnliche Entwicklungen, wenn auch nicht ganz so drastisch, waren auch in den übrigen Industrienationen zu beobachten.

Für die Tankschiffahrt zeichnete sich ein Trauma ab. Gerade eben noch das Paradebeispiel für wirtschaftlichen Erfolg mit ständig neuen Schlagzeilen über immer mehr Tankertonnage, immer größere Einheiten und nun dies: Das Zudrehen der Ölhähne im Mittleren Osten führte erstmals in der Nachkriegszeit ein Ende des ständig wachsenden Ölverbrauchs und des wirtschaftlichen Wachstums vor Augen. Hier und da in Kreisen der Tankerreeder schlich sich ein ungutes Gefühl ein, eine Angst vor dem Ende der goldenen Zeiten, Angst vor einer riesigen Fehlkalkulation.

Die Frachtraten für VLCCs auf der Europaroute sackten im Oktober innerhalb einer Woche von Worldscale 350 auf WS 80, an sich noch keine Katastrophe, aber ein deutliches Signal.

Einige Reeder schätzten das Ölembargo damals zunächst als eine vorübergehende Maßnahme ein und gingen davon aus, daß früher oder später wieder alte Verhältnisse eintreten würden. Sie setzten auf einen weiteren Ausbau ihrer VLCC-Flotten, insbesondere die großen Ölgesellschaften.

Die Exxon z.B. war dabei, die VLCC-Flotte von derzeit 26 auf 46 Einheiten zu erweitern. Die Shell befand sich mitten in einem Bauprogramm über 16 Tanker der L-Klasse mit Tragfähigkeiten zwischen 310.000 tdw und 318.000 tdw. Die BP vergrößerte ihre VLCC-Flotte um 36 Prozent, die Mobil Oil hatte Pläne für neun VLCC-Neubauten, und die Gulf Oil wollte fünf Großtanker in Auftrag geben.

1973 war ein derart ereignisreiches Jahr, daß der Totalverlust eines Supertankers fast zur Randnotiz wurde. Am 5. November 1973 sank der liberianische Tanker *Golar Patricia* (216.320 tdw) nach drei heftigen Explosionen während der Tankreinigung in Ballastfahrt etwa 130 Seemeilen westlich der Kanarischen Inseln auf der Reise von Großbritannien nach Bahrain. Nach dem Untergang der *Marpessa* im Jahre 1969 war dies der zweite Totalverlust eines VLCC.

*Mitte der siebziger Jahre erlebte der VLCC-Neubau in Bremen seinen Höhepunkt: Die **Esso Bonn**, 256.692 tdw, gebaut von der A.G. »Weser«, passiert am 2. Februar 1974 weserabwärts fahrend den Bremer Vulkan, dessen erster Supertankerneubau, der Shell-Tanker, **Lagena**, 317.221 tdw, am Ausrüstungskai fertiggestellt wird* Photo: Torsten Andreas.

*1974 kamen die ersten Großtanker ganzer Serien von 300.000-Tonnern in Fahrt wie zum Beispiel die **Sea Saint, 362.118 tdw,** der Kockums M.V., Malmö* Photo: Terje Fredh

1974 – 1986
Die Fahrt zur Hölle

Ab 1974 brach für die Reeder von Supertankern erstmals in der Nachkriegszeit eine lang andauernde Periode schwerer Depression herein. Die vielen noch in der Blütezeit der Tankschiffahrt in Auftrag gegebenen Neubauten sorgten für ein gewaltiges Überangebot an Großtankern. Bessere Zeiten sollten erst in dem Moment eintreten, in dem der Bestand an Tonnage wieder dem Bedarf entsprechend reduziert war. Der tiefe Absturz der Branche brachte viele schmerzhafte Veränderungen mit sich.

1974-1980 Immer mehr Tanker für immer weniger Fracht

1974 In Europa gehen die Lichter aus; Die Ölmultis als Bittsteller Erste Ölpest durch VLCC-Strandung

1974 war das Jahr mit der höchsten Anzahl an neu in Dienst gestellten VLCCs: 123 insgesamt. Das paßte mit der Entwicklung auf dem Ölmarkt überhaupt nicht mehr zusammen: abnehmende Transportmengen und immer mehr Tanker.
Japanische Werften erbauten 71 dieser Schiffe, in Europa waren es 50, einer kam aus den USA, und die *Atlantic Baron* für den griechischen Reeder Stavros Livanos, abgeliefert von der Hyundai Heavy Industries Co. Ltd., Ulsan, war der erste von einer südkoreanischen Werft erbaute Supertanker. 1974 setzte sich endgültig die Erkenntnis durch, daß die goldenen Zeiten in der Tankschiffahrt der Vergangenheit angehörten. Dennoch gab es einige Neubauaufträge von Bedeutung:
- Nach der Übernahme der Kontrolle über die Ölförderung im eigenen Land strebten die arabischen OPEC-Mitglieder auch eine stärkere Beteiligung beim Rohöltransport an. Bis Ende 1974 bestellte die Arab Maritime Petroleum Transport Co. – A.M.P.T.C. –, gegründet von den Ländern Algerien, Libyen, Ägypten, Saudi Arabien, den Vereinigten Arabischen Emiraten, Katar, Bahrain, Irak und Kuwait, insgesamt sechs Großtanker, zwei 278.000-Tonner bei den Chantiers de l'Atlantique, St. Nazaire, zwei 315.000-Tonner beim Bremer Vulkan und zwei 392.000-tdw-Europa-Tanker bei der A.G. »Weser« in Bremen.
- In den USA wurde man aus ähnlichen Motiven aktiv. Zur Sicherung der Ölimporte wünschte man Supertanker unter US-Flagge. Nach der Bestellung von fünf 265.000-Tonnern bei der Bethlehem Steel Corp., Sparrows Point, im Jahr 1972 erhielt die Newport News Shipbuilding and Drydock Co. 1974 Aufträge über drei 390.000-Tonner und die Todd Shipyards Corp. stand in Verhandlungen über den Bau von acht 380.000-tdw-Tankern.
Noch ehrgeiziger war der Plan der Energy Corporation of America, einer Arbeitsgruppe von Professoren des Schiffsmaschinenbau sowie verschiedener Schiffsturbinenunternehmen. Bei der Maritime Administration des US-Department of Commerce wurde die Genehmigung zum Bau von zwölf atomgetriebenen 415.000-tdw-Supertankern beantragt. Diese Schiffe – Projektname Energy Enterprise – sollten bei einer Antriebskraft von 88.260 kw 21,6 Knoten schnell sein. Die Gesamtinvestitionssumme belief sich auf zwei Milliarden Dollar.
- Im Frühjahr 1974 hatte die Chantiers de l'Atlantique, St. Nazaire, Bestellungen über zwei weitere 540.000-tdw-Giganten in ihren Büchern. Nach der Shell im Jahr 1972 war es diesmal die einheimische Cie. Nationale de Navigation, der Reedereiarm der Ölgesellschaft ELF, die diese sogenannten Antifer-Tanker orderte. Antifer ist der Name eines Ölhafens etwa 20 km nördlich von Le Havre, der extra für Schiffe dieser Größenordnung mit einem Tiefgang von 28,50 Metern bei voller Abladung gebaut wurde.
- Die Odense Staalskibsvaerft A/S erhielt Aufträge zum Bau von zwei Tankern je 495.000 tdw von dem griechischen Reeder N.D. Papalios, einen bekannten Trampschiffreeder, der hiermit den Einstieg in die Großtankerfahrt wagte. Die Reederei A. P. Möller wandeltezur gleichen Zeit einen 1972 der

Werft erteilten Auftrag über zwei 330.000-Tonner ebenfalls in zwei 495.000-Tonner um.

- Die China Shipbuilding Corp., Taiwan, versuchte im Supertankerbau Fuß zu fassen. Die Werft errichtet das zweitgrößte Baudock der Welt (950 Meter lang, 92 Meter breit) und konnte im Juli 1974 von der US-Reederei Gatx-Oswego Corp. den Auftrag zum Bau von vier 450.000-tdw-Tankern hereinholen.

Im übrigen war es für die Werften mit den lukrativen Aufträgen weitgehend vorbei. Äußerst schmerzlich war dies vor allem für diejenigen, die erst jetzt angetreten waren, erst jetzt mit ihren Kapazitätserweiterungen für den Bau von VLCCs fertig waren. Der große Kuchen war verteilt, und Neues war nicht mehr in Sicht.

Die koreanische Hyundai Heavy Industries Co. Ltd., die sich mit ihrem aus Japan importierten technischen Know-how und den kostengünstigen Arbeitskräften gerade anschickte, eine Macht im Tankerbau zu werden, konnte noch so günstig anbieten, es war keine Bestellung mehr zu bekommen. Sogar die bereits plazierten Aufträge waren des guten zu viel, deutlich daran zu erkennen, daß von den ersten sechs VLCC-Neubauten dieser Werft, die alle noch vor dem Oktober 1973 bestellt worden waren, fünf Einheiten unmittelbar nach der Fertigstellung 1974/75 aufgelegt werden mußten, sie konnten keine Chartern finden.

Wenn man bedenkt, daß 1974 alle drei Tage ein neuer VLCC in Fahrt kam – viele davon ohne die Absicherung von Charterverträgen – so verwundert es nicht, daß gegen Ende des Jahres niemand mehr zur Bestellung von Neubauten zu bewegen war.

Ganz im Gegenteil, es begann jetzt eine Phase intensiver Gespräche zwischen Reedern und Werften über die Stornierung von Aufträgen. Vor allem diejenigen, die sich zu weit aus dem Fenster gelehnt hatten und VLCCs in Serie für den Einsatz auf dem Spot-Markt geordert hatten, waren jetzt in einer verzweifelten Situation. Der Chartermarkt war total zusammengebrochen, im Oktober 1974 waren die Raten für Reisechartern auf weniger als Worldscale 30 gesunken, nicht einmal zehn Prozent der noch zwölf Monate zuvor gezahlten Preise. Langfristige Chartern wurden überhaupt nicht mehr abgeschlossen.

So versuchten schon 1974 vor allem einige unabhängige Reeder, mit allen Mitteln von Bauaufträgen über Tanker, die sie nicht mehr gebrauchen konnten, wegzukommen. Dieses Unterfangen stieß natürlich auf den Widerstand der Werften, die gerade Riesenivestitionen für den Bau eben dieser Schiffe abgeschlossen hatten. So wurden bei Stornierungen in der Regel Vertragsstrafen erheblichen Umfangs fällig. Zum Beispiel für den norwegischen Reeder Hilmar Reksten, als er die Aufträge über vier 420.000-Tonner bei der heimischen Stord Verft 1974 annullierte. Ebenso dürfte es sich für die Maritime Fruit Company verhalten haben, die 1974 drei ihrer sechs im Jahr 1972 bei Harland & Wollf in Belfast bestellten Tanker mit je 330.000 tdw abbestellten. Ein vierter Tanker wurde 1977 storniert. Lautlos zogen die Globtik Tankers Ltd ihre Option

*Mobil Oils Beitrag zur Klimaverbesserung mit den Ölproduzenten: Aus **Mobil Mariner** wurde **Saudi Glory***   Photo: Joachim W. Pein

über den Bau eines 706.000-Tonners zurück, und ebenso nahm die Shell Abstand von den Plänen, einen Tanker von 630.000 Tonnen Tragfähigkeit zu bestellen.

Hinsichtlich der bereits vorhandenen Überkapazitäten blieb vielen Reedern nichts anderes übrig, als ihre Großtanker aus dem Verkehr zu ziehen und sie einzumotten. Ende 1974 machte die *Sir Charles Hambro* der Reederei Reksten den Anfang. Am 20. Dezember wurde das Schiff, das erst im Jahr zuvor in Dienst gestellt worden war, in einem norwegischen Fjord bei Bergen aufgelegt und bildete den Auftakt einer über viele Jahre anhaltenden Periode der Beschäftigungslosigkeit für eine große Anzahl von VLCCs.

Das arabische Ölembargo wurde im Verlauf des Jahres 1974 langsam wieder gelockert. Der Westen, insbesondere die USA, hatte durch hektische diplomatische Aktivitäten eine verstärkt pro-arabische Haltung erkennen lassen:
- 24. Okt. 1973: Politischer Druck der USA gegenüber Israel, der schließlich zum Halt der militärischen Auseinandersetzungen am 26. Oktober 1973 führte.
- 21. Dez. 1973: Beginn der Genfer Friedenskonferenz auf Grund der Initiative der USA.
- 18. Jan. 1974: Übereinkommen zwischen Ägypten und Israel über den Rückzug ihrer Streitkräfte.
- 12. Juni 1974: Besuch von US-Präsident Nixon in Kairo.

Die arabischen Staaten hatten ihre politischen Ziele weitgehend erreicht. Darüberhinaus kontrollierten sie nun auch die Ölproduktion und die Ölpreise.

Ein völliges Umdenken war jetzt auch für diejenigen notwendig geworden, die ihr weltweit blühendes Geschäft in erster Linie der reibungslosen Versorgung mit Rohöl aus den Golfstaaten zu verdanken hatten: die Ölgesellschaften, die Ölmultis insbesondere. Ihre Geschäftspraktiken der einseitigen Festlegung der Ölpreise war den Verantwortlichen der OPEC-Länder schon immer ein Dorn im Auge gewesen und im übrigen im Jahr 1959 auch der Auslöser für die Gründung dieser Organisation gewesen. Nach den Ereignissen des Jahres 1973 offenbarte sich das zuvor praktizierte Gebahren als besonders ungeschickt, und es galt, sich möglichst schnell daran zu gewöhnen, daß ihnen nunmehr mit den Ölproduzenten starke, selbstbewußte Verhandlungspartner gegenüberstanden.

Der neue wesentlich höflichere und respektvollere Stil kam marginal auch bei der Namensgebung von Tankern zum Ausdruck. Einige Ölgesellschaften benannten vereinzelt ihre Schiffe um und gaben ihnen Namen aus der arabischen Welt. Die Mobil Oil Co. machte den Anfang. Noch im Jahr 1974 taufte sie ihren brandneuen VLCC *Mobil Mariner* als erkennbares Zeichen der Ergebenheit in *Saudi Glory* um.

Die veränderte Ausgangssituation bei der Ölförderung im Mittleren Osten ermöglichte ab Mitte der siebziger Jahre auch neuen Firmen den Einstieg in den Rohölhandel. Jetzt, da es nicht mehr die Ölmultis waren, die die Förderung am Persischen Golf kontrollierten, sondern die Förderländer selbst, konnte jeder, der über genügend Geld und gute Beziehungen verfügte, als Käufer auftreten. Neue, unabhängige, meist mit guter Kapitaldecke ausgestattete Ölhändler, die selbst keine Raffinerien unterhielten, kauften das flüssige Gold in ganzen Tankerladungen auf eigenes Risiko oder auch im Auftrag Dritter, z.B. von Ölgesellschaften, und wurden für die Zukunft wichtige Charterer für die Tankerreeder. Ohnehin erhielt das Ölgeschäft in Zeiten unsicherer Preise immer mehr spekulativen Charakter, und es war keine Seltenheit, daß eine Rohölladung während einer Seereise mehrfach weiterverkauft wurde.

Die radikalen Ölpreiserhöhungen und das Ölembargo des Jahres 1973 hatten auf die Denk- und Lebensweise in den Industrienationen einen grundlegenden Einfluß. Vorbei war es mit dem Credo an unbegrenztes Wirtschaftswachstum. Jeglicher Optimismus war verflogen, man machte sich Sorgen um die Ölversorgung für die Zukunft. Energiesparen war das neue Schlagwort und überall, in Privathaushalten, in der Industrie und im öffentlichen Leben, galt es, mit dem knappen und sehr teuer gewordenen Rohstoff sparsam umzugehen. In einigen Ländern wurden zu diesem Zweck Geschwindigkeitsbeschränkungen auf den Straßen, Fahrverbote an Wochenenden und eine nur notdürftige Straßenbeleuchtung eingeführt.

In dieser Notsituation setzte mit aller Kraft die Suche nach neuen Ölquellen außerhalb des Mittleren Ostens ein. Ölgesellschaften gaben Riesenbeträge für Bohrungen in Regionen aus, deren Exploration bis dahin vor dem Hintergrund billiger Ölversorgung aus den Ländern am Persischen Golf als unwirtschaftlich angesehen worden war. In der Nordsee z.B. und in Alaska begannen Bohrungen mit dem Ziel, echte Alternativen zur bisherigen Versorgung aufzubauen.

Als Schlußpunkt der düsteren Ereignisse dieser Zeit ist noch über einen Tankerunfall mit katastrophalen Folgen für die betroffene Region zu berichten: Am 9. August 1974 lief der mit 195.000 Tonnen Rohöl beladene VLCC *Metula* der niederländischen Shell in der Magellanstraße bei voller Fahrt auf Grund. Das Schiff hatte auf dem Weg von Saudi Arabien zum südchilenischen Ölhafen Quintero Bay einen falschen Kurs gesteuert. Etwa 50.000 Tonnen der Ladung ergossen sich aus den beschädigten Tanks ins Meer, einige Tausend Quadratkilometer Meeresoberfläche und weite Teile der unberührten Natur wurden verseucht, viele Tausend Seevögel und Pinguine verendeten. Es handelte sich um die größte von einem Tanker verursachte Ölpest seit der Strandung der *Torrey Canyon* im Jahr 1967.

Licht und Schatten lagen nah beisammen: noch zwei Monate vorher, am 6. Juni 1974, war die *Metula* als erster VLCC im neuen Tiefwasserhafen in der Bullen Bay, Curaçao, gefeiert worden. Der Ha-

1975 Großtanker werden eingemottet
Ein 220.000Tonner versinkt im Ozean

Nach der Übernahme einer Ladung Rohöl legt der argentinische Tanker **Harvella** (18.989 tdw) von der gestrandeten **Metula** ab

Über das gesamte Jahr 1975 blieb der Tankermarkt in desolatem Zustand, ohne irgendwelche Anzeichen von Erholung. Die weltweite Tankerflotte nahm um 30 Millionen tdw = 24 Prozent zu, während der Ölverbrauch um acht Prozent zurückging.

109 VLCCs wurden fertiggestellt (59 aus Japan, 44 aus Europa, 5 aus Südkorea und einer aus den USA). Mit 27 neuen Einheiten drängten jetzt viele der 1972 bestellten 300.000-Tonner auf den Markt, technisch zwar hochwertige Schiffe, aber unter wirtschaftlichen Gesichtspunkten im wesentlichen unbrauchbar. Sie konnten nur noch Verluste einfahren. Es war unmöglich, gewinnbringende Kontrakte abzuschließen, für die ganz wenigen Charterpartien wurden lediglich Raten zwischen Worldscale 25 und 30 gezahlt, nach Expertenmeinung wären zwischen WS 32 und 35 notwendig gewesen, um wenigstens kostendeckend zu fahren. Manche Reeder fuhren auch für diese niedrigen Raten, um wenigstens einen Teil der Kosten hereinzuholen. Vielfach wurden für VLCCs aus dem gleichen Grund auch Teilladungen akzeptiert. Ein großer Teil der Tanker blieb leer, dümpelte in Warteposition vor den Ölhäfen am Persischen Golf, über Wochen, ja sogar Monate. Je verzweifelter die Lage wurde, desto eher entschlossen sich die Reeder, ihre Schiffe ganz aus dem Verkehr zu nehmen, sie einzumotten.

Als Aufliegeplätze wählten die unabhängigen Reeder in erster Linie heimatliche Gewässer, und so dienten z.B. in Norwegen und Griechenland zahlreiche Fjorde bzw. geschützte Buchten als Parkplätze für Supertanker.

Die Zahlen an aufgelegten VLCCs in diesen Ländern spiegeln recht deutlich die unterschiedlichen Geschäftsstrategien in der Tankschiffahrt in jener Zeit wider. Von den insgesamt im Jahr 1975 aufgelegten 85 Tankern mit über 200.000 tdw gehörten nur 14

varist wurde schließlich nach langwierigem und in mehreren Arbeitsgängen erfolgten Abpumpen der Restladung in den kleineren argentinischen Shell Tanker *Harvella* am 25. September 1974 von sechs Schleppern abgeborgen. Nach fast zweijähriger Odyssee – mehrmonatiger Inspektion in Angra dos Reis, Brasilien, und anschließender Verschleppung um die halbe Welt nach Brunsbüttel zur Tankreinigung – traf der Tanker schließlich im Juni 1976 in Santander, Spanien, zum Abbruch ein. Eine Reparatur des schwer beschädigten Schiffes – sie hätte rund 25 Millionen Dollar gekostet – kam in dieser Zeit der Baisse auf dem Tankermarkt nicht in Betracht. Die *Metula* war der erste VLCC, der den Schneidbrennern zum Opfer fiel.

*Moss, Norwegen, im Sommer 1976: drei Giganten der Reederei Biörnstad (v.r.n.l.: **Beaumaris**, 222.971 tdw, **Beaurivage**, 289.979 tdw und **Beaumont**, 285.403 tdw) haben die »kleine« **Beauval** in die Zange genommen, die immerhin stattliche 87.126 Tonnen Tragfähigkeit aufweist*
Photo: Joachim W. Pein

*In manchen Fjorden wurde es eng: Großtanker **Fernmount** (218.987 tdw) und Gastanker **Fernwind** (17.699 tdw) aufgelegt in der Nähe von Sandefjord*
Photo: Joachim W. Pein

griechischen Reedern. Die meisten der Supertanker dieses Landes blieben auf Grund langfristiger Chartern mit Ölgesellschaften weiterhin aktiv. Ferner waren die Griechen mit ihren durchweg unter Billigflagge registrierten Tankern noch am ehesten in der Lage, selbst bei niedrigen Frachtraten Ladungen zu akzeptieren. Die Norweger traf es schlimmer, sie mußten 28 VLCCs längerfristig vor Anker gehen lassen, überwiegend in heimischen Fjorden. Anfang der siebziger Jahre waren manche Reeder leichtsinnig geworden. Auf Grund der erstklassigen Erträge auf dem Reisechartermarkt waren sie von der bis dahin geübten Praxis, ihre Tanker für Zeiträume zwischen drei und fünf Jahren zu verchartern, abgewichen und hatten die Schiffe nur noch kurzfristig verchartert. Jetzt blieb ihnen nichts anderes übrig, als die Schiffe stillzulegen. Traditionsreiche Häuser, wie Björn Biörnstad, Fearnley & Eger, Knutsen OAS, Hilmar Reksten oder Hagbart Waage, zogen den größten Teil ihrer VLCCs aus dem Verkehr. Reksten hatte 1975 neun seiner zehn VLCCs in den Fjorden versammelt. Mit den steil ins Wasser abfallenden Felsen waren diese geschützten Buchten als Aufliegeplätze gut geeignet. In der Regel war das Heck der großen Tanker über lange Leinen an Land vertäut, vorne hielten die beiden Anker das Schiff in Position. Die Stromversorgung erfolgte von Land aus. Nur einen Steinwurf südlich der norwegischen Grenze bei Strömstad waren sechs VLCCs der schwedischen Salénrederierna aufgelegt, alle ohne Charterverträge.

Der dritte große Aufliegeplatz lag in Fernost, in einer riesigen Bucht im Sultanat Brunei, ungefähr 350 Seemeilen östlich von Singapur gelegen. Hier ließen 1975 insgesamt zwölf VLCCs ihre Anker fallen, Tanker, die sich überwiegend im Eigentum der Ölmultis BP und Shell befanden. Die BP z.B. schickte drei nagelneue 270.000-Tonner direkt von der japanischen Bauwerft in die Brun-

*Parkplatz für deutsche Supertanker: Die Geltinger Bucht; die **Humboldt** aus Bremen ging dort am 23. April 1975 für vier Jahre und zwei Monate vor Anker*

Photo: Joachim W. Pein

*Frisch von der Bauwerft in die Geltinger Bucht: Die **Wilhelmine Essberger**, aufgenommen am 30. Juli 1975 im Paket liegend mit dem Erz-Öl-Frachter **John Augustus Essberger**, 151.858 tdw*
Photo: Joachim W. Pein

ei Bay. Die Shell ließ fünf ebenfalls werftneue 300.000-Tonner der L-Klasse dort einmotten sowie zwei kleinere VLCCs aus der M-Klasse.

Auch deutsche Reeder begannen 1975, Großtanker aus dem Verkehr zu ziehen. Sie wählten als Aufliegeplatz die Geltinger Bucht am Ausgang der Flensburger Förde. Die unter den Farben der Schlüssel-Reederei KG, Bremen, fahrende *Humboldt* (222.590 tdw) war der erste VLCC unter deutscher Flagge, der dort vor Anker ging, gefolgt von der *Wilhelmine Essberger* (240.828 tdw), die am 29. Juli 1975 direkt von ihrer Bauwerft, HDW, Kiel, kommend in der Geltinger Bucht eintraf. Die Tatsache, daß 26 der 1975 weltweit fertiggestellten VLCCs gar nicht erst in Fahrt gebracht, sondern aufgelegt wurden – einige blieben gleich an den Ausrüstungskais der Werften liegen – gibt Zeugnis über die desolate Lage dieser Zeit.

Noch aussichtsloser war die Situation für die älteren kleineren Tanker. In den fünfziger und sechziger Jahren erbaut waren sie ohnehin bei den Transportkosten im Wettbewerb mit den VLCCs deutlich unterlegen. Viele dieser ehemaligen Supertanker mit Tragfähigkeiten zwischen 50.000 und 100.000 Tonnen waren daher schon seit geraumer Zeit aufgelegt. Bei den nunmehr herrschenden Verhältnissen hatten sie überhaupt keine Zukunftsaussichten mehr. Hunderte von gerade einmal 15 bis 18 Jahre alten Rohöltankern gingen daher Mitte der siebziger Jahre zum Abbruch. Vor allem die riesigen Flotten der Ölmultis schrumpften in dieser Zeit stark zusammen.

Auch die Werften bekamen die neue Lage deutlich zu spüren. Einige Reeder versuchten, die Ablieferung neuer Tanker hinauszuzögern, in manchen Fällen wurde die Übernahme durch vorgeschobene Baumängel verweigert, Stornierungen waren an der Tagesordnung. Etwa die Hälfte aller bestehenden VLCC-Aufträge wurden in den Folgejahren wieder rückgängig gemacht. Diese Zahl wäre vermutlich wesentlich höher gewesen, wenn nicht so viele Neubauten schon halb fertig gewesen wären, für die die Werften auch schon hohe Anzahlungen erhalten hatten. Bis Ende 1977 wurden Stornierungen über bestehende Bauaufträge in einem Gesamtvolumen von 45 Millionen tdw bekannt. Mit zusammen etwa 34 Millionen tdw lag der Höhepunkt in den Jahren 1975 und 1976.

Hier einige Beispiele:

Bei den acht japanischen Großtankerwerften wurden von 1975 bis 1977 insgesamt 79 Supertanker mit einer Tragfähigkeit von etwa 25 Millionen tdw abbestellt, d.h. 79 Schiffe mit einer Durchschnittsgröße von 316.000 tdw.

Auch aus Europa wurden Stornierungen großen Umfangs bekannt. Nach der 1974 erfolgten Abbestellung von vier Tankern je 420.000 tdw traf es die Stord Verft in Norwegen 1975 noch härter. Die Reederei Reksten stornierte jetzt zwei 285.000-Tonner, ferner gingen die Aufträge über alle fünf im Jahr 1972 gebuchten 370.000-Tonner für verschiedene Eigner verloren.

Bei Eriksbergs Mekaniska Verkstads AB. in Göteborg bestellte die Reederei Stavros Livanos zwei 400.000-Tonner ab. Der griechische Reeder Papalios dürfte seinen im Jahr 1974 vollzogenen Einstieg in das Tankergeschäft schnell bereut haben, denn bereits 1975 wurden beide in Odense bestellten 495.000-tdw-Giganten wieder abbestellt. Ebenso stufte A. P. Möller dort den Auftrag über zwei Tanker gleicher Größe wieder in die ursprünglich geplante Tragfähigkeit von 330.000 tdw zurück.

Die Howaldtswerke-Deutsche Werft AG in Kiel mußten 1975/76 die Stornierung aller vier Bestellungen über 470.000-Tonner hinnehmen. In Bremen wurden 1975/76 fünf Aufträge storniert, zwei 320.000-tdw-Tanker beim Bremer Vulkan und drei Europa-Tanker von je 392.000 tdw bei der A.G. »Weser«.

Gelegentlich wurden Tankeraufträge auch in den Bau von Stückgutfrachtern, Massengutfrachtern, Produktentankern oder Gastankern umgewandelt. Die Hapag-Lloyd AG beispielsweise wandelte bei der A.G. »Weser« den Auftrag über einen der beiden bestellten Europa-Tanker in den Bau von sechs Frachtern vom Typ

Hildesheim um. Die Schiffe wurden in den Jahren 1977/78 abgeliefert.

Weltweit aber blieben Ersatzaufträge eher die Ausnahme, denn auch in anderen Bereichen der Handelsschiffahrt wuchsen die Bäume nicht in den Himmel, die Wirtschaftsflaute machte allen zu schaffen. Die ersatzlose Stornierung wurde zum Regelfall, für die dann saftige Entschädigungszahlungen an die Werften fällig wurden.

Zusammenfassend kann festgehalten werden, daß sich die Verhältnisse in wenigen Monaten nahezu umgekehrt hatten. Viele der Reeder, die vor den Entwicklungen des Oktober 1973 wegen ihrer starken Flottenerweiterungen für Aufsehen gesorgt hatten, standen nun mit dem Rücken zur Wand. Ein waghalsiges Unternehmertum hatte ihnen Tankerflotten beschert, die sich jetzt, ohne irgendwelche Absicherung durch Langzeitchartern, als Klotz am Bein erwiesen. Jetzt bewahrheitete sich das Konzept vorsichtigerer Unternehmen, die in den Boomjahren Weitblick bewiesen hatten und trotz der Versuchung, am Goldregen auf dem Kurzchartermarkt teilzunehmen, für ihre Schiffe langjährige Charterverträge abgeschlossen hatten. Die auf langfristige Beschäftigung der Schiffe ausgerichteten »Shikumisen«-Abkommen der beiden Hongkong-Reeder Y.K. Pao und C.Y. Tung mit japanischen Unternehmen waren jetzt Gold wert, und auch Reedereien wie z.B. die Maritime Overseas Co. aus den USA, Bergesen d.Y. aus Norwegen oder BP Goulandris aus Griechenland waren bei einer Quote von über 80 Prozent an Langzeitchartern für ihre VLCC-Flotten auf der sicheren Seite.

Die drei Hauptwegbereiter bei der Entwicklung zu den VLCCs, Ludwig, Onassis und Niarchos, hatten Anfang der siebziger Jahre auch des guten zu viel gewollt. Sie alle zogen ihre Bestellungen über Tanker der 400.000-tdw-Klasse zurück. Niarchos verweigerte sogar die Übernahme des durch die A.G. »Weser«, Bremen, bereits fertiggestellten Europa-Tankers *World Giant*, der daraufhin zunächst von der Werft in der Geltinger Bucht aufgelegt und Anfang 1976 an C.Y. Tung, Hongkong, weiterveräußert wurde. Die beiden übrigen bestellten Tanker dieses Typs wurden storniert. Onassis nahm Abstand von den zwei in St. Nazaire bestellten 426.000-Tonnern, und die Meridian Transport Co. von D. K. Ludwig vereinbarte mit der Ishikawajima H.I. die Auflösung des Vertrages über den Bau von vier 446.000-tdw-Tankern.

1975 machte der Suezkanal wieder von sich reden. Die Wiedereröffnung des Kanals hatte allerdings vorerst keine Auswirkung auf die Tankschiffahrt. Im Zeitalter der VLCCs, die in beladenem Zustand westwärts ohnehin den Seeweg um Südafrika herum nehmen mußten, war die Bedeutung dieses Wasserwegs für Rohöltransporte stark gesunken. Es bedurfte umfangreicher Ausbaumaßnahmen, um Großtankern in Ballastfahrt oder beladenen Tankern bis zu 150.000 tdw die Passage zu ermöglichen. Leider haben die Berichte über schwere VLCC Unfälle schon ihren festen Platz am Ende der Jahresbilanz eingenommen, so auch 1975. Wieder einmal ist von einem Totalverlust zu berichten, diesmal traf es Ende 1975 einen vollbeladenen Erz-Öl-Carrier.

*Ein unerwünschter Riese auf der Fahrt weserabwärts: Die **World Giant*** — Photo: Sammlung Peter Voß

Unterwegs von Tubarao, Brasilien, nach Kimitsu, Japan, mit einer Ladung Eisenerz sank am 30. Dezember die norwegische *Berge Istra*, 227.557 tdw, bei ruhiger See im Indischen Ozean. Drei schwere Explosionen hatten das Schiff erschüttert und auseinanderbrechen lassen, so daß es innerhalb von nur einer Minute sank. Es war nicht einmal mehr Zeit für ein SOS-Signal geblieben. Die Schilderung des Unglücks wurde von zwei spanischen Besatzungsmitgliedern gegeben, die den Untergang als Einzige überlebten. Sie waren zum Zeitpunkt der Explosion mit Arbeiten auf dem Vorschiff beschäftigt und konnten sich eine Rettungsinsel greifen, aus der sie 14 Tage nach der Explosion auf hoher See geborgen wurden. Der Grund für diese Katastrophe war nach Expertenmeinung in der vorherigen Beschäftigung des Schiffes in der Ölfahrt zu suchen. Dabei müssen sich in den Hohlräumen des Rumpfes Öl- und Gasrückstände gebildet haben, die die Explosionen vermutlich ausgelöst haben.

1976: Neu und unprofitabel – Die 500.000-Tonner Reeder vor der Pleite – Banken und Regierungen in der Klemme »Onassis on the rocks«

Im Jahr 1976 kamen noch einmal 90 Großtanker-Neubauten mit 28,8 Millionen Tonnen Tragfähigkeit auf den Markt, 35 davon mit über 300.000 tdw. Man hätte sie sich getrost schenken können, diese Rieseninvestitionen, die keinen anderen Sinn mehr hatten, als das Überangebot und damit die Depression auf dem Tankermarkt noch zu verstärken.

Eigentlich sollten es Augenblicke großen Triumphes werden, doch die Begeisterung hielt sich in Grenzen, als die beiden ersten Schiffe der Welt mit mehr als 500.000 Tonnen Tragfähigkeit in Dienst gestellt wurden. Die Werft Chantiers de l'Atlantique in St. Nazaire hatte allen Grund zum Stolz, denn erstmals nach vielen Jahren kamen mit den Riesentankern *Batillus*, 550.001 tdw, und *Bellamya*, 553.662 tdw, im Juni bzw. September 1976 in Dienst gestellt, die größten Schiffe der Welt wieder von einer europäischen Werft. Das Bedauerliche war allerdings, daß die noch bei der Bestellung im Jahr 1972 in euphorischer Weise herausgehobene Bedeutung dieser Schiffe auf den Nullpunkt gesunken war. Die bis Oktober 1973 geltende goldene Regel für den Tankerbau – je größer, desto besser, desto mehr Verdienst – galt nicht mehr. Sie war zum Bumerang geworden, denn jetzt, da die Ölproduktion nicht mehr in Händen der Ölgesellschaften lag, war es schwierig geworden, die große Menge von 550.000 Tonnen Öl bei Ankunft der Schiffe im Golf in einer Partie zusammenzubekommen. Oftmals mußten mehrere Häfen angelaufen werden, und wenn hier und da die Wassertiefe an den Verladestationen nicht ausreichte, waren langwierige, kostspielige Zubringerdienste kleinerer VLCCs der Shell-L- bzw. M-Klasse zu den vor Anker liegenden Giganten vonnöten. Die gleiche Prozedur erfolgte dann nochmals bei der Ankunft der Tanker in Europa, wo die Schiffe in der britischen Lyme Bay mehrere Teilladungen an kleinere Shuttletanker abgeben mußten, bevor sie z.B. Rotterdam-Europoort anlaufen konnten.

Die rabenschwarze Entwicklung in der Tankerfahrt brachte für einige Reeder schnell schwere finanzielle Probleme. Hierfür waren vor allem drei Gründe ausschlaggebend:

- Anstatt in guten Zeiten Reserven zu bilden, hatten viele Reeder ihre Verdienste wieder in VLCC-Neubauten investiert; das viele Geld von einst war in nutzlose Tanker oder Konventionalstrafen für Stornierungen ausgegeben worden.
- Uncharterte Tankschiffe brachten keinen Pfennig an Einnahmen, die Betriebskosten und der Kapitaldienst aber liefen weiter.
- Die Möglichkeiten der Fremdfinanzierung hatten sich erheblich verschlechtert. Die Banken, durch die freigiebige

*Ihre Größe wurde zum Hindernis: Voll abgeladen mit einem Tiefgang von 28,50 Metern wartet die **Batillus** in der Lyme Bay auf den Leichtertanker*
Photo: Michael Pryce

*Die **Darina** übernimmt eine Partie Rohöl von der **Batillus***

Photo: Michael Pryce

Gewährung von Krediten für Neubauten Mitverursacher des Tankerüberhangs, waren inzwischen zurückhaltend geworden. Sie hatte allen Grund dazu, denn auch für sie war aus dem Supergeschäft ein Alptraum geworden. Die Schiffe, die ihnen als Sicherheit für die bis zu 80 Prozent der Kaufsumme eingeräumten Kredite dienten, waren plötzlich wertlos geworden. Für einen 250.000-tdw-Tanker z.B., dessen Verkauf im Jahr 1973 noch 52 Millionen Dollar Erlös gebracht hatte, waren 1976 nur noch 9,5 Millionen Dollar zu bekommen. Entsprechend diesem Wertverfall hatten die Banken ihre Forderungen abzuschreiben, Forderungen, deren Höhe Mitte der siebziger Jahre von Insidern auf etwa 35 Milliarden Dollar geschätzt wurden. Am schlimmsten traf es diejenigen Kreditgeber, die sich zum Zeitpunkt des Vertragsschlusses allein mit dem Wert des Schiffes als Sicherheit zufriedengegeben hatten, anstatt auf eine langfristig abgesicherte Beschäftigung zu achten.

Trotz allem erhielten notleidende Tankerreeder Hilfe. Der totale Kollaps des Tankermarktes hätte für die Volkswirtschaften einiger Länder derart katastrophale Konsequenzen gehabt – man bedenke, welch große Zahl an Arbeitsplätzen mit der Tankschiffahrt, dem Schiffbau und allen seinen Zulieferern zusammenhing – daß Regierungen und auch Teile der Finanzwelt gar nicht anders konnten, als Unterstützung zu gewähren.

Ein Beispiel war das Norwegische Garantieinstitut für Schiffe und Bohrinseln, das 1976 gegründet wurde. Bis zum Ende der Tankerkrise, deren Dauer damals auf noch etwa drei bis fünf Jahre veranschlagt wurde, sollte diese Einrichtung mit einem Finanzvolumen von 380 Millionen Dollar zahlreiche aufgelegte oder noch im Bau befindliche Großtanker unter norwegischer Flagge refinanzieren. Auf diese Weise wurden Stornierungen von Bauaufträgen und auch Verschrottungen von unbeschäftigten Tankern umgangen. Der Nutzen dieser Subventionierung war langfristig betrachtet allerdings fragwürdig, denn eine derartige Stützung von Überkapazitäten stand einer Erholung des Tankermarkts eher im Weg. Banken nahmen Forderungsverluste in Kauf, gewährten Tilgungsaufschub und zahlten weitere Gelder, weil auch sie einen totalen Zusammenbruch aller mit der Tankschiffahrt in Verbindung ste-

*Als die **Vassiliki Colocotronis** am 4. Juli 1975 von der Bauwerft A.G. »Weser« kommend Richtung Nordsee dampfte, war das Aus für die Reederei Colocotronis schon nicht mehr abzuwenden*

Photo: Torsten Andreas

Kurz nach der Strandung im Januar 1976: **Die Olympic Bravery** Photo: Roland Grard

henden Industrien mit dann noch weit schlimmeren Folgen für ihre Branche befürchteten. Inwieweit sie vor dem Hintergrund eines drohenden Zusammenbruchs des Tankermarkts ihren guten Ruf zu verteidigen hatten, mag hier dahingestellt bleiben. Dennoch gab es 1976 ein erstes prominentes Opfer der Tankerkrise, den Großreeder Minos Colocotronis. Der Grieche hatte im Jahr 1965 begonnen, Schiffe aus zweiter Hand zu kaufen und innerhalb von zehn Jahren eine große Flotte von Tankern mit Tragfähigkeiten bis zu 90.000 tdw aufgebaut. Der Einstieg ins VLCC-Geschäft wurde ihm zum Verhängnis. Im Jahr 1975 mußte Colocotronis von der A.G. »Weser« zwei 392.000-tdw-Tanker abnehmen, für die er in guten Zeiten keine Charterverträge geschlossen hatte. Jetzt war es dafür zu spät, darüberhinaus waren die beiden Supertanker nur noch einen Bruchteil ihres Kaufpreises wert. Der Grieche konnte seinen finanziellen Verpflichtungen gegenüber den Kreditgebern nicht mehr nachkommen und mußte aufgeben. Die beteiligten Banken übertrugen schließlich die Bereederung der beiden Giganten an Tochtergesellschaften der Hapag-Lloyd AG. Das war in diesen Zeiten eine recht undankbare Aufgabe, denn das Unternehmen hatte selbst genug Sorgen, für ihren ebenfalls von der A.G. »Weser« gelieferten Europa-Tanker *Bonn* Beschäftigung zu finden. Die *Ioannis Colocotronis* wurde in *Berlin*, die *Vassiliki Colocotronis* in *Bremen* umbenannt.

Nicht nur Reeder mit beschäftigungslosen Tankern hatten Probleme, zum Teil traf es auch diejenigen, die Langzeitchartern abgeschlossen hatten. Ihre Anfang der siebziger Jahre aufgestellten Kostenkalkulationen waren durch die Ölpreiserhöhungen gegenstandslos geworden. Die Preise für Bunkeröl waren von zehn Dollar per Tonne um 1969/70 auf 75 Dollar im Jahr 1975 gestiegen, und so manche seinerzeit auf 15 Jahre und dementsprechend günstig eingeräumte Charterpartie brachte plötzlich nur noch Verluste. Insbesondere die Eigner von brennstoffdurstigen Turbinentankern mußten schon bald bei ihren Vertragspartnern, z.B. den Ölgesellschaften, um Nachbesserung der Charterbedingungen ersuchen, in den meisten Fällen allerdings

Nachdem die **Olympic Bravery** *am 17. März 1976 auseinandergebrochen war, wurde der Küstentanker* **Victoriasand** *der Reederei A.F. Harmstorf & Co., Hamburg, gechartert, um das an Bord des Havaristen verbliebene Bunkeröl abzupumpen*

Photo: Roland Grard

Im Sommer 1977 war nur noch das Vorschiff zu sehen; ein Schrotthändler aus Marseille hatte das Wrack für den symbolischen Preis von einem Franc erworben und war mit Hilfe eines mobilen Krans emsig beschäftigt, Schrott zu bergen und zu sammeln

Photo:
Roland Grard

erfolglos. So fuhren also auch fest vercharterte Tanker über Jahre hinweg Verluste ein.

Zur Reduzierung von Treibstoffkosten wurden vielfach »slow steam«-Reisen vereinbart: Die Durchschnittsgeschwindigkeit der VLCCs sank von 14,2 Knoten im Jahr 1973 auf 11,7 Knoten im Jahr 1976. Dadurch wurde der Treibstoffverbrauch um die Hälfte reduziert.

Die Überversorgung mit Großtankern wurde auch dadurch deutlich, daß sogar solche Schiffe aus dem Verkehr genommen wurden, die langfristig verchartert waren. Die beiden 423.000-Tonner *Berge Emperor* und *Berge Empress* z.B. versegelten 1975 bzw. 1976 zunächst direkt von der japanischen Bauwerft zum Aufliegeplatz Brunei Bay, obwohl sie bis 1982 bzw. 1983 an eine der großen Ölgesellschaften verchartert waren.

Ferner begannen jetzt vereinzelt Reeder, sich von überzähligen Tankern zu trennen. Die Shell veräußerte 1976 sechs VLCCs der M-Klasse, die BP stieß zwei Großtanker an die National Iranian Tanker Co. ab, und die dänische Reederei A.P. Möller verkaufte die drei 285.000-Tonner *Richard Maersk*, *Rosa Maersk* und *Roy Maersk* an die Texaco.

Als erster Hoffnungsschimmer für Alternativen zur Ölversorgung aus dem Mittleren Osten wurde 1976 in Europa die Anlandung der ersten Partien von Nordseeöl angesehen. Am 28.4.1976 brachte der Tanker *British Dragoon* die erste Ladung von 60.000 Tonnen Rohöl aus dem britischen Forties Field nach Wilhelmshaven. Die Suche nach weiteren Ölquellen in der Nordsee verlief vielversprechend und versprach für die Zukunft eine Versorgung beträchtlichen Umfangs.

An spektakulären Unfällen gibt es für 1976 nur die Strandung eines nagelneuen VLCC zu berichten, die eigentlich keine Katastrophe war, insbesondere nicht für den Eigentümer. Kurz nach seiner Indienststellung sollte der in St. Nazaire gebaute mit 277.599 tdw vermessene Turbinentanker *Olympic Bravery* vom nordfranzösischen Brest nach Farsund in Norwegen versegeln, um dort eingemottet zu werden. Das zur Olympic Maritime S.A., Monte Carlo (Onassis), gehörende Schiff war ohne Charter. In den Morgenstunden des 24. Januar trieb der Tanker nach dem siebten Ausfall der Hauptmaschine in kurzer Folge auf die Felsen der bretonischen Insel Ushant und brach später auseinander. Für den Totalverlust der werftneuen *Olympic Bravery* wurden der Reederei von den Versicherungen 19,6 Millionen Pfund Sterling zugesprochen.

1977: Werften in der Krise
Die VLCC-Flotten der Ölmultis
Kollision zweier Giganten vor Südafrika

1977 waren endlich deutliche Anzeichen vom Ende des Tankerbooms zu erkennen. 41 VLCC-Neubauten mit insgesamt 14 Millionen Tonnen Tragfähigkeit bedeuteten gegenüber den Vorjahren eine Halbierung der in Dienst gestellten Tonnage. Viele Werften lieferten in dieser Zeit die letzten Supertanker ab, die noch in den Glanzzeiten der Branche, d.h. 1974 und früher, bestellt worden waren.

Japanische Werften stellten 1977 die letzten VLCCs für den Rest dieses Jahrzehnts fertig. Die Bilanz für dieses Land konnte sich sehen lassen: Von den bis Ende 1977 weltweit fertiggestellten 755 Tankern mit über 200.000 Tonnen Tragfähigkeit stammten 415 Schiffe = 55 Prozent von japanischen Werften.

An erster Stelle im Lande und in der Welt lag die Mitsubishi Heavy Industries Ltd, die zwischen 1967 und 1977 insgesamt einhundert dieser Giganten gebaut hatte, gefolgt von der Ishikawajima Harima Heavy Industries Co. Ltd mit 89 abgelieferten Großtankern.

Für große Jubelfeiern bestand allerdings kein Anlaß, denn es standen Riesenprobleme vor der Tür. Man hatte sich die Zukunft fürwahr anders vorgestellt. Es hatte weitergehen sollen mit dem Tankerboom, in Werftenkreisen war man von weiter andauerndem Wachstum ausgegangen, eine Steigerung der VLCC-Neubauten von 20 Millionen tdw im Jahr 1970 auf 60 Millionen tdw für die zweite Hälfe der siebziger Jahre war fest eingeplant. Die Rieseninvestitionen für neue Baudocks und modernste Fertigungsanlagen für den Bau von 500.000-tdw-Tankern und größer waren abgeschlossen.

Und nun? Nichts ging mehr, die neuen Docks blieben leer, gelegentlich verloren sich darin kleinere Neubauten, Massengutfrachter, Produktentanker oder Stückgutfrachter. Aber Großtanker? Die konnte niemand mehr gebrauchen. So mußten jetzt vor allem diejenigen Werften um ihre Zukunft bangen, in denen man sich allein oder überwiegend auf den Bau der Großtanker konzentriert hatte. Was tun? Die Situation war verzweifelt. Man mußte so schnell wie möglich weg vom Tankerbau und versuchen, andere Schiffstypen anzubieten, denn für die Tankerfahrt war bei einer Überkapazität von etwa 35 Prozent auf absehbare Zeit nicht mit einer Erholung und einem damit einhergehenden Neubaubedarf zu rechnen.

Aber auch mit Aufträgen für andere Schiffstypen war es so eine Sache. Die kränkelnde Weltwirtschaft hatte den Schock der Ölpreiserhöhungen von 1973 noch nicht überwunden. Die Investitionsbereitschaft hielt sich in Grenzen. So waren die bereits vorhandenen Werftkapazitäten für den Bau aller anderen Schiffstypen, wie Containerschiffe, Massengutfrachter usw., ausreichend, um den Bedarf zu decken. Die alternative Nutzung der Großtankerdocks war also nur sehr begrenzt möglich und bildete eine Gefahr für andere Werften, die jetzt einen Rückgang an Neubauaufträgen befürchten mußten.

Einer ganzen Reihe von Tankerwerften gingen in dieser hoffnungslosen Lage schnell die flüssigen Mittel aus, vielfach konnten sie nicht einmal mehr die Gehälter der Beschäftigten zahlen. Der Ruf nach staatlicher Hilfe wurde laut. Die Unterstützung durch die öffentliche Hand konnte aber nur vorübergehender Natur sein. Langfristig war ein Kapazitätsabbau unumgänglich. Die tiefe Krise in der Tankschiffahrt hatte einen Dominoeffekt, denn durch fehlende Neubauaufträge war die gesamte Schiffahrtswelt in Mitleidenschaft gezogen worden. Alle mußten zurückschrauben, die Maschinenbauer, die Stahlproduzenten, Zubehörlieferanten usw. Dennoch gab es 1977 immer noch Steigerungen und neue Rekorde zu verzeichnen.

*Einer von sieben Esso-Tankern mit über 400.000 Tonnen Tragfähigkeit: Die **Esso Tokyo**, 406.258 tdw*

Photo: Sammlung Michael Dollenbacher

Die *Pierre Guillaumat*, nach den beiden Shell-B-Schiffen der dritte Tanker des Antifer-Typs aus St. Nazaire, wurde mit 555.031 tdw größter Tanker der Welt. Außerdem kamen 1977 die ersten von japanischen Werften gebauten 500.000-Tonner in Fahrt. *Esso Atlantic*, 516.893 tdw, und *Esso Pacific*, 516.423 tdw, abgeliefert von Hitachi Zosen, Werk Ariake, waren die größten Einheiten eines Mammutprogramms der Exxon, der größten Ölgesellschaft der Welt. In den Jahren 1976/77 wurden zusätzlich zwei 388.000-tdw-Tanker (*Esso Madrid, Esso Le Havre*), zwei 402.000-Tonner (*Esso Japan, Esso Tokyo*) und ein 421.000-tdw-Tanker (*Esso Deutschland*) in Dienst gestellt. Darüberhinaus erwarb die Gesellschaft 1977 zwei erst kurz zuvor für griechische Reeder in Dienst gestellte 450.000-tdw-Giganten. Die *Andros Petros* wurde in *Esso Caribbean* umbenannt, die *Homeric* erhielt den Namen *Esso Mediterranean*.

Ölgesellschaften und ihre Supertanker

	eigene	Tonnage tdw	gecharterte	Tonnage tdw
Exxon	51	14.564.569	9	2.595.081
Shell	40	11.388.991	36	9.528.184
Chevron	31	8.396.778	1	217.463
B.P.	23	5.702.891	29	6.622.462
Texaco	20	5.088.852	25	6.111.054
Mobil	20	4.840.619	5	1.199.207
Gulf	3	764.600	15	4.527.307

Quelle: Gibson Shipbrokers Ltd., London

Die Flottenstrukturen der Ölmultis waren damals recht unterschiedlich. Die Exxon und die Shell hatten sich einen hohen Anteil an Tankern mit mehr als 300.000 Tonnen Tragfähigkeit zugelegt, alle übrigen fünf Ölmultis bevorzugten, mit wenigen Ausnahmen (z.B. drei 413.000-Tonner der Chevron), kleinere Einheiten mit Kapazitäten zwischen 220.000 und 300.000 Tonnen. Ende 1977 hatten die »sieben Schwestern« ihre Neubauprogramme sämtlichst abgeschlossen, eine gute Gelegenheit für eine Aufstellung der firmeneigenen und langfristig eingecharterten VLCCs:
In dieser Aufstellung sind vier Tanker der Exxon und drei Tanker der Shell mit Tragfähigkeiten zwischen 190.000 und 200.000 tdw enthalten.
Nach Abschluß dieses gewaltigen Flottenaufbaus folgte ab 1978 nahtlos die Kehrtwendung: Flottenabbau im großen Stil, denn angesichts stetig zurückgehender Transportmengen hatte man sich viel zu üppig mit Tonnage eingedeckt. Keine Chance also auch für unabhängige Reeder, neue Langzeitchartern zu gewinnen.

Schließlich noch zwei weitere Aspekte mit negativen Auswirkungen auf das Geschäft der Tankerreeder:
Zum einen wurde 1977 die SUMED LINE eröffnet, eine 320 Kilometer lange Pipeline, die von dem im Nordwesten des Roten Meeres errichteten Tankerentladeterminal Ain Sukhna über ägyptisches Territorium zum Mittelmeer bei Sidi Kerir führt, wo das Öl wieder auf Tanker verladen wird. Betrieben wird die SUMED Line zu 50 Prozent von Ägypten sowie zu je 15 Prozent von Saudi Arabien, Kuwait und Abu Dhabi sowie zu fünf Prozent von Katar. Die etwa 80 Millionen Tonnen Rohöl, die pro Jahr diese Pipeline passierten, brauchten nun nicht mehr per VLCC um den afrikanischen Kontinent herum westwärts befördert werden.
Paradoxerweise war im gleichen Jahr auch der Suezkanal erstmals für VLCCs freigegeben worden, als dessen Ersatz die SUMED LINE eigentlich geplant und gebaut worden war. Die Wasserstraße war seit der Wiedereröffnung im Jahr 1975 so weit verbreitert und vertieft worden, daß sie jetzt von 280.000-Tonnern in Ballastfahrt passiert werden konnte. Bis Anfang der achtziger Jahre war ein weiterer Ausbau für teilbeladene VLCCs vorgesehen. Die damit verbundene Verkürzung des Seewegs bedeutete einen weiteren Rückgang des Tonnagebedarfs.
Im Jahr 1977 mußte mit Hagbart Waage aus Oslo erstmals ein Tankerreeder aus Norwegen aufgeben. Sechs aufgelegte uncharterte VLCCs und dazu noch kostspielige Stornierungen von zwei 370.000-tdw-Neubauten im norwegischen Stord sowie zweier 470.000-Tonner bei HDW in Kiel bedeuteten das Ende. Fünf Großtanker wurden vermutlich mit Unterstützung des norwegischen Garantieinstituts für Schiffe und Bohrinseln an die Reedereineugründung K/S Nortank A/S übertragen, an der die Reederei Sigurd B. Sverdrup federführend beteiligt war. Alle Schiffe erhielten Namen mit der Vorsilbe Nor (z.B. *Norbay, Norbird*). Ein noch verbliebener Erz-Öl-Carrier ging erst 1979 an deutsche Eigner, die Reederei Krupp GmbH (*Sysla* wurde in *Ruhr Ore* umgetauft).
Auch im Bereich der Tankerunfälle sorgte das Jahr 1977 wieder für negative Schlagzeilen. Ein trauriger Rekord war die Kollision zweier Schwesterschiffe mit zusammen 660.000 Tonnen Tragfähigkeit. Die Schiffe gehörten darüberhinaus auch noch derselben Reederei, einem Unternehmen aus den USA und waren beide langfristig an die Gulf Oil Co. verchartert.
Am 16. Dezember kollidierten etwa 20 Seemeilen vor Cape St. Francis in der Nähe von Port Elizabeth, Südafrika, die Supertanker *Venoil*, 330.954 tdw und *Venpet*, 330.869 tdw. Die *Venoil* war vollbeladen auf dem Weg von Kharg Island, Iran, nach Point Tupper, Kanada, die *Venpet* befand sich in Ballastreise in umgekehrter Richtung. Der Steven der *Venoil* bohrte sich in den Rumpf der *Venpet*, unmittelbar vor deren Aufbauten, die bei dem anschließenden Feuer total ausbrannten. Auch die *Venoil* fing Feuer, das aber später gelöscht werden konnte. Etwa 21.000 Tonnen Öl strömten aus beschädigten Tanks ins Meer und verschmutzten beliebte Strand-

Ein riesengroßes Loch im Rumpf: Die **Venpet** Photo: R. Mackenzie

regionen Südafrikas in einer Länge von etwa 100 Kilometern. Die *Venoil* wurde schließlich in die Algoa Bay geschleppt, wo die verbliebene Ladung in den eilends eingecharterten Shell-VLCC *Litiopa* übergeladen wurde. Beide Havaristen wurden zur Reparatur nach Japan geschleppt und konnten erst nach mehrmonatiger Instandsetzung ihren Dienst wieder aufnehmen.

1978 Die ersten Supertanker werden verschrottet
Erste Maßnahmen gegen Umweltsünder
Amoco Cadiz – ein Alptraum wird Wirklichkeit

1978 war das Jahr mit dem höchsten Bestand an Very Large Crude Carriers. Es gab auf der Welt 757 Tanker mit mehr als 200.000 Tonnen Tragfähigkeit (incl. Erz-Öl-Carrier).

Mit nur 13 neu in Dienst gestellten VLCCs näherte sich die Neubautätigkeit allerdings dem Nullpunkt. In Rio de Janeiro wurde der erste in Brasilien erbaute VLCC, die *Henrique Dias*, 279.749 tdw, fertiggestellt, während in Schweden die letzten Supertanker überhaupt abgeliefert wurden. Die Großwerften des Landes, vorwiegend auf den Bau von Großtankern ausgerichtet, standen jetzt mit leeren Auftragsbüchern vor dem Kollaps.

Zeitungsberichte über glanzvolle Indienststellungen von Großtankern sollte es für die nächsten zehn Jahre nicht mehr geben, sie wurden abgelöst von Reportagen über Schiffsfriedhöfe und Schneidbrenner. Die Lage war noch düsterer geworden als befürchtet, das Überangebot an VLCCs war so erdrückend, daß die Reisecharterraten bis auf Worldscale 19 absackten.

So verwundert es nicht, daß einige Reeder sich entschlossen, sich endgültig von ihren Verlustbringern zu trennen. Auf dem secondhand-Markt war kein Geld zu verdienen, denn niemand wollte sich angesichts der bis ins Bodenlose gefallenen Frachtraten mehr einen Supertanker zulegen. So blieb nichts anderes übrig, als die Schiffe zum Abwracken zu schicken, Schiffe, die gerade einmal zehn Jahre alt waren und sich meist noch in gutem Zustand befanden.

*Die **Magdala**, Baujahr 1968, war das erste Opfer der Tankerschwemme* Photo: Chantiers de l'Atlantique

Den Anfang beim Verschrotten von VLCCs machten die beiden Ölmultis, die im Jahr 1968 als erste diese Spezies von Schiff auf die Reise geschickt hatten: Exxon und Shell. Der französische Shell-VLCC *Magdala* war die Nummer eins. Am 27. April 1978 traf das Schiff nach nur zehnjähriger Fahrtzeit zum Abbruch in Taiwan ein. Normalerweise wäre eine Beschäftigungszeit von 20 Jahren angemessen gewesen. Bis Oktober folgten mit der *Dyvi Nova*, ex *Megara*, *Mysia* und *Mitra* drei weitere Tanker der Shell-M-Klasse. *Esso Malaysia* und *Esso Anglia* waren die ersten beiden Exxon-Großtanker, die verschrottet wurden, und zwar im Oktober bzw. Dezember 1978.

Mit dem rapiden Wachstum der Welttankerflotte seit Mitte der siebziger Jahre hatte auch die Verschmutzung der Weltmeere durch den Seetransport von Rohöl stark zugenommen und geradezu alarmierende Dimensionen erhalten. Die Meeresverunreinigungen entstanden in erster Linie bei der Ausführung von Routinearbeiten während der Leerfahrt des Schiffes zum nächsten Ladehafen, nämlich durch das Überbordpumpen von ölverschmutztem Ballastwasser sowie im Zuge von Tankreinigungsarbeiten.

Ein Tanker muß nach dem Löschen der Rohölladung Ballastwasser übernehmen, denn ein gewisser Tiefgang ist notwendig, damit das Schiff seetüchtig ist und die Schiffsschraube und das Ruderblatt ihre volle Wirkung entfalten können. Das Ballastwasser wurde in einige der inzwischen geleerten Ladetanks gepumpt. Ein paar Tage vor dem Erreichen des nächsten Ladehafens wurde damit begonnen, dieses Wasser zurück ins Meer zu pumpen, Wasser, in dem sich inzwischen die noch an den Tankwänden befindlichen Ölrückstände der vorangegangenen Reise angesammelt hatten. In den übrigen Tanks wurden während der Leerfahrt unter Verwendung von Hochdruckwasserstrahl regelmäßig Reinigungsarbeiten durchgeführt, um die Ölrückstände von den Tankwänden zu entfernen. Das dabei entstehende Wasser-Öl-Gemisch wurde ebenfalls über Bord gepumpt, eine damals in internationalen Gewässern übliche, gesetzlich nicht verbotene Praxis. Wenn man unter Zugrundelegung sehr zurückhaltender Expertenmeinungen davon ausgeht, daß die Ölrückstände an den Tankwänden nach dem Löschen der Ladung etwa 0,4 Prozent der Gesamtmenge ausmachen, so dürfte ein 250.000-Tonner durch die beschriebenen Maßnahmen während nur einer Reise eine Menge von etwa eintausend Tonnen Rohöl ins Meer gepumpt haben.

1978 war das Jahr mit der höchsten Tankertonnage aller Zeiten, und man kann sich leicht ausmalen, in welch erschreckendem Maße die Tankschiffahrt damals zur Verschmutzung der Meere beigetragen hat. Gegenmaßnahmen waren dringend notwendig. Erste Schritte waren mit dem sogenannten »Load on Top System« bereits in den sechziger Jahren von der Ölindustrie selbst in die Wege geleitet worden. Dazu hatte man sich die natürlichen Separationsvorgänge von Wasser-Öl-Gemischen zu Nutze gemacht.

Ein paar Tage nach Übernahme des Ballastwassers haben sich in den Tanks die spezifisch leichteren Ölrückstände vollständig nach oben, d.h. auf die Wasseroberfläche abgesetzt. Jetzt kann das unten liegende saubere Wasser vorsichtig solange außenbords gepumpt werden, bis der Pegel im Tank so weit abgesackt ist, daß sich dort nur noch die reine Ölschicht befindet. Diese wird sodann in einen Sloptank, einen Schiffstank speziell für Ölrückstände, umgepumpt. In diesen oder einen zweiten Sloptank wird auch das bei der Tankreinigung entstehende Wasser-Öl-Gemisch gepumpt. Nach einem weiteren Separierungsprozeß mit anschließendem Abpumpen des reinen Wassers befindet sich in den Sloptanks dann nur noch reines Öl. Beim nächsten Ladevorgang kann bedenkenlos neues Öl »on top«, d.h. auf die in den Sloptanks angesammelten Ölreste geladen werden, die damit Teil der neuen Ladung werden. Dieses Recycling war nicht nur aus ökologischer Sicht wünschenswert, sondern ergab in Zeiten hoher Rohölpreise auch wirtschaftlich Sinn. Allerdings wurde das »Load on Top-System« zunächst nur auf freiwilliger Basis angewendet und erforderte für die Besatzungen während der Ballastreisen eine Menge an Sorgfalt und Extraaufwand. Für anspruchsvolle Reedereien wurde »Load on Top« schnell zum Standard, viele schwarze Schafe hielten jedoch an der alten und deutlich bequemeren Methode fest.

Wirkungsvolle Maßnahmen gegen die hauptsächlich in internationalen Gewässern vorkommende Verunreinigung der Meere durch Rohöltanker konnten nur durch die Staatengemeinschaft getroffen werden. Bereits im Jahr 1973 hatte die Marine Pollution Convention – MARPOL –, initiiert von der I.M.C.O., Maßnahmen zur Eindämmung von Meeresverschmutzungen durch Tanker beschlossen.

In bestimmten, besonders gefährdeten Seegebieten, wie z.B. dem Mittelmeer, Schwarzen Meer, der Ostsee, dem Roten Meer und dem Gebiet Persischer Golf, wurde das Ablassen von Öl ins Meer generell verboten. Ferner wurde für Tanker das Vorhandensein technischer Einrichtungen zur Durchführung des »Load on Top-Systems« offiziel vorgeschrieben. Alle Tankerneubauten über 70.000 tdw sollten darüberhinaus zukünftig mit sogenannten Segregated Ballast Tanks – S.B.T. – versehen sein, Tanks, die nur noch für die Aufnahme von Ballastwasser und nicht mehr für die Ladung benutzt werden konnten, so daß bei der Abgabe des Ballastwassers keine Ölrückstände mehr ins Meer gelangen können. Diese Richtlinien bedeuteten allerdings eine starke Einschränkung der Ladefähigkeit von Neubauten, denn 30 Prozent aller Tanks mußten fortan als reine Ballasttanks konstruiert werden. Sie fanden während der siebziger Jahre noch keine für ein Inkrafttreten notwendige Mehrheit der I.M.C.O.-Mitgliedsstaaten.

Je mehr Zeit aber verstrich, desto schwächer wurde die Wirkung von MARPOL 73, der Verunreinigung der Meere beizukommen. Das Instrument der Segregated Ballast Tanks zog immer weniger, denn Tankerneubauten über 70.000 tdw wurden ab Mitte der siebziger Jahre auf Grund der desolaten Marktlage praktisch nicht mehr in Auftrag gegeben. Ein nachträglicher Umbau von Ladetanks zu reinen Ballasttanks bei bereits in Betrieb befindlichen Tankern wäre theoretisch zwar auch möglich gewesen, die Realisierung einer solchen Vorschrift war jedoch angesichts der Kosten von einer Million Dollar pro Tanker aussichtslos. Welchem Reeder war zuzumuten, eine derartige Investition bei einem Schiff vorzunehmen, das in diesen Zeiten der Marktflaute nur noch wenig mehr als Schrottwert hatte? Das »Load on Top-Prinzip« schließlich war in der Theorie zwar geeignet, Meeresverschmutzungen zu verhindern, in der Praxis war allerdings nur schwer kontrollierbar, ob auf hoher See ein fachgerechtes Recycling der Ölreste vorgenommen wurde oder ob nicht doch einfach außenbords gepumpt wurde. Mehr Sicherheit und Überprüfbarkeit waren notwendig.

Wiederum hatte die Ölindustrie ein Verfahren entwickelt, das Abhilfe verschaffte und von der MARPOL in einem zusätzlichen Protokoll 1978 als Ergänzung zu den bereits 1973 ausgearbeiteten Vorschriften aufgenommen wurde, das sogenannte »crude oil washing«. Die Tanks werden nicht mehr mit Wasser, sondern mit Öl aus der Ladung des Schiffes gewaschen. Mit Hochdruck durch sich drehende Düsen gegen die Tankwände gepreßt ergibt sich eine wesentlich bessere Löslichkeit der Ölreste. Während des Löschens der Ladung (unter Inertgas-Bedingungen zur Vermeidung von Explosionen) kann mit dieser Methode die Ölladung der Tanker nahezu vollständig an Land gepumpt werden. Gleichzeitig ist der Tank auch wieder sauber für die Aufnahme von Ballastwasser. Vor allem aber entstehen durch das »crude oil washing« keine unerwünschten Wasser-Öl-Gemische mehr, derer man sich unterwegs entledigen zu müssen glaubte.

Es dauerte immerhin bis zum 21. Oktober 1983, bis der Annex I von MARPOL 73/78 »Regulations for the prevention of pollution by oil« in Kraft trat. MARPOL 73/78, so der spätere Sprachgebrauch, führte zu einem deutlichen Rückgang der Meeresverschmutzung durch den Routinebetrieb von Tankern, laut I.M.C.O. von 700.000 Tonnen pro Jahr Mitte der siebziger Jahre auf 158.000 Tonnen weltweit zehn Jahre später.

MARPOL 73/78 beschäftigte sich nicht nur mit der Gefährdung der Meere durch den Routinebetrieb von Tankern, sondern beschloß auch Maßnahmen zur Eingrenzung von Ölausfluß im Falle von Kollisionen oder Strandungen. So durften auf Grund von Berechnungen über den hypothetischen Ölausfluß im Falle von Havarien die Ladetanks bei Neubauten künftig an Fassungsvermögen 50.000 Kubikmeter bei Mitteltanks und 30.0000 Kubikmeter bei Seitentanks nicht überschreiten.

All diese Vorkehrungen hätten allerdings nichts genützt bei der bis dahin schwersten, folgenreichsten Tankerkatastrophe aller Zeiten.

Im März 1978 strandete der Supertanker *Amoco Cadiz* an der bretonischen Atlantikküste und verursachte eine Ölpest ungekannten Ausmaßes. Auf dem Weg von Kharg Island, Iran, nach Rotterdam-Europoort, beladen mit

*Die **Amoco Cadiz**-Katastrophe*
Der Supertanker war unmittelbar vor dem Ort Portsall gestrandet

Auseinandergebrochen und umgeben von einem riesigem Ölteppich

Photos: Jean-Pierre Prével

233.000 Tonnen Rohöl, fiel auf dem Tanker am 16. März gegen 9.45 Uhr die Rudermaschine aus. Das Schiff befand sich etwa zehn Seemeilen vor der französischen Küste. Das Ruderblatt schlug unkontrolliert von einer Seite zur anderen, eine Reparatur mit Bordmitteln war nicht möglich. Bei dem vorherrschend schweren Nordweststurm mit Windstärke zehn begann die *Amoco Cadiz* auf die felsige Küste zuzutreiben.

Zwei Stunden nach dem Blackout forderte der Tankerkapitän Hilfe durch Bergungsschlepper an. Der Hochseeschlepper *Pacific* der Bugsier Reederei, Hamburg, traf kurz darauf beim Havaristen ein und hatte um 14.25 Uhr eine Schleppverbindung hergestellt. Gleichzeitig wurde der Kompanieschlepper *Simson* von Cherbourg aus in Richtung *Amoco Cadiz* in Marsch gesetzt. Es gelang der *Pacific* jedoch nicht, das schwere Schiff gegen die gewaltige Strömung und den starken Wind von der Küste wegzuschleppen oder wenigstens auf der Stelle zu halten.

Um 21.04 Uhr trieb die *Amoco Cadiz* bei Portsall auf die Felsen. Am nächsten Morgen brach sie auseinander. Die gesamte Ladung ergoß sich in den folgenden Wochen in einer Länge von etwa 200 Kilometern entlang der Küste Nordwestfrankreichs, an der die Menschen hauptsächlich vom Fischfang und Tourismus leben. Die *Simson*, mit 125 Tonnen Pfahlzug deutlich stärker als die *Pacific* (72,6 Tonnen), war anderthalb Stunden zu spät am Ort des Geschehens eingetroffen.

Die Verhandlungen zur Kompensation des Schadens waren zäh und langwierig; erst im April 1992 akzeptierte die Ölgesellschaft Amoco mit Sitz in Chicago Ausgleichszahlungen in Höhe von 200 Millionen Dollar. Nach dieser Katastrophe regte die I.M.C.O. für alle Großtanker den Einbau doppelter Schiffsantriebsanlagen und Rudermaschinen an, dieser Vorschlag wurde jedoch als nicht finanzierbar und unrealistisch abgelehnt.

1979/80 Der größte Tanker aller Zeiten
Irankrise belebt Tankermarkt
OPEC – Preise bis zur Schmerzgrenze
Schweren Havarien in Serie
Kapitän versenkt eigenes Schiff

Endlich begann 1979 der Umfang der Welttankertonnage abzunehmen, der Überhang war jedoch so erdrückend, daß es einer über acht Jahre andauernden Radikalkur bedurfte, um wieder zu annähernd bedarfsgerechten Verhältnissen zu gelangen. Für den einzelnen Reeder brachen schmerzhafte Zeiten an, es herrschte »Markt pur«, es ging um Existenz oder Untergang. Wer sich verkalkuliert hatte, mußte die bitteren Folgen – bis hin zur Pleite – selbst tragen, Hilfe von außen war nicht mehr zu erwarten. Von der Euphorie, dem Größenwahn, die Anfang der siebziger Jahre den Höhepunkt erlebt hatten, war nichts mehr geblieben, es wurden ganz kleine Brötchen gebacken.

Nur zehn VLCCs wurden 1979/80 in Dienst gestellt, 28 hingegen abgewrackt. In Brasilien ging es noch munter weiter mit VLCC-Neubauten, drei Schiffe wurden von der Ishikawajima Do Brasil Estaleiros S.A., Rio de Janeiro, einer Tochtergesellschaft der I.H.I., Japan, für die einheimische Ölgesellschaft Petrobras abgeliefert. Portugal reihte sich 1979 in die Riege der VLCC-Erbauer ein. Mit der *Nogueira*, 323.100 tdw, kam der erste Riesentanker der ein paar Jahre vorher als Paradebeispiel einer modernen Tankerwerft gefeierten Setenave Estaleiro Navais de Setubal S.A.R.L. in Dienst.

Die in diesen auf der grünen Wiese am Meer errichteten Schiffbaubetrieb gesetzten Erwartungen wurden allerdings bitter enttäuscht. Mit der Fertigung von VLCCs als Dutzendware wurde es nichts. Neben der *Nogueira* waren zuvor – 1976 und 1978 – lediglich im Unterauftrag der schwedischen Eriksbergs Mekaniska Verkstads AB., Göteborg, einem Teilhaber der portugisischen Werft, die Vorschiffe für einen 323.000-Tonner und einen 402.000-tdw-Tanker gebaut worden, die nach Göteborg geschleppt und mit den dort gebauten Achterschiffen zusammengesetzt worden waren. Außerdem wurden in den Jahren 1979/80 noch zwei 323.000-tdw-Tanker zu Wasser gelassen, die *Nisa* und die *Settebello*. Diese Schiffe waren zu diesem Zeitpunkt allerdings schon nicht mehr zu gebrauchen, erkennbar an der Tatsache, daß sie bis 1985 bzw. 1986 am Werftkai liegen blieben, bevor sie ihre ersten Reisen antraten.

In den USA war man inzwischen soweit: einige der zur Sicherung der Rohölimporte erwünschten Supertanker unter US-Flagge waren fertig, nur: man brauchte sie eigentlich gar nicht mehr. Entsprechend niederschmetternd sollten sich denn auch die Lebensläufe der 1979 und 1980 von der Newport News Shipbuilding and Dry Dock Co., Virginia, abgelieferten 404.000-Tonner *U.S.T. Atlantic* und *U.S.T. Pacific* gestalten. Schon 1981 wurden beide Schiffe aus dem Verkehr gezogen, aufgelegt, und für den Rest des Jahrzehnts nicht wieder aktiviert. Von den Plänen aus dem Jahr 1974 über atomgetriebene Supertanker hörte man inzwischen auch nichts mehr, sie waren offensichtlich irgendwo ganz unten in den Schubladen verschwunden.

Mit dem 554.974-Tonner *Prairial* kam 1979 schließlich der letzte Dinosaurier des Antifer-Typs in Fahrt. Weltweit war jetzt kein Tanker mit über 400.000 tdw mehr im Bau, und es schien, als wenn es mit der Rekordjagd endgültig vorbei war.

Aber es gab da noch Mr. C.Y. Tung aus Hongkong. Er hatte im Jahr 1979 den ehrgeizigen, ja tollkühnen Plan entwickelt, Eigentümer des größten Schiffes der Welt zu werden. Tung hatte ein paar Jahre zuvor schon einmal mit einem anderen Projekt Aufsehen erregt: 1970 hatte er das damals große Passagierschiff der Welt, die *Queen Elizabeth*, 82.998 BRT, erworben, um es unter dem Namen *Seawise University* als schwimmende Universität vor Hongkong einzusetzen. Jetzt wollte er den größten Tanker der

Welt besitzen. Dazu kaufte er 1979 einen werftneuen 418.610 tdw tragenden VLCC, der seit 1976 ohne Namen bei der Sumitomo Shipbuilding & Machinery Co. Ltd, Yokosuka, Japan, stillgelegen hatte, weil der Auftraggeber, die griechische Reederei Nomikos Ltd. mit Sitz in London, die Abnahme verweigert hatte.

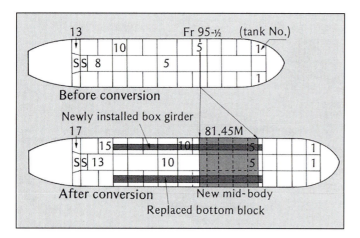

*Bei der Verlängerung der **Seawise Giant** wurden zur zusätzlichen Verankerung der neuen Mittelschiffssektion spezielle Längsträger an Deck eingebaut*

Zeichnung: Sumitomo Shipbuilding & Machinery Co. Ltd

1980 ließ Tung den Tanker bei der Werft Nippon Kokan K.K., Tsu, Japan, in der Mitte auseinanderschneiden und eine neue Sektion einsetzen. Gegen Ende des Jahres konnte Tung mit der 564.839 tdw tragenden *Seawise Giant* voller Stolz das größte Schiff aller Zeiten auf die Reise schicken.

Aber, ähnlich dem Schicksal der *Seawise University*, die im Januar 1972, nur ein halbes Jahr nach ihrer Ankunft in Hongkong, durch ein Feuer völlig zerstört wurde und kenterte, sollte auch die *Seawise Giant* kein Glück bringen. Nach nur zwei Reisen vom Persischen Golf zum US-Golf war das Schiff in den Jahren 1982 und 1983 überwiegend aufgelegt und danach nur noch als Lagerschiff im Einsatz. Am 14. Mai 1988 kam dann das Ende unter den Farben von Mr. Tung, als der Tanker im iranischen Hormuz-Terminal durch irakische Luftangriffe so schwer beschädigt wurde, daß er zum Totalverlust erklärt wurde.

In den Jahren 1979/80 erlebte die Tankschiffahrt eine kurze Phase der Erholung, wiederum ausgelöst durch politische Unruhen im Mittleren Osten. Im Februar 1979 stürzte im Iran das Kaiserliche Regime, Schah Reza Pahlevi hatte das Land am 16. Januar verlassen. Am 1. April 1979 proklamierte Ayatollah Khomeini die Islamische Republik Iran. Bei den Ölimporteuren kamen Zweifel über eine weitere verläßliche Ölversorgung aus dem Iran auf. Man kaufte an iranischem Rohöl jede Menge, die zu bekommen war. Der Bedarf an VLCCs stieg wieder an.

Weitere Unruhe auf dem Ölmarkt entstand durch Spannungen zwischen dem Irak und dem Iran, die schließlich mit der Invasion irakischer Truppen in Khuzistan am 22. September 1980 zum Ausbruch des Irakisch-Iranischen Krieges führten (1. Golfkrieg). Die Folge war ein Lieferausfall aus den Quellen der beiden Kriegsparteien von etwa vier Millionen Barrel pro Tag. Zur Freude der Tankerreeder gab es hektische Bemühungen, aus anderen Golfstaaten so viel Öl wie möglich zu beschaffen und den Rohstoff schnellstens aus der Krisenregion des Persischen Golfes herauszuschaffen. Zwischen Mitte 1979 und Ende 1980 stiegen die VLCC-Charterraten wieder auf erträglichere Höhen, für die Route Persischer Golf – Westeuropa wurde deutlich über Worldscale 30 bezahlt. Der Umfang an aufgelegter Großtankertonnage nahm von 22 Millionen tdw im Jahr 1978 auf 12,8 Millionen tdw ein Jahr später ab.

Die Marktbelebung in der Tankschiffahrt im Jahr 1979 brachte Beschäftigung für die Werften.
*Die norwegische **Beaurivage**, 289.979 tdw, wird am 30. Juli 1979 in Hamburg in das Trockendock Elbe 17 von Blohm & Voss geschleppt, nachdem sie, direkt von ihrer Bauwerft kommend, zunächst für vier Jahre in Norwegen aufgelegen hatte*

Photo: Joachim W. Pein

*Zur gleichen Zeit im Schwimmdock 11 von Blohm & Voss: Die **Westfalen**, 240.598 tdw, der Veba Chemie A.G., bei der die Spuren, die die Ankerketten während der eineinhalbjährigen Aufliegezeit in der Geltinger Bucht hinterlassen haben, deutlich zu erkennen sind*

Photo: Joachim W. Pein

Die OPEC-Staaten nahmen die Versorgungsengpässe und den damit verbundenen Ansturm auf arabisches Öl zum Anlaß, ihre Monopolstellung erneut zu nutzen. Die Schraube an der Preisspirale wurde noch fester angezogen, so fest, daß den Vertragspartnern, den Volkswirtschaften in den Industrienationen, fast die Luft wegblieb und schließlich der Kragen platzte. 1979 wurde der Rohöllistenpreis um 150 Prozent angehoben, gegen Ende des Jahres lag er bei 36,15 Dollar per Barrel für Öl der Sorte Arabian Light. In Japan brachen wie schon bei den ersten Preiserhöhungen Ende 1973 panikartige Verhältnisse aus. Um vorrangig beliefert zu werden, wurden bis zu 42 Dollar per Barrel bezahlt. Kurzfristig brachte die OPEC-Strategie immenses Geld und Reichtum ein, langfristig betrachtet sägten die Ölförderländer der Golfregion jedoch kräftig an dem Ast, auf dem sie saßen, denn mit dem Gesamtbetrag von 285 Milliarden Dollar, den sie 1980 ihren Kunden für Öllieferungen in Rechnung stellten, hatten sie die Schmerzgrenze deutlich überschritten. Es war jetzt die gleiche Situation wie vor dem Oktober 1973 eingetreten, nur mit umgekehrten Vorzeichen. Damals hatten die Ölmultis den Ölländern für ihren Rohstoff einseitig so lange ihre Niedrigpreise aufgezwungen, bis jenen der Kragen geplatzt war, jetzt war es das Preisdiktat durch die Förderländer, welches für die Bezieher des flüssigen Goldes immer unerträglicher wurde. Die Konsequenzen lagen auf der Hand: Energieeinsparung wo immer möglich, Suche nach Alternativenergien und kräftiger Ausbau von Förderquellen aus Nicht-OPEC-Ländern. Die OPEC-Produzenten sollten dies einige Jahre später zu spüren bekommen.

In Zeiten wirtschaftlicher Baisse Geld in technische Neuerungen zu investieren, erfordert finanzielle Reserven und Mut. Trotz der schwierigen Zeiten hatte die norwegische Reederei Bergesen d.Y. im Jahr 1977 zwei 360.000-tdw-Tanker bei ihrer Hauswerft Mitsui Shipbuilding and Engineering Co.Ltd, Japan, in Auftrag gegeben. Die in den Jahren 1980 und 1981 abgelieferten Tanker *Berge Pioneer* und *Berge Enterprise* waren die ersten Großtanker-Neubauten, die zum einen den Marpol-73/78-Vorschriften voll entsprachen, obwohl diese noch gar nicht in Kraft getreten waren – sie hatten separate Ballasttanks. Zum anderen zeichneten sie sich durch eine bis dahin unbekannte Sparsamkeit im Treibstoffverbrauch aus. Bergesen d.Y., seit jeher Protagonisten von Dieselantrieb, hatten die Schiffe mit besonders sparsamen 33.570 kw starken Hauptmaschinen ausgerüstet, eine Propellerdüse bündelte die Schraubenwirkung. So verbrauchten die Tanker bei einer Reisegeschwindigkeit von 15 Knoten nur 100 Tonnen Brennstoff pro Tag. Zum Vergleich: Ein 250.000-tdw-Turbinentanker benötigte 150 Tonnen.

Die beiden Supertanker kamen gerade zur rechten Zeit, denn auf Grund der Preiserhöhungen der OPEC waren 1980/81 weltweit die höchsten Brennstoffkosten aller Zeiten zu bezahlen. Für eine Tonne Bunkeröl wurde 1980 180 Dollar, ein Jahr darauf sogar 240 Dollar in Rechnung gestellt (1970: zehn Dollar), und so verwundert es nicht, daß es der Reederei gelang, die *Berge Pioneer* trotz der trüben Marktsituation für fünf Jahre an die Texaco zu verchartern.

Die Dampfturbine war als Schiffsantrieb wegen ihres hohen Brennstoffverbrauchs inzwischen ein echtes Problemkind ge-

Die **Berge Pioneer** leitete eine neue Generation von Supertankern ein

Photo: Foto Flite

worden. Sie war gegenüber den Tankern mit Dieselantrieb viel zu teuer. Nicht nur für zukünftige Neubauten war daher Motorantrieb zwingend, auch bestehende VLCCs wurden teilweise umgerüstet. Insbesondere japanische Reeder ließen eine Reihe von Supertankern umrüsten. Ferner ließ die Mobil Oil bei sieben VLCCs die bestehenden Turbinenanlagen entfernen und durch Dieselmotoren ersetzen, kostspielige Investitionen, die sich aber durch eingesparte Brennstoffkosten schnell amortisierten.

Besonders kraß war das Beispiel des BP-VLCC *British Resource*. Nach der Indienststellung in Japan im August 1975 versegelte der Tanker direkt zu einem Aufliegeplatz in der Brunei Bay, wo er sechs Jahre lang beschäftigungslos vor Anker lag. Im November 1981 traf das Schiff dann von der Brunei Bay kommend wieder bei seiner Bauwerft ein, wo die nagelneue Turbinenanlage entfernt und durch einen Dieselmotor ersetzt wurde.

Bei vielen VLCCs wurden die Turbinenanlagen technisch modifiziert, um bei reduzierter Dienstgeschwindigkeit die Verbrauchswerte freundlicher zu gestalten. »Slow steaming« war die Devise für etwa 25 Prozent aller VLCCs.

Die erheblich günstigeren Verbrauchswerte bei den VLCCs der zweiten Generation ergaben sich neben den sparsamen Hauptmaschinen auch durch neuartige Rumpfkonstruktionen, die »low viscosity hulls«. Entwickelt und errechnet durch moderne Computertechnik reduzierten sie den Wasserwiderstand am Schiffsrumpf. Auch am Gewicht der Tanker wurde erheblich eingespart, nachdem in japanischen Stahlwerken neuartige spannungsfestere und dünnere Stahlplatten entwickelt worden waren (high tensile steel). Ein moderner 280.000-Tonner benötigte z.B. an Stahl (Gewicht) nicht mehr als ein 210.000-Tonner, der Ende der sechziger Jahre gebaut wurde.

Keine Chance für die Dampfturbine: B.P. Supertanker **British Resource**

Photo: Gerhard Müller-Debus

In den Jahren 1979 und 1980 ereignete sich die bis dahin höchste Anzahl an schweren Tankerhavarien, elf Supertanker mußten als Totalverluste aus den Registern gestrichen werden.
Am 19. Juli 1979 stießen zum ersten Mal zwei vollbeladene VLCCs zusammen. Die 292.666 tdw große *Atlantic Empress* und die 210.257 tdw große *Aegean Captain* kollidierten etwa zehn Seemeilen vor Tobago in der Karibik. In den Aufbauten der *Atlantic Empress* brach sofort Feuer aus, von den 34 Mitgliedern der Besatzung kamen 29 ums Leben. Trotz intensiver Bemühungen konnte der Tanker nicht gerettet werden, das Schiff sank am 3. August 1979 etwa 300 Seemeilen nordöstlich von Tobago, wohin es von Bergungsschleppern gezogen worden war. Die Ladung konnte nicht geborgen werden.

Anders bei der *Aegean Captain*: Das Schiff verlor aus beschädigten Tanks etwa 14.000 Tonnen Öl. Es blieb aber weitgehend intakt, ein Feuer auf dem Vorschiff konnte gelöscht werden, und der Hochseeschlepper *Oceanic* der Bugsier Reederei, Hamburg, nahm den Supertanker auf den Haken und schleppte ihn zum Löschen der restlichen Ladung in die Bullen Bay, Curaçao. Einige Wochen später wurde der Tanker nach Taiwan zum Abbruch geschleppt. Die *Atlantic Empress* hält bis in die Gegenwart den traurigen Rekord, die größte Ölladung aller Zeiten ins Meer verloren zu haben.

Ein weiterer griechischer Supertanker war Anfang 1979 mit einem folgenschweren Unfall in die Schlagzeilen geraten. Die mit 218.665 tdw vermessene *Andros Patria* befand sich in der Silvesternacht des Jahres 1978 vor der Nordwestküste Spaniens vollbeladen auf dem Weg von Kharg Island, Iran, nach Rotterdam-Europoort, als plötzlich bei orkanartigen Winden im Schiffsrumpf ein 15 Meter langer Riß aufbrach. Einige Stunden später ereignete sich in einer der Schiffstanks eine Explosion. In der dunklen Winternacht verließen 30 Personen das Schiff in einem Rettungsboot, welches kurz darauf in der hohen See kenterte. Alle Insassen des Boots ertranken. Drei Besatzungsmitglieder waren an Bord geblieben, sie wurden am darauffolgenden Tag von Hubschraubern abgeborgen. Die *Andros Patria* verlor etwa 48.000 Tonnen Öl, das die Küste Spaniens auf einer Länge von etwa 100 Kilometern verschmutzte. Die Bergung der Restladung gestaltete sich schwierig. Alle in Frage kommenden Länder – Spanien, Portugal, Frankreich – verweigerten dem Havaristen die Einlauferlaubnis, und so blieb nichts anderes übrig, als die *Andros Patria* auf hoher See zu entladen. Dazu wurde sie in eine Position etwa 250 Seemeilen von den Azoren entfernt geschleppt, wo der mit speziellen Fendern ausgerüstete Leichtertanker *British Dragoon* längsseits ging und mehrere Teilladungen übernahm, die dann auf den in der Nähe wartenden VLCC *British Promise* übergepumpt wurden. Am 9. Februar endlich war die *Andros Patria* leer, sie wurde anschließend in Spanien verschrottet.

Nicht ein einziges Mitglied der Besatzung überlebte den Untergang des norwegischen Erz-Öl-Carriers *Berge Vanga*, 227.912 tdw, Ende Okt./Anf. Nov. 1979 im Südatlantik. Wie das im Dezember 1975 im Indischen Ozean gesunkene Schwesterschiff *Berge Istra* befand sich auch die *Berge Vanga* mit einer vollen Ladung Eisenerz auf der Reise von Brasilien nach Japan, nachdem das Schiff zuvor in der Ölfahrt beschäftigt gewesen war. Es gab kein SOS. und keine Zeugen und daher konnte nur vermutet werden, daß wiederum Öl- und Gasrückstände plötzliche verheerende Explosionen ausgelöst hatten. Im Anschluß an das *Berge Vanga*-Unglück kamen weltweit verstärkt Zweifel über die Sicherheit der großen Erz-Öl-Carrier auf. Manche Reeder nahmen jetzt die Schiffe aus der Ölfahrt und setzten sie nur noch in der Erzfahrt ein. Die beiden noch fahrenden Schwesterschiffe der *Berge Vanga*, die *Berge Adria* und *Berge Brioni*, wurden 1980 zu reinen Erzfrachtern umgebaut, d.h. die Ölleitungen wurden entfernt.

Im Januar 1979 wurde durch die Explosion eines kleineren Tankers ein ganzer Ölhafen komplett zerstört, ein Ölhafen, den der US-Ölmulti Gulf Oil 1968 eigens als Basishafen für die Rohölversorgung seiner nordeuropäischen Raffinerien durch VLCCs eingerichtet hatte: Whiddy Island in der Bantry Bay, Irland. Während des Löschens der Ladung ereignete sich auf dem französischen Tanker *Betelgeuse* (121.430 tdw) eine Explosion, so heftig, daß 50 Menschen ihr Leben verloren, der Tanker auseinanderbrach und der gesamte Terminal dauerhaft betriebsunfähig wurde. Ferner wurde die Umgebung von einer Ölpest heimgesucht. Die Aufräumarbeiten in der Bantry Bay dauerten etwa anderthalb Jahre, die Tankerpier wurde nicht wieder aufgebaut. Mit diesem Unglück war ein ganzes Logistikkonzept hinfällig geworden. Whiddy Island war für die sechs 326.000-tdw-Giganten der *Universe Ireland*-Klasse gebaut worden, die vollbeladen andere Terminals der Gulf Oil in Nordeuropa nicht ansteuern konnten. Die sechs Großtanker wurden 1980 verkauft, obwohl die Charterverträge zwischen dem Eigentümer der Schiffe, der Bantry Bay Transport Co. (D.K. Ludwig) und der Gulf Oil Co. bis 1983/84 geschlossen waren. Drei der Tanker gingen an den griechischen Reeder Vardinoyannis, die übrigen drei wurden verschrottet.

In den Tagen, als in der Bantry Bay die letzten Wrackteile der *Betelgeuse* entfernt wurden, entging der größte Ölhafen der Welt, Rotterdam-Europoort, nur knapp und mit großem Glück einer ähnlichen Katastrophe. Am 22. Juli 1980, sackte der unter der Flagge Liberias fahrende 215.675 tdw VLCC *Energy Concentration*, der zur C.Y. Tung-Gruppe, Hongkong, gehörte, während des Entladens im 7. Petroleumhafen mit dem Vorschiff und dem Heck auf Grund, nachdem das Schiff in der Mitte eingeknickt war. Fälschlicherweise hatte man die Tanks in der Mitte des Schiffes zuerst komplett geleert, so daß der Schiffskörper mitschiffs dem Druck des noch beladenen Vor- und Achterschiffes nicht standhalten konnte und sich quasi aufbäumte. Glücklicherweise ereignete sich

keine Explosion, und die noch an Bord befindliche Ladung von 115.000 Tonnen Rohöl konnte sicher gelöscht werden. Der Tanker wurde anschließend zur Verolme Werft, Rozenburg, geschleppt, dort in der Mitte auseinandergeschnitten, bevor beide Teile zum Abbruch nach Spanien bzw. Jugoslawien geschleppt wurden.

Explosionen von VLCCs in unbeladenem Zustand waren nach den Ereignissen im Dezember 1969 mit den schweren Unfällen der *Marpessa*, *Mactra* und *Kong Haakon VII* immer ein zentrales Thema in der Tankschiffahrt gewesen. Seit dem Untergang der *Golar Patricia* im November 1973 hatte es über Jahre hinweg keine schweren Zwischenfälle dieser Art mehr gegeben. In den Jahren 1979/80 kam es dafür um so schlimmer. Im Jahr 1979 ereigneten sich zwei folgenschwere Explosionen.

Beim Reinigen der Tanks explodierte die 212.759 tdw große *Atlas Titan* am 27. Mai 1979 an der Werftpier in Setubal, Portugal. Reste der vorherigen Naphtaladung hatten sich entzündet,

Mit 280.000 Tonnen Rohöl an Bord in hellen Flammen: Die **Atlantic Empress**

Das Feuer auf der **Aegean Captain** *war auf den Stevenbereich begrenzt. Nach dem Löschen der Flammen schleppte der Bugsier-Schlepper* **Oceanic** *den Havaristen nach Curaçao*

Die **Aegean Captain** *mit eingedrücktem Steven beim Anlegemanöver in der Bullen Bay*

Photos: Sammlung Ronald van Burken

eine mehr als hundert Meter hohe Stichflamme schoß empor, und eine Explosion riß das Hauptdeck in einer Länge von etwa 120 Metern auf, die Aufbauten brannten komplett aus. Fünf Werftarbeiter kamen ums Leben, 17 weitere wurden schwer verletzt. Der Tanker wurde zum Totalverlust erklärt und verließ Setubal am 30. Dezember 1979 im Schlepp in Richtung Taiwan zum Abbruch.

Am 13. Dezember 1979 kam es zum bis dahin größten Totalverlust aller Zeiten, als der 321.000-Tonner *Energy Determination* in Ballastfahrt auf dem Weg in die Vereinigten Arabischen Emirate in der Straße von Hormuz von einer gewaltigen Explosion, die sich in der Nähe eines Sloptanks ereignete, erschüttert wurde. Ein Besatzungsmitglied kam ums Leben. Der heftig brennende Tanker, dessen Hauptdeck über fast die gesamte Schiffslänge – wie eine offene Sardinenbüchse – aufgeplatzt war, brach am 15. Dezember in zwei Teile, das Achterschiff sank, das Vorschiff konnte geborgen werden und wurde später verschrottet.

Die genaue Ursache des Unglücks konnte nicht rekonstruiert werden, eine unsachgemäße Durchführung von Tankreinigungsarbeiten schied als Grund aus, denn diese Arbeiten waren schon 20 Tage vor dem Unglück beendet gewesen.

1980 wurde mit drei VLCC-Untergängen auf Grund von Explosionen zum traurigen Rekordjahr. Die Unglücke ereigneten sich innerhalb von 23 Tagen. Wieder einmal befanden sich die Schiffe in Ballastfahrt zum Persischen Golf und wieder einmal ereigneten sich die Explosionen offensichtlich während der Erledigung von Reinigungsarbeiten in den Tanks.

Am 11. März 1980 wurde die spanische *Maria Alejandra*, 239.010 tdw, vor der Küste Mauretaniens von mehreren Explosionen auseinandergerissen und sank in 40 Sekunden, 36 Menschen mit sich in die Tiefe ziehend. Nicht einmal ein SOS war abgesetzt worden, und noch viele Stunden später wußte niemand von der Katastrophe. Die Rettung von acht Überlebenden aus einem Rettungsboot durch einen vorbeifahrenden Frachter war reiner Zufall. Am

Knapp an der Katastrophe vorbei: Die zusammengeknickte **Energy Concentration** *an der Werft in Rotterdam*

Photo: Joachim W. Pein

Sank im Südatlantik: Der Erz-Öl-Frachter **Berge Vanga**

Photo: Sammlung Michael Dollenbacher

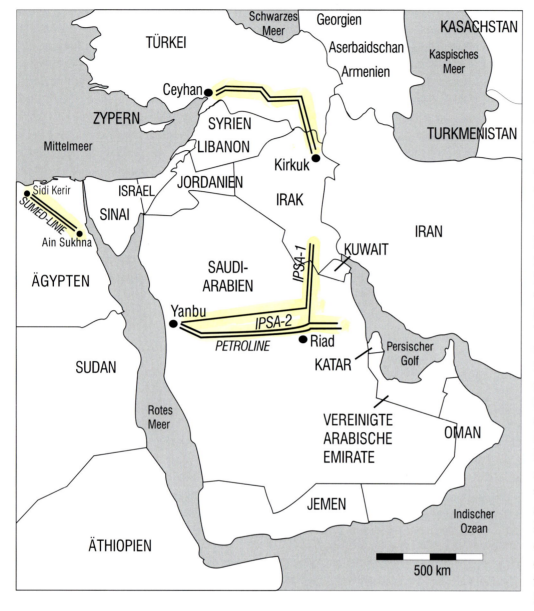

Die Pipelines Nahen Ostens, eine große Konkurrenz für die Supertanker

Kapitän versenkt seinen eigenen Supertanker, um Beihilfe zu einem Versicherungsbetrug riesigen Ausmaßes zu leisten.
Es handelte sich um einen Supertanker namens *Salem* von 213.928 tdw, der einstmals, im Jahre 1969, unter dem Namen *Sea Sovereign* als erster VLCC der Reederei Salén und Stolz der schwedischen Handelsflotte in Dienst gestellt worden war. Dieser Tanker war im Dezember 1979 von einer Reederei namens Oxford Shipping Co. in Monrovia, Liberia, erworben worden und hatte sogleich in Kuwait eine Ladung von 190.000 Tonnen Rohöl mit Ziel Italien übernommen. Charterer des Schiffes war die Shell International Petroleum Co. Klammheimlich aber hatte der Eigentümer der *Salem*, ein libanesischer Kaufmann mit Firmensitz in Houston, Texas, 175.000 Tonnen der Ladung für einen Betrag von 44 Millionen Dollar an südafrikanische Interessenten verkauft. Dieses Geschäft war in doppelter Hinsicht illegal, denn es bestand damals ein Embargo für Öllieferungen nach Südafrika. Der Tanker steuerte Durban an, nachdem man den Namen in *Lema* umgepinselt hatte, und gab an einer Löschboje vor dem

3. April 1980 sank die liberianische *Albahaa B.*, 239.410 tdw, etwa 200 Seemeilen vor Daressalam, ebenfalls nach mehreren Explosionen wiederum während der Erledigung von Tankreinigungsarbeiten. Sechs Seeleute fanden den Tod. Nur drei Stunden später brach die liberianische *Mycene*, 239.410 tdw, ein Schwesterschiff der *Maria Alejandra*, auf der anderen Seite des afrikanischen Kontinents vor Sierra Leone nach einer Serie von schweren Explosionen auseinander und sank, ein Seemann kam ums Leben. In allen drei Fällen wurde vermutet, daß die Gasatmosphäre in den Tanks nicht unter den Entzündungspunkt heruntergefahren worden war. Der vierte VLCC-Untergang des Jahres 1980 war sehr ungewöhnlich, so etwas war bisher überhaupt noch nicht passiert: Ein

Hafen die vereinbarte Menge von 175.000 Tonnen Öl an Land. 15.000 Tonnen mußten an Bord bleiben, damit beim Versenken des Schiffes noch ein Ölfilm zu sehen war. Um weiterhin einen vollbeladenen Eindruck zu machen, setzte das Schiff mit Seewasser gefüllt die Reise fort.
Am 17. Januar 1980 wurde die *Salem* – der ursprüngliche Name war wieder auf die Schiffswand gemalt worden – von der eigenen Besatzung vor der Küste Senegals durch das Öffnen der Seeventile in die Tiefe geschickt, so tief, daß sie außerhalb der Reichweite von Tauchern lag. Nach der »Rettung« der Besatzung durch den britischen VLCC *British Trident* gab der Kapitän der *Salem* zu Protokoll, daß man das Schiff mitsamt der vollen Ladung Öl nach

mehreren Explosionen mit anschließendem Feuer habe verlassen müssen. 14 Tage später allerdings plauderte ein Matrose die wahre Geschichte aus, und der Schiffseigner und seine beiden Hauptkomplizen, der Kapitän und der Chief Engineer der *Salem,* wurden später zu längeren Freiheitsstrafen verurteilt. Der rechtmäßige Eigentümer der Ladung, die Shell International, mußte in den folgenden Jahren langwierige Prozesse anstrengen, um Schadensausgleich zu erlangen.

1981-1986 Die Lage ist hoffnungslos

OPECs Förderquoten, Pipelines und das »Öl vor der Haustür« – kein Bedarf an Supertankern

Die erste Hälfte der achtziger Jahre wurde für die Tankschiffahrt zur tiefsten wirtschaftlichen Rezession der Nachkriegszeit. Durch konstant hohe Rohölpreise nahm der Weltölverbrauch ab 1979 um durchschnittlich 8,8 Prozent pro Jahr ab. Eine Änderung war nicht in Sicht, im Gegenteil, die OPEC beschloß im Jahr 1982 sogar eine Einschränkung der Förderquoten, um den Preis auf dem hohem Niveau zu halten. Innerhalb von fünf Jahren halbierte sich die Ölförderung in den Golfstaaten von 875 Millionen Tonnen im Jahr 1980 auf 435 Millionen Tonnen im Jahr 1985.

Für die Großtankerflotten kam erschwerend hinzu, daß ihre Dienste für den Transport der noch verbliebenen Ölmengen – innerhalb wie auch außerhalb des Persischen Golfes – immer weniger gefragt waren. Hierfür waren im wesentlichen zwei Gründe ausschlaggebend:

- Das von den Ländern am Persischen Golf in westliche Richtung exportierte Rohöl – dieser ohnehin schon stark geschrumpfte Kuchen – ging zunehmend an den VLCCs vorbei, wurde mehr und mehr über andere kürzere Wege bewegt. Große Mengen an Rohöl gingen über Pipelines zum Mittelmeer bzw. zum Roten Meer. Von den irakischen Ölfeldern bei Kirkuk z.B. gelangten pro Jahr 80 Millionen Tonnen Öl per Pipeline zum türkischen Mittelmeerhafen Ceyhan, um von dort per Tanker den wesentlich kürzeren Weg zu den westlichen Verbraucherländern zu nehmen.

Im September 1981 wurde die Petroline eröffnet. Mit einer Kapazität von 90 Millionen Tonnen pro Jahr führte sie von den Ölfeldern Saudi Arabiens nach Yanbu am Roten Meer. Hier übernahmen in der Regel kleinere Tanker das Öl zum Weitertransport durch den Suezkanal oder auf die ägyptischen Seite des Roten Meeres nach Ain Sukhna zur Weiterbeförderung über die seit 1977 in Betrieb befindliche SUMED-Pipeline zum Mittelmeer. In den achtziger Jahren hatte auch der Irak Zugang zur Petroline und benutzte außerdem noch eine weitere über arabisches Gebiet nach Yanbu führende Pipeline, die IPSA – 2.

Bis zum Jahr 1982 stieg die per Pipeline aus den Golfstaaten heraus beförderte Ölmenge auf 196 Millionen Tonnen, durch den Suezkanal wurden zu dieser Zeit 63 Millionen Tonnen verschifft, Transportmengen, die an den VLCCs vorbeiliefen, auf die die Reeder aber dringend angewiesen waren, denn der Lang-

Ab Anfang der achtziger Jahre war der Suez Kanal in Ballastfahrt für Tanker aller Größenordnungen passierbar: der 450.000-Tonner **Esso Caribbean** *während der Kanalpassage*
Photo: R. Mackenzie

streckentransport aus dem Persischen Golf um den afrikanischen Kontinent herum war neben dem Fahrtgebiet nach Japan immer der Hauptbroterwerb für die Reeder von Großtanken gewesen.

• Auch der Abtransport der Fördermengen aus neu erschlossenen Ölquellen ging weitgehend an den Supertankern vorbei. Die neuen Quellen lagen überwiegend in günstiger Nähe zu den Verbraucherländern, die Entfernungen z.B. von den Ölfeldern der Nordsee nach Nordeuropa, von Alaska und Mexiko in die USA oder von Indonesien nach Japan bzw. in die USA sind deutlich geringer als vom Persischen Golf.

Kürzere Transportwege reduzierten auch hier den Bedarf an Tankertonnage. Hinzu kommt, daß im Kurzstreckenverkehr kleinere Tanker den VLCCs überlegen sind. Ölraffinerien müssen über eine Vielzahl von Häfen mit ihrem aktuellen Bedarf an Rohöl versorgt werden, einem Bedarf, der, je nach Größe der Raffinerien, je nach Lagermöglichkeit, oftmals nur einen Bruchteil der Ladung eines VLCC ausmacht. Ferner liegen die meisten Ölhäfen an Gewässern mit eingeschränktem Tiefgang.

Bei Importen aus den Golfstaaten, bei Öltransporten, die mehrere Wochen dauern, wurde der Supertanker aus ökonomischen Gründen zwingendes Transportmittel. Die Nachteile der Großtanker, wie die eingeschränkte Anlaufmöglichkeit kleinerer Ölhäfen im Bestimmungsgebiet, waren von weniger Gewicht. Sie wurden durch ein aufwendiges System von Zubringerdiensten von den VLCC-Häfen bzw. VLCC-Ankerplätzen zu den kleineren Ölhäfen hin ausgeglichen. Beim »Öl vor der Haustür« ist ein solches Procedere unlogisch und unwirtschaftlich. Hier kann viel besser und billiger dem aktuellen Bedarf entsprechend direkt angeliefert werden. Eine Partie von 80.000 Tonnen Nordseeöl für Hamburg ist mit einem kleineren Tanker auf direktem Weg in 36 Stunden angelandet. Würde diese Menge als Teilladung eines 250.000-Tonners transportiert, müßte der Großtanker erst einmal einen passenden Hafen, z.B. Rotterdam, ansteuern, dort müßte das Öl in einen kleineren Tanker umgeladen und weiterbefördert werden. Neben den höheren Kosten, z. B. den doppelten Hafengebühren, Schlepperkosten usw. wären auch erhebliche Zeitverzögerungen in Kauf zu nehmen.

Vor diesem Hintergrund ließ der Ölmulti Chevron Anfang der achtziger Jahre sogar fünf VLCCs verkleinern. Nach dem Herausschneiden einer Mittelschiffssektion hatten die Tanker eine Tragfähigkeit von 152.000 Tonnen und konnten mit ihrem geringeren Tiefgang nunmehr in der Rohölfahrt zwischen Indonesien und der Westküste der USA eingesetzt werden.

Die Konsequenz der geschilderten Entwicklungen: ein gewaltiger Überhang an VLCC-Tonnage. Die Tanker konnten keine Chartern mehr finden. Wurden im Jahr 1979 noch 459 VLCC-Reisecharterverträge geschlossen, so sank diese Zahl im Jahr 1983 auf bescheidene 15. Im März 1983 z.B. lagen 61 VLCCs im Persischen Golf vor Anker und warteten auf Beschäftigung, zumeist jedoch vergeblich. Der Überhang an Tankern wurde noch dadurch verschärft, daß Anfang der achtziger Jahre viele der noch in der Blütezeit zu Beginn der siebziger Jahre geschlossenen Langzeitchartern ausliefen.

Die verzweifelte Lage kam auch in den noch tiefer gefallenen Frachtraten zum Ausdruck. Im Jahr 1982 wurde mit Worldscale 14 die niedrigste jemals akzeptierte VLCC-Rate registriert, kaum mehr als ein Almosen.

Zwischen 1983 und 1985 wurden nur 45 Prozent der weltweiten Großtankertonnage benötigt, 55 Prozent waren überflüssig. Am schlimmsten traf es die unabhängigen Reeder, von deren Su-

Ein VLCC wird verkürzt. Die **Chevron London**, *in drei Teile auseinandergeschnitten 1984 bei der Werft Hyundai Heavy Industries Co. Ltd in Ulsan, Südkorea*

Photo: Hyundai Heavy Ind

pertankern 1983 nicht weniger als 71,9 Prozent ohne Charter waren. Das waren Fakten, die keinen Spielraum für Hoffnung mehr ließen, auch Krisen oder Kriege hätten da nicht helfen können, es gab nur eins:

Flottenabbau im großen Stil

Reeder mit beschäftigungslosen VLCCs hatten die Wahl, ihre Schiffe vorübergehend aus dem Verkehr zu ziehen und aufzulegen oder sich endgültig von ihnen zu trennen, d.h. sie zum Abbruch zu verkaufen. In manchen Fällen fanden sich auch Käufer auf dem second-hand-Markt, jedoch war diese Möglichkeit vor allem in den ersten Jahren der Depression begrenzt und auch nicht attraktiver, denn auch hier lag der Kaufpreis zumeist nicht wesentlich über dem Schrottwert des Schiffes.

Auflieger und Lagerschiffe

Die Quote an aufgelegten Supertankern stieg von elf Prozent im Jahr 1980 auf 43 Prozent im Jahr 1984. 210 VLCCs mit zusammen 62,5 Millionen Tonnen Tragfähigkeit lagen abseits der Tankerrouten stillgelegt vor Anker.

Je größer der Tanker, desto höher war die Wahrscheinlichkeit, daß er eingemottet werden würde.

Von den VLCCs mit Tragfähigkeiten zwischen 200.000 und 300.000 Tonnen waren 1984 38,5 Prozent aufgelegt. Viele dieser Schiffe hatten allerdings in den guten Jahren bis Ende 1973 für ihre Eigner eine Menge an Geld eingefahren und konnten daher unter dem Strich noch als Plusobjekte eingestuft werden.

Die eigentlichen Katastrophen waren die Tanker mit über 300.000 tdw, die sogenannten »white elephants of the sea« – die Fehlinvestitionen. Hauptsächlich ab 1974 in Dienst gestellt, als die guten Zeiten in der Tankschiffahrt ohnehin vorbei waren, haben die meisten dieser Tanker ihren Reedern nichts als Kopfzerbrechen bereitet. 51,6 Prozent von ihnen waren 1984 aufgelegt. Eine weitere Unterteilung in dieser Klasse bringt noch düsterere Zahlen. Von den 27 Einheiten mit Tragfähigkeiten zwischen 400.000 und 500.000 tdw waren Ende 1984 nur noch sechs unter Dampf, die sechs Giganten mit mehr als 500.000 tdw lagen allesamt still.

Norwegische Fjorde beherbergten damals 20 Prozent aller aufgelegten VLCCs, darunter fünf der sechs 500.000-Tonner, fernöstliche Ankerplätze in der Brunei Bay und um Singapur waren von 22 Prozent der überflüssigen Giganten angesteuert worden, elf Prozent lagen in Griechenland auf.

Nicht nur unabhängige Reeder, sondern auch die Ölgesellschaften hatten zu viele Großtanker. Viele davon wurden aufgelegt, 27 Prozent aller VLCCs der Ölmultis waren 1984 aus der Fahrt genommen worden.

Supertanker, soweit das Auge reicht: Tropische Stimmung in der Brunei Bay

Photo: Gerhard Müller-Debus

Aufgelegte Tanker in der Bucht von Eleusis bei Piraeus

Photo: Joachim W. Pein

*Zehn Jahre ohne Arbeit: Die **Raila**, aufgelegt bei Haugesund, Norwegen*

Photo: Joachim W. Pein

Einige VLCCs verbrachten längere Zeiträume der Inaktivität als in der aktiven Fahrt. Die BP schickte zum Beispiel ihre *British Purpose* und *British Progress* nach nur vier bzw. fünf Jahren Fahrtzeit im Juni 1978 in die Brunei Bay, wo sie bis Anfang 1985 vor Anker lagen, bevor sie zum Abbruch nach Taiwan geschleppt wurden. Etwa zur gleichen Zeit ging in Norwegen eine der längsten Perioden an Aufliegezeit zu Ende, als die *Sinmar* am 9. Mai 1985 Haugesund mit Ziel Taiwan verließ. Der Tanker war am 15. Februar 1975 von seinem damaligen Eigentümer, der Reederei Waage aus Oslo, unter seinem ersten Namen *Raila* aufgelegt worden. Die Bilanz für die *Raila* am Ende ihrer Tage: Nur drei Jahre und acht Monate aktive Fahrt und dann für zehn Jahre und drei Monate ohne Beschäftigung.

Den Aufliegerekord trägt allerdings der US-Tanker *U.S.T. Atlantic*. Der im März 1979 fertiggestellte 404.000-Tonner ging am 9. August 1981 in der Brunei Bay vor Anker und blieb dort bis Juni 1994 liegen. Anschließend wurde das Schiff in Singapur während eines mehrmonatigen Werftaufenthalts wieder seeklar gemacht und kam Anfang 1995 wieder in Fahrt. Das Schwesterschiff, die *U.S.T. Pacific*, lag »nur« für knapp zehn Jahre in der Brunei Bay auf, und zwar vom Mai 1981 bis Januar 1991.

Manche der überzähligen Supertanker wurden als Öllagerschiffe benutzt, in Spitzenzeiten des Jahres 1984 waren es 23 Prozent aller inaktiven VLCCs.

Vor allem in Japan wurden schwimmende Ölreserven angelegt. Der Schock von 1973, als ein totaler Zusammenbruch der Rohölversorgung aus dem Persischen Golf befürchtet worden war, saß noch tief. Als im Jahr 1978 die ersten Unruhen im Iran ausbrachen, einem der Hauptlieferanten Japans, befürchtete man erneut Lieferausfälle. Die Regierung in Tokio erließ daraufhin ein Programm zur Zwischenlagerung von Rohöl in Tankern. Bis zu 35 VLCCs gleichzeitig – alle unter japanischer Flagge – hielten auf diese Weise bis Mitte der achtziger Jahre ständig etwa acht Millionen Tonnen an Rohöl in Reserve. Sie ankerten in verschiedenen Buchten des Landes. Das staatliche Öllagerprogramm erwies sich in doppelter Hinsicht als vorteilhaft. Einerseits brachte es für viele der überzähligen VLCCs unter japanischer Flagge willkommene Beschäftigung, andererseits machte die Regierung mit den 1978 angelegten Ölreserven bei den drastischen Ölpreiserhöhungen durch die OPEC im Jahr 1979 einen Gewinn von 300 Millionen Dollar.

Auch Saudi-Arabien nahm VLCCs für langfristige Lagerzwecke in Charter. Man wollte Rohöl außerhalb der Krisenregion Persischer

*Ein Riese auf dem Abstellgleis: Der 404.000-Tonner **U.S.T. Pacific***

Foto: Gerhard Müller-Debus

*Japans schwimmende Öllager machten sich bezahlt; die **Heiwa Maru** (237.695 tdw) diente von Mai 1981 bis Januar 1985 als Öllagerschiff in der Tachibana Bay*
Photo: Torsten Andreas

Golf vorhalten, und so ankerten Mitte der achtziger Jahre bis zu 17 VLCCs für mehrere Monate vollbeladen in der Karibik, vor Westafrika bzw. vor Thailand, jeweils nah an den Verbraucherländern, um schnell lieferfähig zu sein.

In Einzelfällen dienten Supertanker auch langfristig als Ergänzung bzw. Ersatz für fehlende Öllager an Land. Ende der siebziger Jahre wurden drei VLCCs sogar für den Rest ihrer Tage zu Lagerschiffen umfunktioniert. Die 231.783 tdw große *Eiko Maru* ging im September 1978 in Abu Al Bukhoosh, Vereinigte Arabische Emirate, vor Anker. 1986 in *World Trader* umbenannt, setzte der Tanker seine Dienste als Lagerschiff bis März 1994 fort und wurde dann verschrottet. Die *Tropical Lion* (ex *London Lion*), 256.387 tdw, wurde im Februar 1979 als Lagerschiff an der künstlichen Verladeinsel Arzanah Island, ebenfalls vor der Küste der Vereinigten Arabischen Emirate, verankert. 1994 an einheimische Betreiber veräußert und in *Liwa* umgetauft liegt der Tanker auch 1996 noch dort. Nach nur drei Jahren aktiver Fahrt machte im Juli 1979 der einzige VLCC unter der Flagge Nigerias, die mit 276.895 tdw vermessene *Oloibiri*, im einheimischen Pennington Terminal als Lagerschiff fest. Unterbrochen von kurzzeitigen Werftaufenthalten in Piräus lag auch dieses Schiff noch 1996 an gleicher Stelle.

Ausmusterung für immer: Fernost als letztes Reiseziel.

Der vorübergehende Rückzug aus der aktiven Fahrt, das Auflegen von VLCCs, war natürlich kein geeignetes Mittel, um den gewaltigen Tonnageüberhang langfristig abzubauen. Je deutlicher wurde, daß es mit der Tankschiffahrt unter den gegebenen Umständen nicht bergauf gehen konnte, desto eher entschieden sich die Reeder, ihre Supertanker endgültig aus dem Verkehr zu ziehen, sie abwracken zu lassen.

Zusätzliche Entscheidungshilfe gaben die neuen I.M.O.-Vorschriften. Das MARPOL 73/78 Protokoll trat im Oktober 1983 in Kraft und verlangte von Oktober 1985 an bei allen Tankern über 20.000 tdw entweder Vorrichtungen für das »crude oil washing« oder das Vorhandensein separater Ballasttanks. Das bedeutete das Ende für die meisten älteren VLCCs, denn eine Umrüstung der Tanker auf »crude oil washing« mit Kosten von etwa einer Million Dollar pro Schiff lohnte sich nicht. Vor allem die älteren turbinengetriebenen VLCCs verloren nach der Ratifikation der Marpol-73/78-Richtlinien stark an Wert. Im Jahr 1983 betrug der Wiederverkaufswert für diese Schiffe 4,2 Millionen Dollar, der Schrottwert lag bei 4,1 Millionen Dollar. (1974 lag dieses Verhältnis noch bei 37,5 Millionen Dollar beim Weiterverkauf und 4,9 Millionen Dollar als Schrottwert.)

Anfang der achtziger Jahre setzte ein Flottenabbau großen Umfangs ein. Von den Ende 1980 vorhandenen 727 VLCCs waren bis Ende 1986 insgesamt 283 Einheiten vorzeitig und vielfach in gutem Zustand zum Abbruch verkauft worden. Dadurch wurde die Flotte um 39 Prozent reduziert. Zählt man noch die 35 Tanker hinzu, die während dieser Zeit entweder zum Totalverlust wurden (drei), auf Grund starker Beschädigungen abgewrackt wurden (19) oder solche, die für andere Zwecke umgebaut wurden (13), so ergibt sich eine Verringerung sogar um 44 Prozent. Mit einer Ausnahme waren alle 283 vorzeitig auf die letzte Reise geschickten VLCCs mit Turbinenantrieb ausgerüstet. Die Motortanker waren auf Grund ihres wesentlich geringeren Verbrauchs an Brennstoff besser für die Zukunft gerüstet.

*Hochbetrieb in Kaohsiung: Die Schneidbrenner fressen sich durch den Rumpf der norwegischen **Thorshammer**; dahinter die Reste der **Macoma** und **Thorshavet***

Photo: Michael Pryce

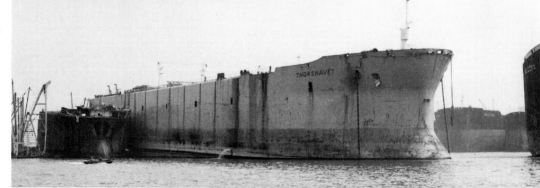

Durch wiederholtes Fluten der Tanks im Vorschiff ragte der hintere Teil des Schiffsrumpfes stets aus dem Wasser heraus und wurde sukzessive bis zum Steven auseinandergeschnitten

Photo: Michael Pryce

Einige Reeder, die im Auflegen von Tankern nur ein Hinauszögern der desolaten Lage sahen, schickten ihre Schiffe direkt aus der aktiven Fahrt zum Abbruch, eine kluge Entscheidung, denn die Aussichten, vor allem ältere Tanker jemals wieder gewinnbringend einsetzen zu können, wurden nicht besser, sondern durch die beschriebenen gesetzlichen Rahmenbedingungen eher schlechter. Je länger man mit dem Abwracken wartete, desto mehr sah man sich außerdem stark fallenden Schrottpreisen ausgesetzt, ausgelöst durch ein Überangebot an Abwracktonnage.

Die Olympic Maritime S.A. (Onassis), Monte Carlo, schickte 1981 acht ihrer zwölf Einheiten der *Olympic A.*-Klasse, ihre einstigen Goldesel, unter die Schneidbrenner. 1982 wurden neun VLCCs der Exxon abgewrackt, die World Wide Shipping Co. ließ 1981/82 sieben Supertanker auseinandernehmen. Viele andere Reeder trennten sich in kleinerem Umfang von ihren Schiffen.

Einige der zum Verschrotten verkauften Supertanker waren sogar noch für längere Zeiträume fest an Ölgesellschaften verchartert gewesen. Die vorzeitige Auflösung von Charterverträgen dürfte für beide Parteien eine willkommene Lösung gewesen sein. Der Charterer konnte Überhangtonnage abbauen, und der Reeder war vielfach froh, Verträge, die noch auf der Grundlage niedriger Betriebskosten vor der Ölkrise geschlossen worden waren, nicht länger erfüllen zu müssen.

Das letzte Reiseziel der Supertanker lag in dieser Zeit in Fernost mit Schwerpunkt in Taiwan. Der Satz »sold Taiwan breakers« wurde zum gängigen Sprachgebrauch, 63 Prozent aller zwischen 1981 und 1986 zum Abbruch verkauften VLCCs = 193 Schiffe, steuerten einen der insgesamt 37 Liegeplätze der Abwrackwerften in Kaohsiung an. 30 Prozent (= 89 VLCCs) wurden in Südkorea verschrottet, der Rest verteilte sich auf Japan (zehn), die Volksrepublik China (acht) und Pakistan (zwei). Nur ein VLCC wurde in Europa verschrottet, die *Atlantic Progress* verholte im Jahr 1982 von ihrem Aufliegeplatz bei Piräus zu einer Abwrackwerft in Barcelona.

Die Konzentration des Geschäfts mit dem Schiffsabbruch in Taiwan und Südkorea hatte hauptsächlich zwei Gründe: niedrige Lohnkosten bei den Abwrackarbeiten und der Wiederaufbereitung des Schiffsstahls zu Stahlträgern oder Stahldrähten, Materialien, für die in den aufstrebenden Industrien dieser Länder eine große Nachfrage bestand.

Nachdem sie gemerkt hatten, daß ihre Dienste stark gefragt waren, bildeten die Abbruchbetriebe von Taiwan im Jahre 1982 ein Kartell, die China Dismantled Vessel Trading Corporation, die stellvertretend für alle Firmen die Verhandlungen über Vertragsmodalitäten führte. Man konnte aus einer Position der Stärke heraus auftreten, denn es gab Abbruchschiffe in Hülle und Fülle. Neben den Tankern wurden damals auch Tausende von Frachtern zum Abbruch geschickt, die nach dem Siegeszug der Containerschiffe nicht mehr gebraucht wurden. Abwrackwerften hingegen gab es auf der Welt nur wenige, und so waren die Reeder mehr oder weniger auf die Abbrecher von Kaohsiung angewiesen. Schon kurz nach der Gründung des Kartells setzte beim Schrottwert der Schiffe ein starker Preisverfall ein. Hatte z.B. ein 250.000-Tonner im Jahr 1980 noch einen Schrottwert von 7,1 Millionen

Dollar, so waren zwei Jahre später nur noch 3,6 Millionen Dollar realisierbar.

Viele Reeder konnten nicht einmal diesen Betrag einstecken, sie mußten hohe Überführungskosten aufbringen, denn oftmals lagen die Tanker weit entfernt von den Abwrackzentren, waren verankert in norwegischen Fjorden oder griechischen Buchten. Die Reaktivierung dieser Schiffe nach Jahren der Betriebsruhe erforderte Instandsetzungsreparaturen, es mußte eine neue Mannschaft für die Überführungsreise nach Fernost angeheuert werden, und so mancher Reeder wird sich geärgert haben, daß er seinen Tanker, anstatt ihn aufzulegen, nicht gleich hat abwracken lassen. Viele Reeder scheuten denn auch die großen Umstände für die letzten Reisen ihrer Schiffe, sie verkauften die Tanker mit Übergabe am Aufliegeplatz an Firmen, die sich auf die Überführung nach Fernost spezialisiert hatten. Einige VLCCs wurden von Norwegen aus um die halbe Welt nach Taiwan geschleppt, die Reise führte um das Kap der Guten Hoffnung und dauerte dreieinhalb bis vier Monate.

Für den Abbruch eines VLCC benötigte man 40 bis 60 Arbeitstage. Die Arbeiten auf den Tankern waren nicht ungefährlich. Leicht konnten Öl- und Gasrückstände durch die Flammen der Schneidbrenner entzündet werden und schwere Explosionen auslösen. Es war deshalb notwendig, die Schiffe vorher sorgfältig von allen Ölrückständen zu reinigen, eine schwierige, umständliche und langwierige Arbeit. In Taiwan gab es hierfür keinerlei Vorrichtungen, und so mußen die Großtanker zunächst nach Singapore, Indonesien oder Südkorea umgeleitet werden, wo dann in mühsamer und gefahrvoller Handarbeit der zähflüssige klebrige Ölschlamm von vielen hundert Tagewerkern aus den Schiffstanks geschaufelt und in längsseits liegende Schuten zur weiteren Entsorgung an Land geladen wurde.

Gelegentlich kam es dabei zu gefährlichen Unfällen. Auf dem 300.000-tdw-Tanker *Magnum* ereigneten sich am 22. März 1987 bei Tankreinigungsarbeiten vor Tanjong Piau in der Nähe von Singapur mehrere Explosionen mit anschließendem Feuer, dem sieben Arbeiter zum Opfer fielen. Wie notwendig eine gründliche Tankreinigung war, wird aus einem katstrophalen Zwischenfall deutlich, der sich im Juli 1986 in Kaohsiung ereignete. Dort wurde gerade ein Schwesterschiff der *Magnum*, die *Canari*, auseinandergeschnitten, als ein Arbeiter mit seinem Schweißgerät in einem Tank Öl- und Gasrückstände entzündete. Die nachfolgenden zwei Explosionen waren so heftig, daß 14 Menschen starben und 84 teilweise schwer verletzt wurden. Die *Canari* brach auseinader, ein längsseits liegender Tanker sank, und in 4.752 der umliegenden Wohnungen zerbarsten alle Fensterscheiben.

Im größten Schiffsabbruchhafen der Welt wurden daraufhin vorübergehend alle Arbeiten eingestellt, vor dem Hafen stauten sich Dutzende von Schiffen, die auf einen Platz zum Abwracken warteten.

Es ist nicht bekannt, ob diese Katastrophe Einfluß darauf hatte, daß die Bedeutung Taiwans beim Schiffsabbruch ab 1987 abnahm, der Hauptgrund mag im rapiden Rückgang der weltweiten Schiffsverschrottungen gelegen haben. Ende der achtziger Jahre wurden die meisten Abbruchfirmen von Kaohsiung geschlossen, an ihrer Stel-

*Tankreinigung zweier Totalverluste aus dem Iran-Irak-Krieg vor Singapore: links die **Magnum**, auf der sich bei diesen Arbeiten mehrere folgenschwere Explosionen ereigneten; rechts die **Mira**, Heimathafen Rotterdam, mit dem Hochseeschlepper **Smit Rode Zee** der Reederei Smit International, Rotterdam, längsseits; das niederländische Bergungsunternehmen erwarb in den achtziger Jahren eine Vielzahl von beschädigten oder aufgelegten VLCCs zur Überführung im Schlepp an Abbrecher in Fernost*

*Photo:
Sammlung Yann Le Gouard*

le entstanden moderne Containerterminals. Die Schiffsabbruchaktivitäten verlagerten sich in den neunziger Jahren vorwiegend nach Indien, Pakistan und Bangladesh.

Ende 1986 waren fast alle VLCCs, die älter als 15 Jahre waren, von den Weltmeeren verschwunden. Von den 208 Einheiten, die zwischen 1966 und Ende 1971 in Dienst gestellt worden waren, existierten nur noch 18. Von allen abgebrochenen VLCCs waren 89 nicht älter als zehn Jahre, hatten also erst die Hälfte ihrer normalen Lebenserwartung erreicht. Das kürzeste Dasein überhaupt traf kurioserweise einen VLCC mit Dieselantrieb, die *Amoco Chicago*, 223.518 tdw. Am 12. Juli 1979 ging der Tanker in Spanien auf Jungfernreise und traf am 8. Juli 1982 zur Durchführung von Reparaturarbeiten in Singapur ein, um anschließend dort aufgelegt zu werden. Ende 1983, nach weniger als drei Jahren Beschäftigung in der Ölfahrt, wurde der Tanker zum Abbruch verkauft.

In der Hauptabbruchphase der Tankschiffahrt wurde auch erneut die Unwirtschaftlichkeit der 500.000-Tonnen-Tanker deutlich. Nach nur sechs Jahren Fahrtzeit ging 1983 erstmals ein Tanker des Antifer-Typs zum Abbruch. Für die letzte Reise vom Persischen Golf nach Südkorea hatte man die *Pierre Guillaumat* in *Ulsan Master* umbenannt, frei nach dem Ort, wo die Schneidbrenner schon warteten. Zwei weitere Tanker dieses Typs, die Shell-Tanker *Batillus* und *Bellamya*, trafen Ende 1985 in Taiwan bzw. Südkorea ein, mit eigener Kraft aus Norwegen kommend, wo sie zuvor für zwei Jahre aufgelegen hatten. Beide Schiffe hatten nur für bescheidene sieben Jahre Rohöl transportiert.

Zusammenfassend ist festzuhalten: in den Jahren 1981 bis 1986 ereignete sich mit dem radikalen Abbau der VLCC-Bestände das genaue Gegenteil zu der hektischen Aufbauphase zwischen 1971 und 1976. Steiler Aufstieg gefolgt von bodenlosem Fall. Ausgeglichene Phasen waren diesem Wirtschaftszweig bis dahin gänzlich unbekannt.

Werften geben auf

Vor dem Hintergrund der Überkapazität in der Tankschiffahrt schrumpfte der Auftragsbestand an VLCCs in der ersten Hälfte der achtziger Jahre fast auf den Nullpunkt. Zwischen 1981 und 1986 wurden nur 19 VLCCs gebaut, hinzu kamen noch weitere vier Einheiten, die bereits Ende der siebziger Jahre vom Stapel gelaufen waren, jedoch auf Grund der Tankerkrise erst mit mehrjähriger Verzögerung in Dienst gestellt wurden. In den Jahren 1982, 1983 und 1984 wurde auf der Welt jeweils nur ein einziger VLCC erbaut, 1985 nur zwei.

Kein Wunder also, daß die Werften nichts mehr zu tun hatten. Sie mußten ihre Kapazitäten drastisch abbauen. Manchen speziell auf den Tankerbau ausgerichteten Schiffbaubetrieben blieb nichts anderes übrig, als die Pforten für immer zu schließen. Vor allem in Nordeuropa verloren Tausende von Schiffbauern ihren Arbeitsplatz.

Der traditionsreiche schwedische Werftenstandort Göteborg, wo in den fünfziger und sechziger Jahren in jeder Woche ein Handelsschiffsneubau abgeliefert worden war, verlor seine Bedeutung, nachdem im Jahr 1979 die Eriksbergs Mekaniska Verkstads AB. und 1982 die Götaverken AB. geschlossen worden waren. Die Uddevallavarvet AB. schloß im Jahr 1986, und als im Jahr 1987 auch die Kockums Mekaniska Verkstads AB., Malmö, aufgab, waren alle schwedischen VLCC-Werften verschwunden.

Die norwegische Stord Verft A/S – sie hatte zwischen 1969 und 1976 ausschließlich VLCCs gebaut, 20 an der Zahl – hatte das Glück, daß die Ölindustrie des Landes große Anstrengungen unternahm, um die im norwegischen Teil der Nordsee entdeckten Ölfelder zu erschließen und zu nutzen. Die Werft konnte mit dem Bau von Bohrinseln und Versorgungsschiffen nahtlos an die VLCC-Aera anschließen und daher die zwischen 1974 und 1976 erfolgten Stornierungen von insgesamt elf VLCCs einigermaßen unbeschadet überstehen.

*Hochbetrieb bei der Eriksbergs Mekaniska Verkstads AB. in den siebziger Jahren (das Vor- und Achterschiff des 317.000-Tonners **Neiva** werden gerade aneinandergesetzt)*   Photo: Eriksbergs M.V.

Das Werftgelände 1995: Der mächtige Portalkran wird nur noch zum Bungee-Springen genutzt…

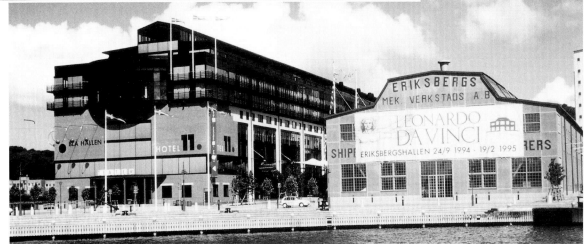

…und die ehemaligen Werkshallen sind zu einem Hotel und einem Museum umgebaut worden

Photos: Joachim W. Pein

In Bremen traf es die Werft A.G. »Weser«. Zwischen 1968 und 1977 hatte man ebenfalls fast ausschließlich auf den Großtankerbau gesetzt und in dieser Zeit immerhin 19 VLCCs abgeliefert. Mit dem Bau von sechs Frachtern vom Typ Hildesheim (Ersatzbauten für einen von der Hapag-Lloyd AG stornierten 392.000-tdw-Europa-Tanker) sowie einigen Containerschiffen und Produktentankern konnte sich die Werft anschließend noch für einige Zeit über Wasser halten, bis dann die Auftragsbücher leer waren. 1983 wurde auch die A.G. »Weser« geschlossen.

Ähnlich hart traf es die Standorte Amsterdam und Rotterdam. 1979 endeten die langen Schiffbautraditionen der Nederlandsche Dok & Scheepsbouw Maats. und Verolme Dok- en Scheepsbouw Maats., nur der Reparaturbetrieb wurde fortgesetzt. Im gleichen Jahr schloß die schottische Werft Lithgows Ltd., Glasgow, und 1982 kam das Aus für die französischen Chantiers Navals de La Ciotat. Auch die japanischen VLCC-Docks standen zumeist leer. Auch hier wurden Neubaukapazitäten stillgelegt, die Werften des Landes waren allerdings nicht in ihrer Existenz bedroht. Mit Ersatzaufträgen von heimischen Reedereien über Gastanker, Containerschiffe und Bulkcarrier konnten sie sich in dieser kritischen Phase über Wasser halten. In einem Fall, bei der Hakodate Dock Co. Ltd., wurde ein neues Baudock für Supertanker sogar in das Gegenteil seines ursprünglichen Zwecks umfunktioniert, nämlich für den Abbruch von Supertankern.

Reedereien – bittere Zusammenbrüche und neue Gesichter

Zeiten wirtschaftlichen Niedergangs bringen jeder Branche einschneidende Veränderungen. Unternehmen bauen Überkapazitäten ab, Reserven aus besseren Tagen müssen angegriffen werden, um über die Runden zu kommen.

Kapitalschwache Firmen verschwinden von der Bildfläche, und neue Gesichter tauchen auf, sobald ein leises Lüftchen der Besserung weht. Nicht anders verhielt es sich bei dem Geschäft mit den Supertankern.

Vestnes, Norwegen, Oktober 1984: Ein Stelldichein beschäftigungsloser Megatanker von verschiedenen Ölgesellschaften, darunter allein vier 500.000-Tonner; v. l.n.r.: **Bellamya** (553.662 tdw) **Batillus** (550.001 tdw), **Esso Mediterranean** (446.500 tdw), **Esso Madrid** (388.119 tdw), **Esso Pacific** (516.423 tdw) und **Prairial** (554.974 tdw); alle sechs Schiffe wurden zwischen 1985 und 1990 von ihren Eigentümern abgestoßen
Photo: Joachim W. Pein

Die Verlierer der Tankerkrise

Es gab Anfang der achtziger Jahre kaum eine Tankerreederei, die keine Probleme hatte. Fast alle hatten sich zu viele Großtanker, kostspielige Großtanker, zugelegt, Ölgesellschaften ebenso wie unabhängige Reeder. Die Ölgesellschaften mußten noch weit mehr als nur ein paar Schiffe abbauen, sie hatten während der Boomjahre auch ihre Raffineriekapazitäten zu stark ausgebaut, Kapazitäten, die man jetzt in Zeiten des Konsumrückgangs nicht mehr benötigte. Etwa ein Viertel der weltweiten Raffinerieanlagen wurden bis Mitte der achtziger Jahre stillgelegt.

Am schlimmsten traf es die Raffineriestandorte in der Karibik. Im Jahr 1985 zogen sich die Exxon aus Aruba, die Shell aus Curaçao, die Texaco aus Trinidad und Chevron teilweise aus den Bahamas zurück. Paradoxerweise konnten diese Großraffinerien mit denen in den USA preislich nicht mehr konkurrieren, da die US-Regierung nach den Ölpreiserhöhungen von 1973 die Verarbeitung von arabischem Öl im eigenen Lande stark subventionierte, im Jahr 1976 z.B. mit acht Dollar je Barrel bei einem Weltmarktpreis von

Vier Reksten – Großanker ohne Zukunftsaussichten, aufgelegt in Onarheim, Norwegen (August 1982) Photo: Joachim W. Pein

Auf dem Weg ins Trockendock Elbe 17 in Hamburg: Die 1974 bei der Werft HDW in Kiel gebaute **Minerva** *der UK Tankschiff Reederei GmbH, Hamburg.*
Photo: Joachim W. Pein

Mit einer Tragfähigkeit von 421.681 Tonnen war die **Esso Deutschland** *das größte Schiff, das jemals unter der Flagge der Bundesrepublik gefahren ist. Der Tanker wurde 1976 von der japanischen Werft Kawasaki Heavy Industries Ltd. abgeliefert. Einen deutschen Hafen hat das Schiff niemals angelaufen.*
Photo. Foto Flite

Die nagelneue **Bonn** (392.607 tdw) der Hapag-Lloyd AG begegnet auf der Fahrt weserabwärts am 19. September 1976 dem Frachter **Kariba** (10.801 tdw) der DAL Deutsche Afrika Linien.
Photo: Torsten Andreas

1976 wurden mit der **Batillus** (550.001 tdw), die gerade ihre Bauwerft in St. Nazaire zur Jungfernreise verläßt, und dem Schwesterschiff **Bellamya** (553.662 tdw, am linken oberen Bildrand unter dem Portalkran im Rohbau) die ersten Tanker mit über einer halben Millionen Tonnen Tragfähigkeit in Dienst gestellt.
Photo: Chantiers de l'Atlantique

*Riesig: Die **Batillus** im Baudock.*   Photo: Chantiers de l'Atlantique

Ein Blick auf die Decks der beiden 423.000-Tonner **Berge Emperor** und **Berge Empress**, aufgelegt im norwegischen Vetlefjord, läßt das Einfamilienhaus an Land winzig erscheinen...
Photo: Joachim W. Pein

...vor dem Hintergrund der majestätischen Fjordlandschaft jedoch wirken auch die Supertanker klein.

Photo: Joachim W. Pein

Der größte Tanker der Welt in Flammen: Am 14. Mai 1988 hat die irakische Luftwaffe im iranischen Hormuz Terminal die vollbeladene **Seawise Giant** *(564.763 tdw) getroffen. Der Tanker wurde dabei so schwer beschädigt, daß die Rekonstruktion 60 Millionen Dollar kostete.*
Photo: Rolf Tobeck

Auch die neben der **Seawise Giant** *festgemachte* **Argosy** *(152.404 tdw) wurde bei diesem Angriff in Brand gesetzt. In höchster Not retten sich drei Seeleute über die Jakobsleiter ins Meer, Rettungsboot und Rettungsinsel sind bereits zu Wasser gelassen*
Photo: Rolf Tobeck.

Die **Argo Hebe** der schwedischen Reederei Argonaut AB. in voller Fahrt Photo: Dietmar Hasenpusch

Einer der ersten Doppelhüllen-Supertanker in voller Fahrt im Ärmelkanal: Die **Olympic Loyality** der Onassis-Flotte. Photo: Foto Flite

Das Nordseeöl wurde ab Mitte der siebziger Jahre zur Konkurrenz für Rohöl aus dem Persischen Golf; Die **Anna Knutsen** (129.154 tdw) bringt eine Partie Nordseeöl nach Rotterdam-Europoort, während der VLCC **World Pendant** den Hafen in Richtung Saudi Arabien verläßt

Photo: Joachim W. Pein

Die **Kapetan Giorgis** (456.368 tdw) aus Piraeus verläßt Le Havre

Photo: Eric Houri

Erstmals in europäischen Gewässern: Am 13. Januar 1995 steuert der größte Tanker der Welt, die norwegische **Jahre Viking**, 564.763 Tonnen Tragfähigkeit, ex **Seawise Giant**, vollbeladen den Tiefwasserhafen von Antifer in der Normandie an. Photo: Port Autonome du Havre

Im Vergleich mit dem 276.000-Tonner **Saudi Glory** kommen die enormen Dimensionen der **Jahre Viking**, Gesamtlänge 458 Meter, besonders deutlich zum Ausdruck. Photo: Foto Flite

14 Dollar. Der Grund: Man sah sich gezwungen, für die Verarbeitung von importiertem Öl einen Ausgleich zu schaffen gegenüber den durch Kongreßbeschluß auf unter Weltmarktniveau eingefrorenen Preisen für einheimisches Öl. Die Raffinerien in der Karibik wurden teilweise stillgelegt oder mit anderen Betreibern, oft unter staatlicher Beteiligung, eingeschränkt weitergeführt.

In Großbritannien zog sich die Exxon aus Milford Haven zurück, und die BP schloß ihre Raffinerie auf der Isle of Grain. In Wilhelmshaven legte die Mobil Oil ihre erst einige Jahre in Betrieb befindliche Großanlage still.

Beim Flottenabbau ging es ähnlich radikal zu. Von den 188 VLCCs, die den Ölmultis in Spitzenzeiten Ende 1977 gehörten, trugen zehn Jahre später nur noch 66 deren Farben. Davon waren 25 zudem noch aufgelegt oder als Lagerschiffe im Einsatz, d.h., Mitte der achtziger Jahre kamen die Ölmultis mit 22 Prozent der VLCC-Tonnage aus, die sie zu Zeiten des Tankerbooms in Auftrag gegeben hatten. Die Exxon z.B. hatte ihre VLCC-Flotte von 51 Einheiten im Jahr 1977 auf 17 Ende 1986 reduziert, und auch von dieser ohnehin schon geringen Anzahl waren noch sieben aus der aktiven Fahrt genommen worden. Von den 40 Shell-Großtankern aus dem Jahr 1977 waren 1986 nur noch sechs Schiffe der L-Klasse beschäftigt. Die Texaco besaß 1986 noch zehn VLCCs, davon waren allein neun Einheiten eingemottet. Nur ein VLCC befand sich noch in Fahrt. In dieser Phase der Rezession verschwand auch eine der »sieben Schwestern«, als im Jahre 1984 die Standard Oil of California (Chevron) für 13,2 Milliarden Dollar den US-Multi Gulf Oil erwarb.

Für unabhängige Reedereien wirkten sich jetzt die Fehler der Vergangenheit verheerend aus. Diejenigen, die vorsichtig disponiert hatten, einen Teil ihrer Tanker immer noch über Langzeitverträge beschäftigen konnten, kamen über die kritischen Jahre einigermaßen unbeschädigt hinweg. Auch Reedereien mit ausreichender Kapitaldecke mußten nicht bangen. So konnte es die Großreederei A.P.Möller, Kopenhagen, die neben der Tankschiffahrt noch in zahlreichen anderen Bereichen aktiv war, u.a. der Linienfahrt, Massengutfahrt, dem Offshoregeschäft, nicht ernsthaft gefährden, daß ihre sieben 339.000-tdw-VLCCs der K-Klasse (*Kristine Maersk* etc.) in der ersten Hälfte der achtziger Jahre überwiegend beschäftigungslos auflagen, im Juli 1985 waren alle sieben Schiffe aus der aktiven Fahrt genommen worden.

Die Hauptopfer der Krise waren diejenigen reinen Tankerreedereien, die stark expandiert hatten, ohne für ihre Schiffe ausreichend sichere Beschäftigung besorgt zu haben.

So kam Anfang der achtziger Jahre das Ende für die norwegischen Reedereien Biörnstad und Reksten.

Biörnstad hatte schon unmittelbar nach Ausbruch der Ölkrise von 1973 Federn lassen müssen, als er 1975 im einheimischen Stord die Aufträge über zwei 370.000-Tonner stornierte. Ende 1981 bestand die Reedereiflotte Biörnstads aus drei VLCCs, alle ohne

Haarscharf am Zusammenbruch vorbei: Die Sanko Line
Photo: Joachim W. Pein

Charter und aufgelegt im norwegischen Holmestrand. Die alteingesessene Reederei mußte aufgeben, und die Tanker wurden von der Reederei Bergesen d.Y. übernommen.

Der Zusammenbruch des Imperiums von Hilmar Reksten war weit spektakulärer. Reksten hatte mit seinen Expansionsplänen Anfang der siebziger Jahre immer wieder für Aufsehen gesorgt. Seine Bestellung über vier 420.000-Tonner in Stord im Jahr 1973, die allerdings schon 1974 wieder rückgängig gemacht wurde, war der Höhepunkt. Nach dem Zusammenbruch des Tankermarktes geriet die Reederei schnell in finanzielle Schwierigkeiten. Alle Tanker waren auf dem Spotmarkt eingesetzt gewesen, bis Ende 1973 mit himmlischen Gewinnen, ab 1974 ohne jede Chance auf lukrative Beschäftigung. Zur Abwendung eines Konkurses erhielt Reksten 1976 vom Norwegischen Garantieinstitut für Schiffe und Bohrinseln einen Darlehensbetrag von 130 Millionen Dollar. Dennoch mußte die Reederei 1980 mit Schulden von etwa 450 Millionen Dollar Konkurs anmelden. Außerdem wurde Reksten angeklagt, heimlich umfangreiche Einkünfte aus dem Tankergeschäft an seinen Gläubigern vorbei ins Ausland transferiert zu haben. Reksten verstarb noch im gleichen Jahr, seine Tanker wurden von einer Auffanggesellschaft unter Bankbeteiligung übernommen und verkauft, einige direkt zum Abbruch.

Ein weiterer Zusammenbruch einer bekannten Großreederei erschütterte 1984 das Nachbarland Schweden. Saléninvest, hervorgegangen aus der im Jahr 1916 gegründeten Reederei Salén, die neben dem Tankergeschäft eine der weltweit größten Kühlschiffsreedereien betrieb, mußte Konkurs anmelden. Eine beschäftigungslose Flotte von sieben 357.000-tdw-Tankern war die Hauptursache für den aufgelaufenen Schuldenberg von 308 Millionen Dollar.

Die beiden letzten Salén-VLCCs, *Sea Saga* und *Sea Song*, waren schon 1983 von einer neuen Vermögensanlagegesellschaft, der Argonaut AB.., übernommen worden. Dort war die schwedische Reederei Wallenius, einer der größten Autotransporteure der

Welt, Hauptgesellschafter und steuerte als Geldgeber maßgeblich dazu bei, daß Argonaut später zu einer bedeutenden Tankerreederei heranwuchs.

Nur dank der Hilfe durch die Finanzwelt und die öffentliche Hand schrammten zwei große, bekannte Reedereien aus Fernost knapp am Zusammenbruch vorbei.

Das Imperium des Mr. C.Y. Tung, Hongkong, bestehend aus einer Vielzahl von Containerschiffen, Massengutfrachtern und Tankern, darunter auch zwölf VLCCs (der größte Tanker der Welt, die *Seawise Giant* gehörte auch dazu), geriet 1985 auf Grund der niedrigen Frachtraten in der Tankschiffahrt und Massengutfahrt in die Schlagseite. Die Flotte war weitgehend fremdfinanziert, und die Einnahmen vermochten die Zins- und Tilgungskosten nicht mehr zu decken. Es bedurfte einschneidender Umstrukturierungen, der Veräußerung von Vermögensgegenständen, der Stornierung von Bauaufträgen sowie der Zuführung neuer flüssiger Mittel, um das Unternehmen schließlich zu retten.

Noch weit schlimmer stellte sich der Fall der japanischen Sanko Line dar. Im Jahr 1982 hatten sich die Schulden der Reederei, die über 140 Schiffe disponierte, darunter 23 VLCCs, wegen der desolaten Lage in der Tankschiffahrt derart kumuliert, daß die beteiligten Banken drohten, den Geldhahn zu schließen. Die Sanko Line hatte sich im Gegensatz zu den übrigen sechs japanischen Großreedereien nicht an dem 1968 von der Regierung unterstützten Konzentrationsmodell für Tankerreedereien beteiligt, das in der Praxis quasi eine Garantie für gesicherte Beschäftigung der Schiffe bedeutete, sondern das Spiel auf dem freien Markt vorgezogen, einem Markt, der jetzt am Boden lag. Zur Abwendung der Finanzmisere ließ sich die Sanko Line etwas außergewöhnliches einfallen. Mit Unterstützung in- und ausländischer Banken verschuldete sich das Unternehmen noch mehr, um ein Neubauprogramm bei japanischen Werften in Auftrag zu geben, wie es bis dahin vom Umfang her ohnegleichen war. 1982 wurden 125 Massengutfrachter mit Tragfähigkeiten zwischen 30.000 und 40.000 tdw bestellt. Bei Charterraten von 7.500 Dollar pro Tag im Jahr 1982 versprach man sich bei Betriebskosten von 6.000 Dollar stattliche Gewinne. Für die einheimischen Werften war dieses Programm natürlich höchst willkommen, jetzt konnten leerstehende Baudocks, die ursprünglich für den Tankerbau geplant waren, zumindest teilweise genutzt werden.

Sankos Ausweg aus der Tankermisere stellte sich allerdings als ein gewaltiger Fehlschlag dar, denn als die Schiffe abgeliefert wurden, war auch der Markt für Massengutfrachter zusammengebrochen. Nicht zuletzt durch das eigene Neubauprogramm war eine riesige Überkapazität an Schiffen dieses Typs entstanden, in den Jahren 1984/85 waren die Frachtraten auf nur 3.500 Dollar pro Tag gesunken.

Im März 1984 war die Sanko Line zahlungsunfähig, die Schulden betrugen 3,3 Milliarden Pfund Sterling, Japan stand die größte Unternehmenspleite der Nachkriegsgeschichte ins Haus. Aber – Sanko Line überlebte. Man hatte die Banken, die Regierung und die Werften, die jetzt auf unbezahlten Rechnungen saßen, so tief ins Unheil mit hineingerissen, daß mit einem Kollaps der Sanko Line noch weitere Firmenzusammenbrüche befürchtet werden mußten. Der Ruf der gesamten japanischen Wirtschaft stand auf dem Spiel. Die Beteiligten sahen sich gezwungen, erneut zu helfen. 1985 wurde ein Rettungspaket geschnürt, und von Januar 1986 an gab es einen drastischen Personalabbau, umfangreiche Schiffsverkäufe sowie skrupellose Stornierungen unprofitabler Chartervertäge. Nach der Rettung nahm die Bedeutung der Sanko Line vorübergehend ab. Gegen Ende der achtziger Jahre fuhren nur noch drei VLCCs in den grünen Rumpffarben der Reederei.

Spekulationsobjekt zwischen Möwen und Deichlämmern: Der von der Sanko Line im April 1983 im holländischen Eemshaven aufgelegte Großtanker **Aiko Maru** *wurde 1986 von der Majestic Shipping Corp., Florida, erworben und in* **Embassy** *umbenannt*

Photo: Joachim W. Pein

Supertanker als Ramschware: Die Stunde der Spekulanten.

Als die Preise für Supertanker auf ihren tiefsten Stand gefallen waren, nicht weit vom Schrottwert entfernt, begann eine Anzahl von Unternehmen, zum Teil aus anderen Branchen kommend, Geld in aufgelegte VLCCs zu investieren. Irgendwann, so ihre Kalkulation, mußte es in der Tankschiffahrt wieder bergauf gehen, je mehr VLCCs verschrottet wurden, desto näher mußte der Punkt rücken, an dem Angebot und Nachfrage wieder ausgeglichen sein würden. 1984 und 1985 waren die Jahre mit den höchsten Abwrackquoten, insgesamt 115 VLCCs fielen in diesem Zeitraum den Schneidbrennern zum Opfer, man bewegte sich also mit Riesenschritten auf marktgerechte Verhältnisse zu.

Das Interesse der Investoren richtete sich in erster Linie auf modernere Tanker aus der zweiten Hälfte der siebziger Jahre, die zumeist schon den Vorschriften von MARPOL 73/78 nach Ausrüstung mit Anlagen für »crude oil washing« entsprachen. Da in den achtziger Jahren so gut wie keine neuen Supertanker mehr gebaut worden waren, würden diese Schiffe bei einer Erholung der Tankschiffahrt als modernste Einheiten einen starken Wertzuwachs erleben. Zehn Jahre nach ihrer Indienststellung wurden die 300.000-Tonner damit erstmals wirtschaftlich interessant.

Zu den Neueinsteigern im Tankergeschäft zählte ein Unternehmen aus der Unterhaltungsbranche, die bekannte US-Firma Loews Corp. Sie gründete die Reederei Majestic Shipping Corp., die zwischen 1983 und 1986 sechs VLCCs für einen Gesamtpreis von 41.5 Millionen Dollar erwarb. Es handelte sich dabei um die Exxon Tanker *Esso Deutschland*, 421.000 tdw, *Esso Le Havre* und *Esso Madrid*, je 387.000 tdw, die Shell VLCCs *Limnea* und *Liparus*, je 315.000 tdw und den Sanko-Tanker *Aiko Maru*, 413.012 tdw. Die Schiffe erhielten Namen von bekannten US-Filmpalästen, z.B. *Embassy, Orpheum, Paramount* und lichteten erst nach der Erholung des Tankermarktes in den Jahren 1986/87 wieder ihre Anker. 1989 wurde dann ein 51 prozentiger Anteil an den Loews-Schiffen an den griechischen Reeder Papachristidis mit Sitz in London verkauft, für 150 Millionen Dollar, was einer Wertsteigerung der Tanker um 700 Prozent entsprach.

Ähnliches Glück hatte die Reederei Bulk Transport Shipping Ltd., London, 1984 gegründet nur für den Zweck, über einen auf fünf Jahre begrenzten Zeitraum Großtanker zu erwerben und wieder zu verkaufen. Ihre Mitte der achtziger Jahre für 30,5 Millionen Dollar gekauften vier VLCCs konnte sie 1988 für 83 Millionen Dollar wieder abstoßen.

Der Aufstieg der norwegischen Reederei Norman International hing eng mit der Finanzgesetzgebung des Landes zusammen, das den Investoren in Schiffsbeteiligungen, in sogenannte Komandit Selskap, steuerliche Vergünstigungen gewährte. Eine K/S-Reederei verfügte meist nur über ein Schiff. Norman International gelang es, von 1986 an Kapital für den Erwerb von mehr als einem Dutzend VLCCs zu werben. Doch die Namensgebung (man hatte für alle Tanker die Vorsilbe Happy gewählt, z.B. *Happy Fighter, Happy Pilot* usw.) währte als Omen nur für kurze Zeit. Im Jahr 1989 ging Norman International mit einer Neugründung, der Reederei Nortankers, an den US-Aktienmarkt und erlebte Schiffbruch. Die vier betagteren VLCCs der Reederei mußten längere Werftzeiten mit kostspieligen Reparaturen antreten und konnten nur weniger attraktive Charterpartien gewinnen. 1992 ging Nortankers bankrott. Gleichzeitig war in Norwegen auf Grund neuer Gesetzgebung der Steuervorteil der K/S-Reedereien hinfällig geworden. Die Investoren von Norman International zogen reihenweise ihr Kapital ab. Mit dem Verkauf ihrer letzten VLCCs zu Schleuderpreisen stellte Norman International 1992 den Betrieb ein.

In Schweden hatte die aus den Resten des Tankerimperiums der Reederei Salén hervorgegangene Argonaut AB.., Stockholm, mehr Erfolg. Mit dem Kapital zahlreicher Investoren waren 1986 insgesamt zehn Tanker angekauft worden, darunter zwei Einheiten von 357.000 tdw, die *Juno* und *Kraka*, die 1978 als letzte Großtankerneubauten der Kockums Mekaniska Verkstads AB., Malmö, unter den Namen *Velma* und *Vanja* an die norwegische Reederei Ditlev-Simonsen abgeliefert worden waren. Argonaut

*Die letzte Station der **Aiko Maru** vor dem Auflegen war im März 1983 Wilhelmshaven gewesen; mit einer Tragfähigkeit von 413.012 tdw war es das größte Schiff, das jemals einen deutschen Hafen angelaufen hat*
Photo: Torsten Andreas

*Noch ein Bild von der Jade: Die zur N.W.O.-Pier aufkommende **Happy Fighter** (231.490 tdw) war eines der zahlreichen Kapitalanlageobjekte der Firma Norman International A/S, Oslo*

Photo: Wilfried Gaiser

blieb auch darüberhinaus mit einem später eingeleiteten VLCC-Neubauprogramm eine maßgebliche Größe im Tankergeschäft. Griechische Reeder hatten schon immer eine Spürnase für günstige Gelegenheiten auf dem second-hand-Markt. Ganze Flotten von Frachtern und Bulkcarriern bestanden aus zusammengekauften Schiffen, für die andere keine Verwendung mehr hatten. So nimmt es nicht Wunder, daß Reeder des Landes in Zeiten tiefster Depression auch auf dem Tankermarkt aktiv wurden und sich eine stattliche Anzahl von Supertankern zulegten.

Die Ceres Hellenic Shipping Enterprises Ltd. (George P. Livanos), die im Jahr 1977 mit der Indienststellung des Neubaus *Captain John G. P. Livanos* in die VLCC-Fahrt eingestiegen war, begann 1982, ihre Flotte zügig auszubauen. *Fellowship L., Fortuneship L.* und *Friendship L.*, en bloc angekauft, waren die ersten von acht bis zum Jahr 1986 erworbenen VLCCs.

Der Reeder John S. Latsis setzte 1981 mit dem Kauf eines italienischen Supertankers, den er in *Henriette II* umtaufte, zu einem fast kometenhaften Aufstieg an. Zwischen 1984 und 1986 legte Latsis sich nochmals sechs Giganten mit einer Gesamttonnage von über zweieinhalb Millionen Tonnen zu. 1984 kaufte Latsis die 499.000 tdw tragende schwedische *Nanny*, die im Jahr 1979 als größter jemals in Skandinavien erbauter Tanker in Uddevalla abgeliefert worden war. Mit einer Distanz von 79 Metern von Bordwand zu Bordwand war das in *King Alexander* umbenannte Schiff außerdem das breiteste der Welt. 1985 kam gar noch eine Steigerung: Im norwegischen Vestnes lag seit dem April 1983 der 554.974 Tonnen tragende Tanker *Prairial* auf, einer der vier Giganten des Antifer-Typs aus St. Nazaire. Die *Prairial* lag zusammen mit den Schwesterschiffen *Batillus* und *Bellamya* in einem Paket verankert. Latsis griff zu und sicherte der *Prairal*, die zunächst in *Sea Brilliance* und später in *Hellas Fos* umbenannt wurde, als einzigem der vier Giganten das Überleben. Bekanntlich war die *Pierre Guillaumat* schon 1983 abgewrackt worden, *Batillus* und *Bellamya* gingen Ende 1985 von Vestnes aus auf ihre letzten Reisen zum Abbruch nach Fernost. 1986 kamen dann mit der *Acropolis* (ex *Nai Genova*) und der *Parthenon* (ex *Nai Superba*) von je 409.000 tdw sowie

*Der griechische Reeder John S. Latsis erwarb 1985 das zweitgrößte Schiff der Welt und nannte es in **Sea Brilliance** um*

Photo: Torsten Andreas

*Die **Kypros** der Troodos Shipping & Trading Ltd. war 1969 unter dem Namen **Ardtaraig** als erster VLCC der britischen P & O Gruppe in Dienst gestellt worden*
Photo: Sammlung Michael Dollenbacher

der Olympian Spirit (ex Sea Saga) und Paris (ex Sea Scape) mit je 357.000 tdw noch vier weitere weniger als zehn Jahre alte VLCCs dazu. Der Wert der Schiffe dürfte nach der Erholung des Tankermarktes ein vielfaches des Kaufpreises betragen haben.

Ohne spektakuläre Auftritte, quasi auf leisen Sohlen, war ein anderer griechischer Reeder zu einem der größten VLCC-Eigner der Welt aufgestiegen, die Troodos Shipping & Trading Ltd. des Loucas Haji-Ioannou aus Zypern mit Sitz in Monte Carlo. Mit vier älteren VLCCs aus den Jahren 1968/69 hatte der Flottenausbau 1979/80 begonnen, der sich in den achtziger Jahren mit dem Ankauf weiterer Großtanker aus den frühen siebziger Jahren fortsetzte. Allein im Jahr 1986 erwarb Haji-Ioannou sechs VLCCs, die vorwiegend im Iran-Irak-Krieg für den Abtransport von Rohöl aus dem in der nördlichen Golfzone gelegenen iranischen Ölhafen Kharg Island eingesetzt wurden.

Billigflaggen setzen sich durch

In der Zeit der Depression kehrten viele Tankerreeder den Schiffsregistern ihrer Heimatländer den Rücken und ließen ihre VLCCs in sogenannte Billigregister umflaggen.

Eine große Anzahl von Tankern war allerdings schon seit jeher unter Billigflagge registriert. Die US-Ölmultis z.B. hatten zur Umgehung der strengen Auflagen durch die Regierung und die Gewerkschaften schon immer das »teure« Sternenbanner am Heck ihrer Tanker gemieden, es wurden die Flaggen Liberias und Panamas bevorzugt. Ebenso ließen die unabhängigen Reeder Griechenlands und Hongkongs fast alle VLCCs seit langem unter Billigflagge fahren.

Anders verhielt es sich im übrigen Europa. Bis Mitte der achtziger Jahre waren die Tanker der europäischen Ölgesellschaften sowie auch der europäischen Tochtergesellschaften der US-Ölmultis in der Regel unter der Flagge des Landes registriert, in der die Gesellschaft ihren Sitz hatte. Eine große Anzahl von VLCCs der Ölgesellschaften führte damals die Flaggen Großbritanniens, Frankreichs, der Niederlande oder der Bundesrepublik Deutschland am Heck.

Gründe der Kostenersparnis führten dazu, daß z.B. die Exxon 1983 zehn Tanker unter der Flagge der Bahamas registrierte, die britische Shell 1986 ihre sämtlichen Schiffe in das Register der Isle of Man überführte und die BP das Bermuda-Schiffsregister wählte. Dabei handelte es sich um steuergünstige Flaggen, unter denen zudem Besatzungen aus Niedriglohnländern eingesetzt werden konnten.

Viele Unternehmen gaben in dieser Zeit den klassischen Status einer Reederei auf. Sie beschäftigten kein eigenes fahrendes Personal mehr, sondern übertrugen das Anheuern und Bezahlen der Schiffsbesatzungen speziellen Schiffsagenturen mit guten Beziehungen zu Ländern der Dritten Welt. Viele solcher Managementfirmen übernahmen fortan für die Eigentümer von Tankern alle mit dem Schiffsbetrieb zusammenhängenden Leistungen, sie kümmerten sich um Charterverträge, überwachten den technischen Zustand der Tanker usw. Mit ihrer fachlichen Qualifikation boten sie auch branchenfremden Kapitalanlegern ihre Dienste für einen professionellen Betrieb der Schiffe an.

Ein besonderes Problem stellte sich den skandinavischen Tankerreedereien. Sie befürchteten, wegen der hohen Betriebskosten unter heimischer Flagge gegenüber ihren Mitbewerbern unter Billigflagge nicht mehr mithalten zu können. Reedereien wie Bergesen d.Y. aus Norwegen und A.P.Möller aus Dänemark setzten ihre Regierungen unter Druck – sie drohten mit einer Ausflaggung ihrer gesamten Tankerflotten – und erreichten Ende der achtziger Jahre in ihren Ländern die Einführung sogenannter Zweitregister. Fortan konnten auch sie unter norwegischer bzw. dänischer Flagge Besatzungen aus Drittländern zu individuell ausgehandelten Tarifen beschäftigen.

Exocet kann sie nicht knacken: Supertanker im Golfkrieg

In der Zeit von 1981 bis 1986 ereignete sich in der routinemäßigen VLCC-Fahrt nur ein schwerer Zwischenfall, ein besonders schwerer allerdings, denn zum dritten Mal nach der *Amoco Cadiz* im Jahr 1978 und der *Atlantic Empress* im Jahr 1979 ging ein VLCC mit einer vollständigen Ladung verloren, verbunden mit einer großflächigen Meeresverschmutzung.

Am 6. August 1983 brach der mit 250.000 Tonnen Rohöl beladene spanische VLCC *Castillo de Bellver*, 271.465 tdw, nach zwei schweren Explosionen mit anschließendem Feuer an Bord etwa 68 Seemeilen nordwestlich von Kapstadt in zwei Teile. Etwa 90.000 Tonnen Öl ergossen sich in den Südatlantik. Der hintere Teil des Schiffes, in dessen Tanks sich noch etwa 100.000 Tonnen Öl befanden, sank anschließend etwa 25 Seemeilen vor der südafrikanischen Küste. Die noch etwa 60.000 Tonnen Öl enthaltende Vorschiffssektion wurde in tiefe Gewässer weit vor der Küste geschleppt und dort versenkt. Die südafrikanischen Strände kamen glimpflich davon, der aus Südost wehende Wind ließ den auf 60 Quadratkilometer angewachsenen Ölteppich von der Küste wegtreiben. Noch heute befürchtet man in Südafrika Umweltverschmutzungen durch womöglich aus dem gesunkenen Achterschiff austretendes Öl.

Eine völlig neue Version von einem Tankerverlust stellte die Versenkung der *Hercules* dar. Dieser 220.117 tdw tragende Tanker befand sich ganz friedlich auf einer Ballastreise von der Karibik nach Alaska via Kap Horn, als er am 8. Juni 1982 von vier argentinischen Jagdbombern in einer Position etwa 480 Seemeilen nördlich der Falklandinseln angegriffen wurde.

Zu jener Zeit herrschte Krieg im Südatlantik. Zur Rückeroberung der durch argentinische Streitkräfte besetzten Falklandinseln hatte Großbritannien eine Flotte von Kriegsschiffen und Truppentransportern in das Krisengebiet entsandt, darunter auch den Stolz der britischen Handelsflotte, das Passagierschiff *Queen Elizabeth 2*. Laut brasilianischen Presseberichten hatten die argentinischen Piloten ihr Ziel, die *Q. E.2* aufzuspüren, trotz intensiver Suche nicht erreicht und wendeten sich nun in ihrer Frustration dem außerhalb der Kriegszone fahrenden Supertanker zu. 16 abgefeuerte Bomben und zwei Raketen richteten auf der *Hercules* zwar starke Schäden an, seinem Namen alle Ehre machend widerstand das Schiff aber den schweren Angriffen. Es gelang der Besatzung, den Tanker mit Höchstgeschwindigkeit vom Ort des Geschehens fortzusteuern und Rio de Janeiro als Nothafen anzulaufen. Dort erlebte man allerdings eine böse Überraschung: In den Backbordtanks Nr. 2 und 3 wurden zwei nicht explodierte 220-kg-Bomben entdeckt, deren Entfernung von den Behörden als zu gefährlich untersagt wurde. Der Tanker mußte den Hafen umgehend verlassen und wurde am 20. Juli 1982 etwa 290 Seemeilen vor der brasilianischen Küste durch das Öffnen der Seeventile versenkt.

*Dampfte friedlich durch den Südatlantik und geriet unter schweren Beschuß der argentinischen Luftwaffe: Die **Hercules** der Maritime Overseas Corp., New York*
Photo: Sammlung Peter Kiehlmann

Der *Hercules*-Vorfall war allerdings unbedeutend gegenüber dem, was die Supertanker im Golfkrieg zwischen dem Iran und dem Irak erleben sollten.

Die ersten Jahre nach dem Ausbruch des Krieges im September 1980 waren ausschließlich von Auseinandersetzungen zwischen den Landstreitkräften der beiden beteiligten Länder geprägt. Als der Irak jedoch mehr und mehr in die Defensive geriet, wendete man sich einer neuen Taktik zu. Der Iran sollte an seiner empfindlichsten Stelle getroffen werden, den Ölausfuhren, der Haupteinkommensquelle, dem Lebensnerv des Landes.

Fast alle Ölexporte des Iran liefen über die kleine Insel Kharg Island im Nordosten des Persischen Golfes, gelegen in bequemer Reichweite der irakischen Luftwaffe. Als am 25. April 1984 der unter saudi-arabischer Flagge fahrende Supertanker *Safina Al Arab* (ex *Sea Serenade*) mit 340.000 Tonnen iranischem Rohöl an Bord auf der Reise nach Frankreich von einer Exocet-Rakete französischen Fabrikats, abgefeuert von einem irakischen Militärflugzeug, getroffen und schwer beschädigt wurde, begann er, der Tankerkrieg im Persergolf.

Mit diesem Ereignis hatte der Krieg internationale Bedeutung erlangt, Berichte über Angriffe auf die Tankschiffahrt sollten während der nächsten vier Jahre an der Tagesordnung sein. Die *Safina Al Arab* war der erste von insgesamt 36 VLCCs, die bis zum Ende dieses Krieges im August 1988 bei irakischen Luftangriffen so schwer beschädigt wurden, daß nur noch der Abbruch übrig blieb.

Die Ereignisse des Tankerkrieges im einzelnen:
Je mehr der Irak im Verlaufe des Jahres 1984 die Angriffe auf die Tankschiffahrt im nördlichen Golf verstärkte, desto zurückhaltender wurden viele Reeder, ihre Schiffe nach Kharg Island zu schicken. Der Iran mußte sich etwas einfallen lassen.

Im Februar 1985 richtete das Land einen Ölzubringerdienst von Kharg Island zu der 300 Seemeilen südlicher gelegenen Insel Sirri Island ein, wo das Rohöl in andere Tanker zum Weitertransport aus dem Persischen Golf heraus umgeladen wurde. Nachdem im August 1986 irakische Jagdflieger erstmals auch Sirri Island angegriffen hatten, ein Angriff, bei dem 16 Seeleute auf dem iranischen VLCC *Azarpad* umkamen und der Tanker zum Totalverlust wurde, verlegte der Iran den Ölumschlagsplatz noch weiter südöstlich zum Hormuz Terminal, nahe dem Ausgang des Golfes.

Für den Transport der beträchtlichen Mengen an Rohöl von Kharg nach Sirri Island bzw. Hormuz benötigte der Iran umfangreiche Tankertonnage. VLCCs, in der Lage, große Mengen an Öl in einer Partie wegzuschaffen, waren die bevorzugten Transportobjekte. Zum einen griff der Iran auf eigene Tonnage zurück: Die Flotte der National Iranian Tanker Co. – N.I.T.C. –, die in dieser Zeit durch Neuankäufe ständig erweitert wurde. Man war zu diesen Neuerwerbungen gezwungen, weil etliche durch irakische Angriffe beschädigte Tanker immer wieder für längere Zeit ausfielen. Allein im Jahr 1986 kaufte die N.I.T.C. elf VLCCs auf dem second-hand-Markt. Ferner bediente sich der Iran der VLCCs einer ihr nahe-

*Die schwer beschädigte **Safina Al Arab** mit total ausgebrannten Aufbauten auf dem Weg zum Abbruch nach Taiwan*
Photo: Sammlung Michael Dollenbacher

*Die Spuren der Kriegsjahre sind nicht zu übersehen: Der iranische Supertanker **Khark 4** mit den Resten des grauen Tarnanstrichs nach dem Ende des Iran-Irak Krieges in Rotterdam-Europoort (Oktober 1988)*
Photo: Joachim W. Pein

stehenden Reedereineugründung in Norwegen, der Marine Management A/S, Oslo. Die acht zwischen 1983 und 1985 erworbenen Supertanker dieser Firma wurden überwiegend im Kharg Island Shuttle-Service beschäftigt.

Die vom Iran kontrollierte Tankertonnage reichte allerdings nicht aus, um die großen Ölmengen von Kharg Island, abzufahren. Zusätzliche Tonnage wurde benötigt, und Mitte der achtziger Jahre entwickelte sich der Iran zu einem Hauptvertragspartner für manche Tankerreedereien. Die in diesem gefährlichen Fahrtgebiet realisierbaren Frachtraten waren erheblich besser als auf dem übrigen darniederliegenden Frachtenmarkt.

Das Risiko für Menschen und Material in diesem Dienst war allerdings erheblich, vor allem in der näheren Umgebung von Kharg Island. Hier konnten die irakischen Piloten die schwerfälligen und langsamen Großtanker ungehindert angreifen und großen Schaden anrichten. In einem Anflug von Galgenhumor hatten die Besatzungen der Tanker den Wasserweg 100 Seemeilen südlich von Kharg Island denn auch in »Exocet Gasse« umgetauft. Die Angst war nicht unberechtigt, immer wieder gab es in diesem Gebiet schwere Angriffe. Der schwerste Fall ereignete sich im Dezember 1987, als bei einem Exocet-Raketenangriff auf den iranischen VLCC *Susangird* (ex *British Pride*) 22 Seeleute ums Leben kamen. Allerdings erreichten die Geschosse bei den Großtankern nicht die gleiche Schreckenswirkung wie im Falklandkonflikt, wo ihre Zerstörungskraft bei der britischen Marine gefürchtet war. Der Irak feuerte mehr als 60 Stück dieser Raketen (Stückpreis: 1,25 Millionen Dollar) gegen Supertanker ab, jedoch nur ein VLCC wurde dabei versenkt, und zwar die nordkoreanische *Son Bong* (ex *Polyscandia*) an der Ölpier von Kharg Island am 19. Sept. 1985. Alle anderen VLCCs widerstanden den Raketen, blieben schwimmfähig, obwohl sie in vielen Fällen schwer getroffen worden waren. Durch ihre schiere Größe und die dicken Stahlplatten waren sie widerstandsfähiger als die Schiffe der Kriegsmarine.

Der Irak schaffte es daher nicht, sein Hauptziel zu erreichen, nämlich die iranischen Ölexporte zu unterbrechen. Es gelang den Iranern in fast allen Fällen, die Ladung aus den beschädigten und zum Teil manövrierunfähigen Tankern zu bergen. Zum Entladen wurden die Schiffe zumeist nach Sirri Island oder Hormuz geschleppt.

Einige Supertanker standen offensichtlich unter Dauerbeschuß der Iraker: Die 289.778 tdw große *Torill* (ex *Torill Knudsen*) der Reederei Marine Management A/S, im Jahr 1986 an die National Iranian Tanker Co. verkauft und in *Taftan* umbenannt, hielt den Rekord. Sie wurde sechsmal getroffen, nahm jedoch nach Reparaturen jeweils ihren Dienst wieder auf. Die N.I.T.C.-VLCCs *Dena* (ex *Malmros Mariner*) und *Kharg IV* (ex *Thorsaga*) wurden fünfmal attackiert, blieben aber auch betriebsfähig.

Bei der Chartertonnage traf es die Griechen, die sich stark im Kharg-Shuttle-Service engagiert hatten, am meisten. Allein fünf VLCCS der Troodos Shipping & Trading Ltd. wurden so schwer beschädigt, daß sie anschließend verschrottet werden mußten. Die *Polikon* (ex *Polys*, ex *Beaugency*) wurde von vier verschiedenen Angriffen von Exocet-Raketen heimgesucht, die *Stilikon* (ex *Stelios*, ex *Berge Commander*) und die *Superior* (ex *Al Riyadh*) wurden jeweils dreimal getroffen, ehe sie zum Abbruch geschickt wurden. Die Kappa Maritime Ltd. verlor vier VLCCs durch Verschrottung infolge schwerer Beschädigungen im Golfkrieg. Mehr Fortune hatte der Tanker *Fortuneship L.* der Ceres Hellenic Enterprises. Obwohl er innerhalb von zwölf Monaten fünfmal von irakischen Kampfbombern angegriffen wurde, gab es keine Opfer und nur geringfügige Schäden. Ein türkischer Neuling im VLCC-Geschäft, die Reederei Cerrahogullari Umumi Nakliyat Vapurculuk ve Ticaret A.S., verlor im Golfkrieg innerhalb von drei Tagen ihre beiden einzigen VLCCs. Zuerst traf es die ehemalige *Bonn*, den Europa-Tanker der Hapag-Lloyd AG. Unter dem Namen *M. Vatan* wurde der vollbeladene 392.000-Tonner am

*Nach schwerem Beschuß durch die irakische Luftwaffe: Das traurige Ende des ehemaligen Hapag-Lloyd Supertankers **Bonn***

Photo: Sammlung Yann Le Gouard

Eine Exocet-Rakete hatte ein 10 x 6 Meter großes Loch in die Bordwand gerissen und einen Sloptank in Brand gesetzt; auch die Aufbauten des Tankers brannten aus

Photo: Sammlung David N. Brigham

9. Juli 1985 von einer irakischen Exocet-Raketen so schwer getroffen, daß er nach dem Löschen der Ladung in Sirri Island zum Abwracken nach Taiwan geschleppt werden mußte. Das gleiche Schicksal ereilte am 12. Juli die *M.Ceyhan*, 266.145 tdw (ex *British Pioneer*).

Deutlich folgenschwerer als die Exocet-Raketen auf den Tankerverkehr auf offener See wirkten sich die irakischen Bombenangriffe auf die iranischen Ölverladestationen aus. Neben dem bereits erwähnten Angriff auf Sirri Island im August 1986 wurden später auch noch Kharg Island und der Hormuz Terminal das Ziel vernichtender Bombenabwürfe mit großen Verlusten an Menschen und Schiffen. Das irakische Militär verwendete lasergelenkte Fallschirmbomben großer Sprengkraft, so im März 1988 beim Angriff auf Kharg Island, bei dem 48 Seeleute getötet wurden und die iranischen VLCCs *Avaj* (ex *Belfri*) und *Sanandaj* (ex *British Promise*) zum Totalverlust erklärt werden mußten, sowie im Mai 1988 bei der Verwüstung des Hormuz Terminal. Bei diesem Angriff standen vor allem Prestigegründe der Iraker im Vordergrund. Man wollte das größte Schiff der Welt außer Gefecht setzen, die *Seawise Giant*, 564.739 tdw, die dort seit 1986 als Lager- und Umschlagtanker vor Anker lag. Das Vorhaben gelang: Die *Seawise Giant* wurde schwer beschädigt, zwei weitere in der Nähe liegende Großtanker, die *Barcelona* und die *Argosy* (ex *J.T. Higgins*) wurden schrottreif geschossen.

Im Golfkrieg kollidierten schließlich erneut zwei VLCCs miteinander. Dies war das dritte derartige Unglück nach dem *Venoil/Venpet*-Zwischenfall im Jahr 1977 und der *Atlantic Empress/Aegean Captain*-Katastrophe von 1979.

Im Dezember 1985 wollte der vollbeladene VLCC *Nova* (ex *Aquitaine*) nach dem Ablegen von Kharg Island einem irakischen Luftangriff ausweichen und stieß dabei mit dem Tanker *Magnum*, 300.070 tdw (ex *Tarraco Augusta*) zusammen. Die *Nova* wurde schwer beschädigt und verlor etwa 68.000 Tonnen Öl. Die Navi-

*Der Beschuß der kuwaitischen **Al Funtas** durch die Iraker brachte die US-Navy auf den Plan* Photo: Joachim W. Pein

gation im nördlichen Golfgebiet war sehr schwierig, denn aus Sicherheitsgründen fuhren die Schiffe ohne Positionslampen und bewahrten absolute Funkstille.

Mit der Eskalation des Krieges begann auch der Iran, den Schiffsverkehr im Golf zu stören, allerdings mit anderem Ziel. Die irakischen Ölausfuhren konnten nicht beeinträchtigt werden, sie liefen überwiegend per Landpipelines über türkisches Territorium zum Mittelmeer bzw. durch Saudi Arabien nach Yanbu am Roten Meer. Man wandte sich der Schiffahrt in Richtung Saudi Arabien und Kuwait zu, den Hauptverbündeten des Irak während des ersten Golfkriegs. Durch Seeminen und Angriffe aus Helikoptern oder von Schnellbooten wurde der Handelsschiffsverkehr in diese Länder gefährdet. Containerschiffe wurden am Eingang des Golf mit Waffengewalt gestoppt, durchsucht und vorübergehend aufgehalten.

Als der Iran erstmals einen vollbeladenen kuwaitischen Supertanker angriff und damit auch die eigene Fähigkeit offenbarte, Ölexporte aus der Golfregion erfolgreich zu unterbinden (man kontrollierte immerhin die Straße von Hormuz, den Ausgang aus dem Golf), nahm das Kriegsgeschehen eine vielleicht entscheidende Wende. Am 16. September 1986 befand sich die kuwaitische *Al Funtas*, einer der wenigen in den achtziger Jahren gebauten VLCCs, 290.300 tdw groß und in der Lage, neben Rohöl auch Ölprodukte zu transportieren, vor der arabischen Küste auf dem Weg nach Rotterdam. Die Ladung war hochexplosiv: 70.000 Tonnen Gasöl, 70.000 Tonnen Naphta und 100.000 Tonnen Rohöl. 35 Seemeilen vor der Küste griffen iranische Schnellboote an und setzten den Tanker in Brand. Glücklicherweise konnte das Feuer schnell gelöscht werden und die *Al Funtas* nach zehntägiger Reparatur ihre Reise fortsetzen.

Dieser Vorfall brachte jedoch die USA auf den Plan. In Kuwait befürchtete man weitere derartige Zwischenfälle und brachte kurzerhand den größten Teil der einheimischen Tankerflotte, insgesamt elf Schiffe, unter US-Flagge. Man hatte damit den Schutz durch die US-Navy gewonnen und in der Tat, im Juli 1987, begannen amerikanische Kriegsschiffe, speziell zusammengestellte Tankerkonvois im Golf bei ihren Reisen nach Kuwait bzw. Saudi-Arabien und zurück zu eskortieren.

Gleich mit dem ersten Konvoi in Richtung Norden gab es Ärger. Der frisch aus Kuwait in das US-Register transferierte Supertanker *Bridgeton* (ex *Al Rekkah*) von stattlichen 401.382 Tonnen Tragfähigkeit lief in Ballastfahrt auf eine iranische Seemine und zog sich ein neun mal drei Meter großes Loch im vordersten Backbordtank zu.

Iranische Seeminen versetzten daraufhin viele in Angst und Schrecken, und als im August 1987 der VLCC *Texaco Caribbean* sogar außerhalb des Golfs bei Fujairah auf eine Seemine lief, kamen weltweit Befürchtungen auf, daß sich das Kriegsgeschehen nunmehr auch auf Seegebiete außerhalb des Golfes ausweiten würde.

Im Gegensatz zu den starken durch irakische Angriffe ausgelösten Schäden ist bei den iranischen Attacken nur ein VLCC zum Totalverlust geworden. Es war einer der ersten Angriffe der Iraner mit einer neuen »Wunderwaffe« chinesischen Ursprungs, einer Silkworm-Rakete, die am 15. Oktober 1987 den 275.932-tdw-Tanker *Sungari* (ex *Ogden Sungari*) traf. Das Schiff lag etwa zehn Seemeilen vor der kuwaitischen Küste vor Anker, beladen mit 200.000 Tonnen Rohöl. An der künstlichen Verladeinsel Sea Island sollten weitere 70.000 Tonnen Öl übernommen werden. Die *Sungari* explodierte mit einem gewaltigen Feuerball, und die dabei entstandene Druckwelle war derart verheerend, daß zehn Meilen entfernt an Land die Fenster bebten. Glücklicherweise wurde von der Besatzung niemand verletzt. Der Tanker wurde 1988 verschrottet.

Der Golfkrieg endete schließlich im August 1988. Nach dem Abschuß eines iranischen Passagierflugzeuges durch US-Einheiten während eines Seegefechts mit der iranischen Marine stimmten die Machthaber in Teheran einem Waffenstillstand zu.

Auch die größte Krise hat ein Ende

Nach zwölf Jahren des Elends und der Trostlosigkeit kamen zu Beginn des Jahres 1986 die ersten Hoffnungsschimmer einer Besserung des Tankermarktes auf, die sich dann ab April/Mai mit steigenden Frachtraten für VLCCs konkretisierten.

Es waren zwei parallel einhergehende Ereignisse, die die Lage in der Tankschiffahrt festigten: Zum einen begannen die Erdölförderungen außerhalb des Einflußbereichs der OPEC Wirkung zu zeigen. Ende 1985 war der Anteil der OPEC-Staaten an der weltweiten Produktion von 55 Prozent im Jahr 1973 auf 30 Prozent gesunken, nicht zuletzt durch die vereinbarten Förderquoten. Die Monopolstellung war dahin, und die Preise begannen nachzugeben. Schließlich brachen sie zusammen. Nach einem Einbruch von 30 Dollar pro Barrel auf 24 Dollar Ende 1985 sackte der Preis im ersten Quartal 1986 schließlich auf 13,50 Dollar. Damit waren Rohölimporte aus dem Persischen Golf plötzlich wieder attraktiv geworden.

Zum anderen war die weltweite VLCC-Flotte zwischen 1981 und 1986 durch rund 80 Millionen tdw an abgebrochener Tonnage schlankgetrimmt worden. Das Verhältnis zwischen Angebot und Nachfrage war annähernd ausgeglichen. Im Mai 1986 kletterten die Frachtraten von Worldscale 27 auf 36, gleichzeitig kamen die Abbruchaktivitäten abrupt zum Stillstand.

Ein Beispiel für den frischen Wind, der plötzlich wieder in der Branche wehte, sind die verschiedenen Schicksale der beiden 423.000-Tonner *Berge Emperor* und *Berge Empress*. Sie waren seit 1981 im norwegischen Vetlefjord aufgelegt und wurden 1985 an eine holländische Schlepperreederei zur Überführung nach Taiwan zum Abbruch verkauft. Als Anhang starker Hochseeschlepper verließen die in *Emperor* und *Empress* umbenannten Tanker am 3. bzw. 26. Dezember 1985 ihren Aufliegeplatz. Die *Emperor* traf am 30. März 1986 in Taiwan ein und wurde sogleich abgebrochen. Als die *Empress* Ende April auf Kaohsiung Reede eintraf, war die Flaute in der Tankschiffahrt vorbei, der Tanker konnte mit 3,5 Millionen Dollar Gewinn weiterverkauft und in die aktive Fahrt zurückgebracht werden. Abgesehen von einigen wenigen älteren VLCCs, die bis Ende 1987 noch abgewrackt wurden, war der Exodus der Supertanker beendet.

Als weiterer Lichtblick kam hinzu, daß der Typ VLCC vermehrt auch für Rohöltransporte von Westafrika, vor allem Nigeria und etwas später auch aus der Nordsee, Verwendung fand. Bei der Verschiffung größerer Mengen an Öl über weite Strecken, z.B. in die USA, gaben die gegenüber kleineren Tankern geringeren Transportkosten den größeren Tankern den Vorzug.

Auch die Anzahl der Auflieger nahm deutlich ab, allein 1986 wurden VLCCs mit einer Tonnage von 10 Millionen tdw wieder in Fahrt gebracht. Einige Reeder wagten sich sogar wieder an Neubauprojekte heran. Sie nutzten die durch die Marktflaute entstandenen günstigen Angebote der Werften. Ein 250.000-Tonner war 1985/86 für nur 35 Millionen Dollar zu bekommen. Insgesamt wurden in dieser Zeit 3,2 Millionen tdw an neuen VLCCs bestellt.

Rege Aktivitäten gab es auch auf dem Verkaufsmarkt. 1986 wurde das Jahr mit der höchsten Anzahl an VLCC-Transaktionen, nicht weniger als 30 Prozent aller Tanker mit mehr als 350.000 tdw wechselten den Eigentümer.

Wieder einmal lockten die steigenden Ölimporte der USA, die zwischen 1985 und 1988 nochmals um 50 Prozent zunahmen. Für die Aufnahme von VLCCs hatte man 1981 etwa 18 Meilen vor der Küste Louisianas einen künstlichen Tiefwasserterminal in Betrieb genommen, den Louisiana Offshore Oil Port – LOOP Terminal. Betrieben von fünf Ölgesellschaften können hier Tanker bis zu 700.000 Tonnen Tragfähigkeit abgefertigt werden. Gleichzeitig mit der Eröffnung dieses Ölhafens und dem jetzt wieder unbegrenzten Zufluß von mittelöstlichem Rohöl zu günstigen Preisen nahm auch die strategische Bedeutung der großen Öllager in der Karibik für die USA ab. Mitte der achtziger Jahre zogen sich die US-Ölmultis von diesen Standorten, z.B. der Bullen Bay auf Curaçao, zurück.

Auftrieb für Reparaturwerften

Mit dem Ende der Tankerkrise begannen sich auch die Auftragsbücher der Reparaturwerften wieder zu füllen. In den Jahren der Depression mit ungewissen Zukunftsaussichten waren Routinereparaturen an den Schiffen vielfach verschoben worden. Jetzt galt es, überfällige Reparaturen nachzuholen. Bei Tankerverkäufen mußten jetzt Inspektionsdockungen vorgenommen werden, und die vielen über längere Zeit aufgelegten VLCCs bedurften vor der Reaktivierung einer gründlichen Überholung.

Als Zentrum der Tankerreparatur hatte sich seit dem Beginn der siebziger Jahre die Region um Singapur herauskristallisiert. Vier große Werften in Singapur und im benachbarten Malaysia haben in Spitzenzeiten bis in die neunziger Jahre hinein allein die Hälfte der weltweiten VLCC-Reparaturen gewinnen können. Die vorhandenen zwölf Großdocks und die geographisch vorteilhafte Lage haben die Marktführung dieses Standorts begründet.

Tanker müssen vor einem Werftbesuch ihre Tanks gasfrei reinigen, eine Prozedur, die einige Tage Arbeit in Anspruch nimmt. Sucht das Schiff eine Werft nahe dem Entladehafen auf, liegt es während der Reinigungsarbeiten still. Kann die Tankreinigung aber während der Ballastfahrt zum Persischen Golf durchgeführt werden, spart der Reeder Zeit und Geld, ein Grund, der viele Reedereien die Werften Singapurs gegenüber denjenigen in Japan und Südkorea bevorzugen ließ. Größere Reedereien haben vor allem Ende der achtziger Jahre, als die Reparaturwerften Singapurs voll beschäftigt waren, gleich mehrere zur Inspektion bzw. Reparatur fällige VLCCs weit im voraus en bloc angemeldet. Ein weiterer Vorteil dieser Werften, die niedrigen Lohnkosten, ist inzwischen entfallen, da qualifiziertes Fachpersonal im wirtschaftlich aufstrebenden Singapur knapp geworden ist.

Nach dem Ende des Golfkrieges ist in Singapur und Malaysia eine Reihe von Supertankern wieder instandgesetzt worden. Oftmals hielten sich die Tanker für längere Zeit an der Werft auf, da ganze Aufbauten erneuert und an den Schiffsrümpfen umfangreiche Stahlbauarbeiten durchgeführt werden mußten.

Der wohl spektakulärste und kostspieligste Auftrag betraf das größte Schiff der Welt, den Tanker *Seawise Giant*. Nach der verheerenden Attacke irakischer Jagdbomber am Hormuz Terminal, Iran, im Mai 1988, war der Tanker zum Totalverlust erklärt worden. Ursprünglich war ein Abbruch des schwer beschädigten Schiffes geplant gewesen. Als sich dann jedoch die Verhältnisse auf dem Tankermarkt mehr und mehr stabilisierten, wurde der Tanker weiterverkauft und zunächst zum Aufliegen in die Brunei Bay geschleppt. Zwischenzeitlich holten sich die neuen Eigentümer, eine Schiffsbeteiligungsgesellschaft der Firma Norman International, Oslo, Angebote zur Reparatur des Giganten ein. Unter dem Namen *Happy Giant*, traf das Schiff dann im Oktober 1990 im Schlepp bei der Keppel Werft in Singapur ein, wo es bis Oktober 1991 wieder instandgesetzt wurde. Es wurde ein komplett neues Deckshaus gebaut, für die Erneuerung beschädigter Tanks wurden 3.200 Tonnen Stahl verarbeitet, ferner waren 32 Kilometer neue Pipelines zu verlegen. Die Kosten beliefen sich auf 60 Millionen Dollar. Während der Arbeiten wechselte der Tanker den Eigentümer, unter dem Namen *Jahre Viking* wurde er schließlich an die Reederei Jörgen Jahre, Sandefjord, zurückgeliefert.

Für die Übergabedockung allerdings waren die Kapazitäten in Singapur nicht ausreichend, der letzte Farbanstrich wurde daher im großen Trockendock der Dubai Drydocks im Persischen Golf angebracht. Diese Reparaturwerft, die 1983 ihren Betrieb aufgenommen hatte, verfügt über beträchtliche Dockkapazitäten und hat den Werften in Singapur in jüngster Vergangenheit vor allem nach dem Wegfall des Preisvorteils durch die günstigeren Arbeitslöhne den Rang streitig gemacht. Drei Trockendocks mit Platz für Tanker von 350.000 tdw, 500.000 tdw und Eine-Millionen tdw sowie lange Reparaturkais sorgten z.B. dafür, daß 1988 nach dem Ende des Golfkriegs zehn VLCCs gleichzeitig an der Werft Platz fanden.

Die Arab Shipbuilding and Repair Yard Company – ASRY – in Bahrain, gegründet 1977, zählt mit ihrem 500.000 tdw Trockendock zum zweiten bedeutenden Reparaturbetrieb für Supertanker im Persischen Golf.

In der westlichen Hemisphäre sind in erster Linie die Werften Südeuropas von Bedeutung. Günstig gelegen an den Ballastrouten der von Nordeuropa bzw. den USA via Suez zum Persergolf fahrenden VLCCs haben sich Werften in Lissabon, Setubal, Malta oder Piräus mehr oder weniger umfangreich im Bereich der Großtankerreparatur etabliert.

Die wenigen Reparaturwerften Nordeuropas, die über VLCC-Docks verfügen (zum Beispiel das Trockendock Elbe 17 von Blohm & Voss in Hamburg), die bis in die Mitte der siebziger Jahre, als die Werften im Mittleren und Fernen Osten noch nicht errichtet waren, gut frequentiert waren, haben das Rennen um die Tanker mit über 200.000 tdw verloren. Die Gründe sind die im Vergleich zur Konkurrenz hohen Lohnkosten und die ungünstige Lage, man liegt fernab der gängigen Tankerrouten.

Fertigung eines komplett neuen Deckshauses für den größten Tanker der Welt

Photo: Keppel Yard

1987 – 1996
Fester Markt, brüchige Sicherheit

Erstmals nach 20 Jahren – der Tankermarkt im Lot

Es dauerte runde 20 Jahre seit der Indienststellung des ersten VLCC im Dezember 1966, bis in dem Geschäft mit den Großtankern erstmals ruhigere, ausgeglichene Verhältnisse eingetreten waren. Die Extremsituationen – die paradiesischen Zeiten zwischen 1967 und 1973 und die lang anhaltende Depression von 1974 bis 1986 – gehörten der Vergangenheit an. Von der zweiten Hälfte 1986 an stiegen die Erträge stetig aufwärts, in den Jahren 1990/91 erreichten sie mit Worldscale 100 und Tageseinkünften von etwa 30.000 Dollar einen Höchststand seit 1973.

Die irakische Invasion in Kuwait im August 1990 stabilisierte die guten Tankerraten. Insbesondere während der amerikanischen Rückeroberung des kuwaitischen Territoriums von Januar 1991 an wurde eine ganze Reihe von VLCCs für Lagerzwecke außerhalb des Golfs gechartert. Saudi-Arabische und iranische Interessenten bezahlten hierfür Spitzenraten, bis zu 25.000 Dollar pro Tag. Die Anzahl der aktiven Tanker wurde dadurch reduziert, die Verknappung brachte stabile Preise. Die Schiffahrt im Persischen Golf wurde diesmal nicht beeinträchtigt, der Irak stand allein und hatte gegen die große alliierte Übermacht keine Chance.

Die Reeder konnten sich nach den quälenden Problemen der Vorjahre, wie Tankerstillegung oder -abbruch, wieder erfreulicheren Dingen zuwenden. 1990 waren nur noch 7,4 Prozent der VLCCs aufgelegt, und zwischen 1988 und 1991 wurde, abgesehen von einigen im Golfkrieg beschädigten VLCCs, nicht ein einziger Supertanker abgewrackt. Im Gegenteil, es wurde wieder gebaut. Vor allem einige unäbhängige Reeder, die auf eine andauernde Besserung des Marktes vertrauten, begannen ab 1987, einzelne oder gar ganze Serien von VLCCs in Auftrag zu geben. Die Ölgesellschaften waren zurückhaltender. Der Schock der siebziger und ersten Hälfte der achtziger Jahre saß noch zu tief. Abgesehen von zwei 214.000-Tonnern, die die Exxon 1986 und 1987 für ihre Öltransporte von Alaska nach San Francisco in Dienst stellte (*Exxon Valdez* und *Exxon Long Beach*) haben die sechs Ölmultis zwischen 1975 und 1989 keinen einzigen VLCC-Neubau in Auftrag gege-

Tankerfabrik in Südkorea: Die Daewoo-Werft in Okpo mit vier neuen Shell-Tankern der M-Klasse an den Ausrüstungskais

Photo: Daewoo

ben. Erst 1990 entschloß sich die Mobil Oil als erste große Ölgesellschaft zu einer Neubestellung über einen 280.000-Tonner bei einer japanischen Werft.

Die Bestellungen an VLCC-Neubauten nach dem Ende der Tankerkrise gingen zunächst ausschließlich an fernöstliche Werften. Jetzt gelang den Koreanern der große Sprung nach vorn, den sie 1974 schon einmal vergeblich versucht hatten. Technisch auf dem neuesten Stand waren sie durch ihre niedrigen Arbeitskosten zum stärksten Konkurrenten für die japanischen Werftbetriebe herangewachsen. Die Auftragsbücher füllten sich zusehends.

Bei der Daewoo Shipbuilding & Heavy Machinery Ltd., Okpo, z.B. gingen u.a. folgende Bestellungen ein:

- 1987: drei 276.000-Tonner für die World-Wide Shipping Co., Hongkong.
- 1988: zwei 304.000-Tonner für die Gotaas Larsen Shipping Co., New York;
    fünf 285.000-Tonner für Argonaut AB., Stockholm;
    ein 285.000-Tonner für die ICB Shipping AB., Stockholm.
- 1990/91: insgesamt 16 VLCCs zwischen 280.000 und 302.000 tdw, darunter sechs Einheiten für die World-Wide Shipping Co. sowie vier 302.000-Tonner für Gotaas-Larsen, zwei 284.000-Tonner für die Kuwait Oil Tanker Co..
- 1993: 15 VLCCs in Größen von 260.000 tdw bis 300.000 tdw.

Die Hyundai Shipbuilding & Heavy Industries Co. Ltd., Ulsan, konnte u.a. buchen:

- 1986/87: 13 VLCCs von 255.000 bis 265.000 tdw, darunter zwei Schiffe für die Petrofina S.A.;
    drei Einheiten für die World-Wide Shipping Co. drei 259.000-Tonner für die einheimische Yukong Line;
    vier 255.000-Tonner für die Reederei A.P. Möller, Kopenhagen.
- 1989-91: 20 VLCCs zwischen 280.000 und 300.000 tdw, darunter
    fünf 284.000-Tonner für die Seatankers Management, Zypern;
    zwei 284.000-Tonner für die Kuwait Oil Tanker Co.;
    sechs 300.000-Tonner für die Vela International Marine Ltd, Saudi Arabien, den Reedereiarm der staatlichen Ölfördergesellschaft Saudi Aramco;
    vier 280.000-Tonner für die National Iranian Tanker Co., 1990 geordert, jedoch ein Jahr später wieder storniert.

Tanker mit Tragfähigkeiten um 300.000 tdw bildeten die Obergrenze bei den Neubestellungen. Wegen ihrer gemäß MARPOL 73/78 vorgeschriebenen separaten Ballasttanks waren sie von den Abmessungen her etwa mit den 350.000-Tonnern der siebziger Jahre vergleichbar.

Japanische Tankerwerften waren in der zweiten Hälfte der achtziger Jahre vorwiegend mit dem Bau von Großtankern für einheimische Reeder beschäftigt. Die japanischen Reeder legten seit jeher großen Wert auf technisch anspruchsvolle Tonnage. Selbst in der tiefsten Tankerflaute waren sie in bescheidenem Rahmen weiterhin um neue Tonnage bemüht. Von den 16 VLCC-Neubauten der Jahre 1984 bis 1986 waren immerhin 14 für Tankerreeder aus Japan bestimmt, ein Trend, der sich ab 1987 verstärkte, denn bis 1992 wurden weitere 41 neue VLCCs von japanischen Werften an Eigner des Landes abgeliefert.

Mit Exportaufträgen hingegen sah es ungünstiger aus. Auf Grund der Stärke der Landeswährung fiel es immer schwerer, mit der preiswerteren Konkurrenz aus Südkorea mitzuhalten. Gleichwohl gelangen einige beachtliche Abschlüsse:

Der Werft Hitachi Zosen, Ariake, z.B. über vier 275.000-tdw-Tanker für die Seatankers Management, Zypern, und drei 280.000-Tonner für die Island Navigation Co., Hongkong.

*Japanische Tankerreeder stellten sogar in Zeiten tiefer Depression neue Supertanker in Dienst: Die **Cosmo Venus**, Baujahr 1986, passiert Singapur*
Photo: Michael Lobitz

*Eine Macht im Rohöltransport: Die saudi-arabische Tankerreederei Vela International Co. Ltd; auf dem Bild die **Orion Star**, 305.783 tdw, gebaut 1994 bei der Werft Nippon Kokan K.K., Tsu, Japan*
Foto: Foto Flite

Die Mitsubishi Heavy Industries Ltd, Nagasaki, konnte drei 280.000-Tonner für die Vela International Co. buchen sowie die Nippon Kokan K.K., Tsu, drei 300.000-Tonner für die Vela International und zwei 300.000-Tonner für Bergesen d.Y., Oslo.

Mit der steigenden Nachfrage nach Großtankern stiegen auch die Neubaupreise wieder beträchtlich. Für einen 280.000-Tonner, der 1985/86 noch für 35 Millionen Dollar zu bekommen war, mußten im Boomjahr 1991, als weltweit 53 VLCCs bestellt wurden, 90 bis 100 Millionen Dollar angelegt werden.

So verwundert es nicht, daß eine ganze Reihe von Reedern es vorzog, ihre vorhandenen Tanker lieber weiter zu beschäftigen. Vor allem die großen Ölgesellschaften schickten ihre in den siebziger Jahren erbauten Supertanker zum sogenannten »third special survey« in die Werften, einer Überprüfung und Abnahme durch die Klassifikations- und Versicherungsgesellschaften, um für weitere fünf Jahre ein Fahrttauglichkeitszeugnis zu erlangen. Dabei wurden in der Regel umfangreiche Stahlerneuerungen vorgenommen, die Gesamtinstandsetzungskosten eines solchen Refit beliefen sich auf bis zu zehn Millionen Dollar, an sich ein hoher Betrag, aber doch nur zehn Prozent der Kosten für einen VLCC-Neubau.

In Europa herrschte während der gesamten achtziger Jahre Ruhe, kein einziger VLCC wurde bestellt. Erst ab 1990 gelang es der einzigen in Skandinavien noch in Betrieb befindlichen VLCC-Werft, der Odense Staalskips A/S, in den Großtankerbau zurückzukehren. Den letzten VLCC hatte man 1977 mit der *Karen Maersk* abgeliefert und es war 1990/91 wieder die Reederei A.P. Möller, die die Auftragsbücher füllte. Insgesamt sieben 299.000-tdw-Tanker wurden bestellt, einer davon 1992 allerdings wieder storniert und durch den Bau zweier Containerschiffe für die gleichen Auftraggeber ersetzt. 1991 konnte noch ein weiterer Großauftrag über drei 300.000-Tonner für die saudi-arabische Vela International Co.hereingeholt werden. Vela International hatte insgesamt ein Neubauprogramm gewaltigen Ausmaßes eingeleitet: 1991 waren 15 VLCCs bestellt worden, sechs in Japan, sechs in Südkorea und drei in Dänemark.

Im übrigen brachten die Anstrengungen europäischer Werften nur ein mageres Ergebnis. Um mit den Schiffbauern aus Fernost mithalten zu können, schlossen sich fünf Werften für ein Tankerprojekt zusammen; HDW aus Kiel, der Bremer Vulkan, die Chantiers de l'Atlantique, St. Nazaire, die Werft Astilleros Espanoles S.A., Cadiz, und die Fincantieri S.p.A., Italien. Aus Gründen der Kostenersparnis wurde von 1991 an ein Einheitstyp von 280.000 tdw angeboten, der sogenannte E 3 Tanker – European, Ecological und Economical. Allerdings wurde nur ein Schiff dieses Typs bestellt, und zwar im Jahr 1993 von einer spanischen Reederei bei der einheimischen Bauwerft.

Neben dem Aufwind im Neubaubereich nahmen auch die Aktivitäten und Preise auf dem second-hand-Markt kräftig zu. War ein 15 Jahre alter 250.000-tdw-Turbinentanker im Jahr 1985 noch für fünf Millionen Dollar zu bekommen, so mußten 1990 hierfür stattliche 30 Millionen Dollar bezahlt werden. Einige Reedereien erweiterten jetzt ihre Flotten beträchtlich.

Bergesen d.Y. aus Oslo beispielsweise legte sich zwischen 1987 und 1991 insgesamt zehn VLCCs zu, alle Ende der siebziger Jahre gebaut. Die Stena Line, als bedeutende Fährschiffreederei bekannt, stieg groß ins Tankergeschäft ein. 1988 wurden zwei 445.000-Tonner gekauft, die *Burmah Enterprise* wurde zur *Stena King* und die *Burmah Endeavour* zur *Stena Queen*. Kurze Zeit später wurde die Bereederung von acht gut erhaltenen 273.000-tdw-Tankern der Universe Tankships Inc. übernommen. Der Gründer der Universe Tankships Inc. und gleichzeitig die treibende Kraft im Supertankerbau von der ersten Stunde an, Mr. Daniel K. Ludwig, starb im Jahr 1992 im Alter von 95 Jahren.

Ein aufsehenerregendes Geschäft wurde im Jahr 1990 von dem griechischen Reeder George P. Livanos und seiner Ceres Hellenic

Auf Expansionskurs: Der griechische Reeder George P. Livanos; die beiden Neuerwerbungen **Kapetan Hatzis** und **Kapetan Hiotis** lagen Anfang 1995 kurzzeitig in Piraeus auf
Photo: Eric Houri

Die gestrandete **Exxon Valdez** vor den schneebedeckten Bergen des Prince William Sound; zum Leichtern ist der kleinere Tanker **Exxon Baton Rouge** (78.038 tdw) längsseits gegangen
Photo: Deutsche Presse Agentur

Shipping Agency getätigt. Für zusammen 270 Millionen Dollar wechselten die vier größten jemals von der Exxon beschäftigten Tanker den Eigentümer.

Die 516.000-Tonner *Esso Atlantic* und *Esso Pacific* sowie die 456.000-Tonner *Esso Caribbean* und *Esso Mediterranean* zogen die griechische Flagge am Heck auf, sie wurden in *Kapetan Giannis*, *Kapetan Michalis*, *Kapetan Giorgis* und *Kapetan Panagiotis* umbenannt. Die Schiffe waren fortan hauptsächlich in Langzeitchartern vom Persischen Golf zu den USA beschäftigt. 1993 machte die Ceres Hellenic Shipping Enterprises Ltd erneut von sich reden, als sie von dem Ölmulti Chevron mit der *Chevron North America* (in *Kapetan Hatzis* umbenannt) und *David Packard* (*Kapetan Hiotis*) noch zwei 412.000-Tonner hinzu erwarb. Nunmehr kontrollierte die Reederei ein Viertel aller Tanker mit mehr als 400.000 Tonnen Tragfähigkeit.

Exxon Valdez und Haven – zwei Namen verändern die Tankschiffahrt

Im Jahr 1989 ereignete sich eine Tankerkatastrophe, die die bis dahin tiefgreifendsten Veränderungen für den Bau und den Betrieb dieser Schiffe zur Folge hatte.

Am 24. März lief die voll abgeladene *Exxon Valdez* (214.861 tdw) am Bligh Riff im Prince William Sound, Alaska, auf Grund. Der Tanker befand sich auf falschem Kurs, wieder einmal war menschliches Versagen Ursache für eine schwere Havarie in der Tankschiffahrt.

Die *Exxon Valdez* war in der Rohölfahrt zwischen dem nördlichsten eisfreien Hafen der USA, Valdez in Alaska, und den weiter südlich gelegenen Ölhäfen Kaliforniens eingesetzt. In Valdez endet die 1 285 Kilometer lange Trans-Alaska-Pipeline, die große Mengen von Rohöl, insgesamt ein Viertel der gesamten US-Produktion, von den riesigen Ölfeldern unter dem ewigen Eis an der Prudhoe Bay südwärts führt.

Nach der Strandung herrschte Chaos. Es fehlte vor Ort die notwendige Ausrüstung zur Ölbekämpfung, und so konnte nicht verhindert werden, daß etwa 37.000 Tonnen der Ladung der *Exxon Valdez* in die Meerenge strömten. Die bis dahin unberührte Natur wurde schwer geschädigt, eine unzählbare Anzahl von Seevögeln und anderen Tieren kam qualvoll ums Leben. Das zähflüssige Öl setzte sich überall an den Ufern fest, denn es konnte aus der Enge des Prince William Sound nicht aufs offene Meer entweichen und bei den vorherrschenden eiskalten Temperaturen auch nicht verdunsten. Viele tausend Fischer standen plötzlich ohne Fanggründe vor dem Ruin.

Der Ölmulti Exxon mußte kräftig zahlen für den falschen Kurs, den die Schiffsführung hat steuern lassen. Bei den Säuberungsarbeiten in den nachfolgenden Jahren waren bis zu 12.000 Menschen, 1.400 Schiffe und 85 Flugzeuge eingesetzt. Die Gesamtkosten hierfür beliefen sich auf etwa 2,5 Milliarden Dollar. Eine weitere Milliarde Dollar wurde an Ausgleichszahlungen für Fischer und andere geschädigte Personen entrichtet. Weitergehende Forderungen sind rechtshängig. Der Tanker selbst wurde nach dem Abbergen der Restladung freigeschleppt und in San Diego, Kalifornien, repariert.

Im Prince William Sound konnte sich das Schiff danach nicht mehr sehen lassen, heute ist es unter dem Namen *S.R. Mediterranean* in der weltweiten Ölfahrt eingesetzt.

Welche Art der Tankerkonstruktion bietet den sichersten Schutz vor Ölaustritt bei Kollisionen?   Photo: Joachim W. Pein

Langfristig hatte das Unglück von Alaska tiefgreifende gesetzliche Neuregelungen zur Folge. Im Jahr 1990 wurde OPA 90, der sogenannte Oil Pollution Act vom US-Kongress verabschiedet. Für die 200 Seemeilen-Zone US-Küsten wurde festgelegt:
- daß jeder Tanker über 5.000 BRT, der nach dem 30.6.1990 in Auftrag gegeben oder nach dem 1.1.1994 abgeliefert worden ist, mit einem doppelten Rumpf ausgerüstet sein muß; der Abstand zwischen äußerem und inneren Rumpf muß mindestens zwei Meter betragen (für Tanker unter 20.000 tdw sind geringere Abstände zulässig);
- ein abgestuftes Ausmusterungsprogramm für Einhüllentanker im Zeitraum von 1995 bis 2015;
- unbeschränkte Haftung für Reedereien, die ihre Tanker in US-Gewässern einsetzen.

Allerdings waren auch einige Ausnahmeregelungen enthalten, die insbesondere den VLCC-Verkehr betreffen. So wurde z.B. der LOOP-Terminal, der einzige und stark frequentierte US-Hafen für die Aufnahme der Großtanker, bis zum Jahr 2015 von der Doppelhüllenregelung ausgenommen, ebenso die Tankerleichterungen, wenn sie im Abstand von mindestens 60 Seemeilen vor der Küste vorgenommen werden. Die unbeschränkte Schadenshaftung gilt allerdings auch dort.

Die Richtlinien für den Tankerneubau waren dagegen von unmittelbarer Wirkung. Sie wurden vor allem von Seiten vieler Schiffbauer als voreilig und einseitig kritisiert. Man hatte teilweise andere Methoden für den Bau umweltfreundlicher Tanker entwickelt, die gegenüber dem Doppelhüllensystem für gleichwertig oder gar überlegen gehalten wurden.

Auch die US-Coast Guard hatte sich noch nicht festgelegt. Sie hatte die National Academy of Science beauftragt, auch andere Systeme zur Minimierung von Umweltschäden durch Tankerunfälle zu prüfen. Für langwierige Diskussionen aber blieb keine Zeit, denn im Sommer 1990 nahm der Druck der Öffentlichkeit auf die Legislative zu. Im Juni des Jahres 1990, nur 15 Monate nach der Strandung der *Exxon Valdez,* stand wieder eine Tankerkatastrophe ins Haus. Ein vollbeladener 135.000-tdw-Tanker stand im US-Golf in Flammen. Die norwegische *Mega Borg* trieb nach mehreren Explosionen an Bord manövrierunfähig bei Galveston vor der Küste, und es bestand die Gefahr eines Auseinanderbreches des Schiffes mit anschließendem Ausströmen der Ladung ins Meer. Nach mehreren kritischen Tagen gelang es schließlich, das Feuer zu löschen und den größten Teil der Ladung zu bergen. Etwa 15.000 Tonnen waren ausgeflossen, allerdings ohne die Strände zu erreichen.

Gesetzliche Schritte waren also notwendiger denn je, und so wurde das Doppelhüllensystem – für die Öffentlichkeit leicht verständlich und akzeptabel – als einzige Konstruktionsweise für den Tankerbau vorgeschrieben. Schon im August 1990 war der Oil Pollution Act beschlossen.

Das Gesetz überging mehrere Alternativentwürfe, darunter das von japanischen Werften entwickelte System eines »Mid Deck Tankers«. Diese Bauweise sieht bei allen Tankern wesentlich breitere Doppelwände vor, verzichtet jedoch ganz auf einen Doppelboden. Die sehr breiten Zwischenräume von sechs Metern zwischen den beiden Außenwänden sollen die Gefahr von Ölaustritten im Falle von Kollisionen mindern. Der Gefahr von Ölverlusten im Falle von Strandungen wird durch den Einbau eines Zwischendecks in den Öltanks begegnet. Durch dieses Deck wird die Ladung in einem oberen und einem unteren Tank untergebracht. Im Falle eines Lecks im Tankboden kann die im oberen Tank lagernde Ölmenge nicht austreten. Zudem sind durch das Zwischendeck die hydrostatischen Bedingungen in der Weise ausbalanciert, daß auch aus dem unteren Tank nur unbedeutende Mengen an Öl austreten können. Es drückt nicht mehr, wie in konventionellen Tanks, eine Ölsäule von bis zu 30 Metern Höhe

Feuerinferno vor der italienischen Küste bei Genua; die **Haven** *ist schon nicht mehr zu erkennen*
Photo: Deutsche Presse Agentur

*Ein Bild aus besseren Tagen: Die **Haven** war 1973 als **Amoco Milford Haven** in Dienst gestellt worden, ein Schwesterschiff des Unglückstankers **Amoco Cadiz***
Photo: Foto Flite

auf das Leck im Schiffsboden, sondern eine Menge, die so reduziert ist, daß der Wasserdruck von außen größer ist als der Druck aus dem Tankinneren.

Protagonisten und Kritiker der beiden Systeme stimmen darin überein, daß im Falle leichterer Havarien das Doppelhüllensystem ideal ist, denn es tritt nicht ein Tropfen Öl aus. Bei den »Mid Deck«-Schiffen kann es vor allem durch einen Saugeffekt während der Strandungsphase oder durch Meeresströmungen zum Entweichen von Öl aus den Tanks kommen.

Den Verfechtern des »Mid Deck-Designs« geht es aber in erster Linie um die Vermeidung schwerer Ölverpestungen, wie sie bei Strandungen oder Kollisionen von Schiffen in voller Fahrt passieren können, siehe Exxon Valdez. Wenn in einem solchen Fall bei einem Doppelhüllentanker auch die innere Tankwand aufgerissen wird, dürfte der Ölaustritt erheblich größer sein als beim Zwischendecktanker. In den Fällen solcher high-energy-groundings ist der Vorteil des Doppelhüllensystems zweifelhaft, denn es kann ebensoviel Öl austreten wie bei einem herkömmlichen Einhüllenschiff. Zudem wird auf zwei wesentliche Nachteile des Doppelhüllensystems hingewiesen. Zum einen können sich im Falle einer Strandung die Zwischenräume mit Seewasser füllen und eine Abbergung des Schiffes erschweren. Andererseits können sich in den Zwischenräumen auch gefährliche Gase aus der Ladung des Schiffes bilden, die dann zu Explosionen führen können.

Trotz einer von der US-Coast Guard veröffentlichten Studie, nach der zwischen 1986 und 1990 insgesamt 97 Prozent aller durch den Betrieb von Tankern entstandenen Meeresverschmutzungen auf die geringe Zahl von nur 1,2 Prozent aller Tankerunfälle zurückzuführen sind, also auf die schweren Tankerunfälle, fand das »Mid Deck-Design« bislang keine Akzeptanz durch US-Gesetzgebung.

Anders bei der I.M.O. Auch diese Organisation sah sich nach dem Schritt der USA bald zu gesetzlichen Maßnahmen gegen havariebedingte Umweltschädigungen durch die Tankschiffahrt genötigt.

Es waren zwei Tankerunfälle vor der Küste Italiens, die die internationale Staatengemeinschaft unter Zugzwang setzten.

Innerhalb von nur zwölf Stunden explodierten zwei beladene Großtanker mit katastrophalen Folgen für Mensch und Umwelt. In den Abendstunden des 12. April 1991 hatte sich das italienische Fährschiff *Moby Prince* von Livorno aus auf den Weg nach Sardinien gemacht. Grobe Fahrlässigkeit des Kapitäns führte dazu, daß die Fähre in voller Fahrt den auf der Reede von Livorno ankernden Tanker *Agip Abruzzo* rammte. Der getroffene Ladetank explodierte und löste auf dem Fährschiff ein Feuerinferno aus, bei dem mit einer Ausnahme alle der 142 Personen an Bord getötet wurden. Größere Umweltschäden wurden nicht gemeldet. Bei der *Agip Abruzzo* handelte es sich um einen ehemaligen VLCC von 254.642 tdw, der 1987 durch das Herausschneiden einer Mittelschiffssektion auf 186.506 tdw verkleinert worden war.

Am Tag darauf explodierte vor Genua die *Haven* von 232.163 Tonnen Tragfähigkeit. Der Tanker hatte mit einer Restmenge von 140.000 Tonnen Rohöl an Bord vor dem Hafen geankert. Die Explosion soll durch Schweißarbeiten an Deck des Schiffes entstanden sein. Der Kapitän und vier weitere Besatzungsmitglieder kamen ums Leben. Riesige schwarze Rauchwolken umgaben das heftig brennende Schiff, jegliche Löschversuche waren vergeblich, und am 14. April 1991 sank die *Haven* mitsamt der Ladung nur eine Seemeile von Land entfernt. In der Folgezeit überschwemmten große Mengen an Rohöl die berühmten Strände der italienischen und französischen Riviera.

Die Regreßansprüche gegen die Reederei des Tankers, eine Tochtergesellschaft der Troodos Shipping & Trading Ltd., sowie eine Anklage wegen fahrlässiger Tötung auf Grund unzureichender Sicherheitsvorkehrungen an Bord des Tankers beschäftigten die Gerichte des Landes noch fünf Jahre danach.

Wie die US-Legislative nach dem Exxon Valdez-Unglück mußte jetzt auch die I.M.O. schnell reagieren. Im März 1992 wurde eine Ergänzung zur MARPOL-73/78-Konvention erlassen, die Annexe 13 F und 13 G.

Annex 13 F erkennt als Alternative zum Doppelhüllentanker ausdrücklich das »Mid Deck-Design« an. Vielleicht hätte der in diesem Konzept vorgesehene breite Zwischenraum von sechs Metern zwischen der Außenhülle und den Tankwänden eine Explo-

*Aus der **Texaco Japan**…*

Photo: Joachim W. Pein

sion wie im Falle der *Agip Abruzzo* verhindern und damit viele Menschenleben auf der Fähre retten können. Insoweit sollte man bei den Gedankenspielen um die Sicherheit der Tanker nicht nur an die Umwelt, sondern außerdem auch an die Rettung von Menschenleben denken. Die Neuregelung der I.M.O. gilt für alle Tanker, die nach dem 6. Juli 1993 bestellt, nach dem 6. Juli 1994 auf Kiel gelegt worden sind oder nach dem 6. Juli 1995 in Dienst gestellt worden sind. Letztlich ist die Anerkennung des »Mid Deck-Design« durch die I.M.O. aber Makulatur, so lange die Behörden des größten Ölimporteurs der Welt, der USA, ihre Zustimmung verweigern. Kein Reeder wird einen Tanker bestellen, mit dem er sich die Möglichkeit verbaut, Häfen dieses Landes anzulaufen.

Der Annex 13 G von MARPOL 73/78 legt im Vergleich zum Oil Pollution Act wesentlich kürzere Phasen der Ausmusterung älterer Tanker fest. Danach muß ein Tanker spätestens 25 Jahre nach seiner Indienststellung aus dem Verkehr genommen werden, wenn seine Bauweise nicht den Vorschriften von MARPOL 73/78 entspricht. Nach OPA 90 darf die Beschäftigungszeit älterer Einheiten bis zu 40 Jahren betragen.

Es ist naheliegend, daß man in den USA Rücksicht auf die Reeder der im inneramerikanischen Verkehr eingesetzten Tanker nehmen mußte. Dieses Geschäft war aus Gründen des Protektionismus seit dem Erlaß des Jones Act im Jahr 1920 auschließlich den Tankern unter US-Flagge vorbehalten. Ohne Konkurrenz von außen aber war die Modernisierung der Flotte auf der Strecke geblieben. So kommt es, daß bis in die neunziger Jahre viele zwar erstklassig gepflegte jedoch sehr betagte Tanker in den US-Häfen anzutreffen waren, zum Teil aus den fünfziger Jahren und sogar noch einige wenige umgebaute T-2-Veteranen aus dem zweiten Weltkrieg, Schiffe, die aus europäischen oder asiatischen Gewässern längst verschwunden sind.

Wer hat es schon gern, mit negativen Berichten der Medien über sich selbst konfrontiert zu werden? Die Betreiber von Tankern mußten sich daran gewöhnen, daß die Tagespresse in der Folge von schweren Havarien die Tankerreeder zumeist unisono und ohne nähere Differenzierung als Umweltverschmutzer in die Ecke stellte. So ist es nicht verwunderlich, daß sowohl direkt Betroffene als auch Dritte ihren Firmennamen von der Bordwand der Tanker entfernten.

*…wurde die **Star Japan***

Photo: Klaus Bombel

*Die ehemalige **Exxon Valdez** ist seit 1993 unter dem Namen **S/R Mediterranean** in der weltweiten Rohölfahrt eingesetzt* Photo: Eric Houri

Es begann nach der Strandung der Amoco Cadiz im Jahr 1978. Noch im gleichen Jahr entfernten griechische Reeder den Familiennamen vom Steven bzw. Heck der Tanker. Aus der Athina S. Niarchos wurde z.B. die Athina, die Arietta Livanos hieß fortan nur noch Arietta, aus der Violando N. Goulandris wurde die Violando. Die Continental Oil Co. aus den USA ersetzte den Namensteil Conoco durch Venture, der VLCC Conoco America z.B. wurde in Venture America umgetauft. Die Amoco selbst änderte ihre Tankernamen erst 1986, der Teil »Amoco« wurde gestrichen und das Wort »Sea« dahinter gesetzt. So wurde aus der Amoco Cairo z.B. die Cairo Sea.

Nach dem Exxon Valdez-Unglück waren es drei US-Ölmultis, die ihre Tanker umbenannten. Die Texaco übernahm 1990 den Namensteil Star, Texaco London z.B. hieß jetzt Star London, die Mobil Oil strich zwischen 1991 und 1993 ihren Firmennamen ersatzlos, der Tanker Mobil Swift z.B. hieß nur noch Swift, und die Exxon gründete für ihre US-Tankerflotte im Jahr 1993 gar eine völlig neue Reederei, die SeaRiver Maritime Inc., Houston, mit entsprechender Namensgebung. Die Exxon Long Beach z.B. trug jetzt den Namen S/R Long Beach. Bei allen übrigen Tankern des Unternehmens wurde bis Ende 1995 die Vorsilbe Esso ebenfalls gestrichen.

Zwei weitere VLCC-Havarien der jüngeren Vergangenheit riefen nur wenig Reaktionen in der Öffentlichkeit hervor. Am 28. Mai 1991 sank der VLCC ABT Summer nach einer Explosion im Südatlantik, etwa 600 Seemeilen westlich von Angola, mit einer Ladung von 260.000 Tonnen Rohöl an Bord. Die ABT Summer steht damit hinter der Atlantic Empress, die 1979 in der Karibik mit ihrer gesamten Ladung von 280.000 Tonnen Rohöl unterging, auf Platz zwei der Statistik aller verlorengegangenen Tankerladungen.

Am 23. Juli 1995 strandete der erst 1990 in Dienst gestellte VLCC Sea Prince während eines Taifuns bei Chakto Island an der Küste Südkoreas. Ein Teil der Ladung gelangte durch die aufgerissenen Tankböden ins Meer, der übrige Teil konnte abgeborgen werden, genaue Mengenangaben über den Ölverlust liegen nicht vor. Nach der Bergung und Abdichtung sank der in Sea I umbenannte Tanker am 2. Dezember 1995 in schwerem Orkan während der Schleppreise zu den Philippinen. Dort sollte vor dem Abbruch des Schiffes noch eine Tankreinigung durchgeführt werden.

Ein Rückschlag für den Fortschritt – Billiganbieter gegen High-tech-Tankern

Bis zum Beginn der I.M.O-Regelung für die Einführung der Doppelhüllenbauweise im Juli 1993 zogen es viele Reeder weiterhin vor, konventionelle Einhüllentanker zu bestellen, deren Baukosten um etwa 15 Prozent günstiger als für Doppelhüllentanker lagen. Nach der Ausnahmeregelung von OPA 90 können diese Schiffe noch bis zum Jahr 2015 US-Gewässer anlaufen, nach I.M.O. sind ihnen 25 Jahre Betriebszeit garantiert, ein Zeitraum,

*Der erste Supertanker mit Doppelhüllenrumpf: Die dänische **Eleo Maersk***   *Photo: Torsten Andreas*

der der üblichen Lebenserwartung eines Tankers entspricht. Die Zurückhaltung bei der Bestellung von Doppelhüllentankern hing auch mit der schlechten Ertragslage zusammen, die sich seit 1992 wieder auf dem Tankermarkt eingestellt hatte.

Zu Beginn des Jahres 1992 war unversehens erneut ein Überhang an VLCCs entstanden. Viele Lagerschiffe waren nach der Rückeroberung Kuwaits in die aktive Fahrt zurückgekehrt, ferner waren von 1988 bis 1991 insgesamt 59 Neubauten in Dienst gestellt worden, während die Verschrottungsrate bei Null lag. Die Frachtraten purzelten von durchschnittlich 35.000 Dollar pro Tag im Jahr 1991 auf 16.700 Dollar ein Jahr später. Für einen älteren VLCC aus den siebziger Jahren mit täglichen Betriebskosten von unter 10.000 Dollar waren diese Raten akzeptabel, ein Neubau benötigte aber 30.000 bis 35.000 Dollar pro Tag, um kostendeckend zu fahren. Mit genügend älterer Tonnage in der Hinterhand waren die Charterer nicht bereit, wesentlich mehr Geld für moderne VLCCs zu bezahlen. 1992 lagen die Charterraten für moderne Tanker nur acht Prozent höher als bei älteren. Kein Wunder also, daß generell bei Neuinvestitionen – gleichgültig in welche Art von VLCC, kon-

*Shell's neue Generation von Doppelhüllentankern: Die neue **Magdala** aus dem Jahr 1995*

Photo: Foto Flite

*Die **Eagle** der Mobil Oil Corp. aus dem Jahr 1993 in bewegter See* — Photo: Foto Flite

ventionell oder mit Doppelrumpf – ab 1992 wieder Zurückhaltung herrschte.

Gleichwohl vertrauten einige Reeder auf langfristige Vorteile der Doppelhüllentanker.

Bereits im Dezember 1992 wurde mit der *Eleo Maersk* (298.900 tdw) im dänischen Odense der erste VLCC der neuen Generation und gleichzeitig das erste von sechs Schwesterschiffen für die Reederei A.P. Möller in Dienst gestellt. In Japan waren es als erstes die 291.381 tdw große *Arosa* für die griechische Reederei Lykiardopulo Ltd., im Januar 1993 bei Hitachi Zosen in Betrieb genommen, sowie die von Nippon Kokan K.K. im März 1993 abgelieferte *Berge Sigval* und der im gleichen Monat von der Sumitomo Shipbuilding and Machinery Co. Ltd. fertiggestellte Onassis-Tanker *Olympic Loyality*, die den neuen Richtlinien entsprachen.

Die südkoreanische Daewoo Shipbuilding and Heavy Machinery Ltd. lieferte ab Mai 1993 mit den 300.000-Tonnern *Siam* und *Soro* die ersten beiden Doppelhüllen-VLCCs des Landes an die World-Wide Shipping Agency ab. Vier weitere VLCCs für die gleiche Reederei waren als Einhüllenschiffe konzipiert.

Als erste der großen Ölgesellschaften stellte die Mobil Oil im Juli 1993 mit der 284.493 tdw großen *Eagle* einen Doppelhüllen-VLCC in Dienst, gebaut von der Sumitomo Werft, Japan. Die Shell folgte im gleichen Jahr mit einer Bestellung über fünf Einheiten von je 298.000 tdw bei der Daewoo Shipbuildingand Heavy Machinery Ltd. Betreiber dieser Schiffe ist eine Gesellschaft, an der die

*Baujahr 1972 und 1996 immer noch in sehr gepflegtem Zustand: Die **Stena Convoy*** — Photo: Dietmar Hasenpusch

Werft beteiligt ist. *Murex* war der erste dieser 1995/96 in Dienst gestellten Tanker, zusammen mit der *Macoma, Magdala, Myrina* und *Megara* erinnern die Schiffe von der Namensgebung her an die Shell-VLCCs der ersten Generation von 1968.

Ein wirtschaftlich erfolgreicher Einsatz dieser neuen Generation von umweltfreundlichen Tankern wird wohl erst gesichert sein, wenn die Vielzahl älterer VLCCs aus den siebziger Jahren vom Markt verschwunden ist.

Einige ermutigende Aspekte gibt es allerdings auch schon in der Gegenwart. So erhalten Doppelhüllentanker in einer Reihe von Häfen, z.B. in Rotterdam-Europoort, einen Umweltbonus in Form von Rabatten auf die Hafengebühren. Ferner schreibt der Annex 13 G der MARPOL-Konvention für alle Tanker strenge Sicherheitsüberprüfungen vor. In der Praxis werden derartige Inspektionen von vielen Charterern, wie z.B. den Ölgesellschaften, und auch den Förderländern am Persischen Golf bereits durchgeführt. Immer mehr VLCCs mit unzureichendem Standard konnten keine Chartern mehr finden. Die Folge: Im Frühjahr 1992 lagen einige Dutzend Oldtimer bei der Fujairah Anchorage am Eingang zum Persergolf vor Anker und warteten auf Beschäftigung. Viele von ihnen warteten vergeblich, sie taugten nur noch für den Hochofen. In den Jahren 1992 und 1993 wurden immerhin wieder 51 VLCCs zum Abbruch verkauft. Dieser Trend setzte sich 1994 und Anfang 1995 fort, bei Tagesraten von nur noch 5.000 bis 10.000 Dollar lohnte sich auch der Betrieb alter Tanker nicht mehr. Als allerdings ab Mitte 1995 die Frachtraten wieder deutlich anzogen, war es auch mit dem Verschrotten alter VLCCs wieder abrupt vorbei.

Es sieht so aus, als wenn die Kräfte des Marktes nur begrenzt in der Lage sind, ältere VLCC-Tonnage abzubauen. Manche dieser Tanker stellen ein Gefahrenpotential für die Sauberkeit der Meere dar, sie alle aber bewirken konkrete Ertragseinbußen beim Betrieb moderner Schiffe. Die in die Jahre gekommenen Tanker werden wohl erst dann von der Bildfläche verschwunden sein, wenn sie aufgrund von Regeln und Vorschriften nicht mehr fahren dürfen. Insoweit bieten vor allem die MARPOL-Vorschriften mit ihren im Vergleich zu OPA 90 kürzeren Ausmusterungsregeln schon bald d.h. gegen Ende der neunziger Jahre positive Zukunftsaussichten für diejenigen Reeder, die innovativ und verantwortungsbewußt in moderne Tankertonnage investiert haben.

Das Alter eines Tankers allein ist jedoch nicht entscheidend für die Sicherheit in der Tankschiffahrt, für die Sauberkeit der Weltmeere. Es gibt eine Reihe von Reedereien, die VLCCs aus den siebziger Jahren mit beeindruckenden Standards an Sicherheit betreiben, und es wäre ungerechtfertigt, diese mit einigen schwarzen Schafen in einen Topf zu werfen. Jüngste Strandungen vor der wallisischen Küste, bei denen erst drei bzw. vier Jahre alte Tanker unterhalb der VLCC-Größe beteiligt waren, haben das auch von neuerer Tonnage ausgehende Gefährdungspotential deutlich gemacht.

Wenn Wettbewerbsdruck, wenn unangemessene Einsparungen zu mangelnder Qualifikation oder zur Überbelastung von Tankerbesatzungen führt, wenn der Zwang zu pünktlicher Anlieferung bei Raffinerien, die »out of stocks« zu geraten drohen, zu unvertretbaren nautischen Manövern führt, hilft auch moderne Technik, hilft auch ein Doppelhüllenrumpf nicht.

OPA 90 hat die Problematik der Meeresverschmutzung in den USA kurzfristig angepackt, wenngleich mit umstrittenen Maßnahmen. Es entsteht allerdings der Eindruck, als wenn in US-Gewässern mehr Sorgfalt, mehr Umsicht angewendet wird als anderswo und Substandardtanker vor allem wegen der unbegrenzten Haftung der Reeder die dortigen Gewässer meiden. Für die übrige Welt, die sich aus Ländern mit sehr verschiedenartig geprägter Gesetzgebung und Rechtsprechung mit unterschiedlicher Wertigkeit gegenüber der Verschmutzung der Meere zusammensetzt, ist eine rasche Einführung abschreckender Maßnahmen sehr viel mühevoller.

Der eintausendste Riesentanker

30 Jahre nach der Indienststellung des ersten VLCC, der *Idemitsu Maru*, wird voraussichtlich im Dezember 1996 der eintausendste Tanker mit mehr als 200.000 Tonnen Tragfähigkeit abgeliefert werden. Es stehen mehrere Neubauten zur Auslieferung Ende 1996 in den Auftragsbüchern fernöstlicher Werften und es ist jetzt, im Sommer 1996, noch nicht genau absehbar, welcher Tanker als Jubiläumsschiff in Dienst gestellt wird.

Unter Zugrundelegung der Flottenliste dieses Buches und der Neubaumeldungen von Lloyd's of London Press, London, ist der 274.000-Tonner *Meridian Lion*, bestellt von der Maritime Overseas Corporation, New York, bei der Hyundai Heavy Industrie Co Ltd, Ulsan, Südkorea, der eintausendste im Bau befindliche Tanker dieser Spezies.

Anhang zur Geschichte der Supertanker:
Aufstellung aller in Dienst gestellten und in Bau befindlichen Tanker über 200.000 tdw 1966-1996, Stand 1.August 1996

Bauj.	Name	B.Nr.	Antrieb	kw	tdw	weiter Verbleib

Norwegen
Stord Verft A/S, Stord

Bauj.	Name	B.Nr.	Antrieb	kw	tdw	weiter Verbleib
1969	Kong Haakon VII	657	st.	22.691	222.513	Abbruch 1984
1969	Aurelian	658	st.	22.490	222.513	Abbruch 1983
1970	Humboldt	665	st.	22.678	222.590	1980: Fleurtje; Abbruch 1984
1970	Nerva	667	st.	22.678	222.513	1982: Tuareg, Abbruch
1971	Raila	668	st.	22.690	222.375	1977: Norbird; 1982: Sinmar; Abbruch 1985
1971	Ranja	669	st.	22.724	222.375	1977: Norbay; Abbruch 1982
1971	Octavian	670	st.	22.678	223.245	Abbruch 1984
1972	Hadrian	671	st.	22.691	223.245	1985: Bei Lun; 1988: Mighty; 1988: Happy Commander; 1991: Dynamic; Abbruch 1994
1972	Beaumaris	672	st.	22.690	222.971	1981: Berge Beaumaris; 1982: Berge Boss; 1984: Ossa; Abbruch 1985
1972	Fabian	673	st.	25.364	290.284	Abbruch 1984
1973	Julian	674	st.	25.364	290.284	1982: Berge Borg; 1985: Borg, Abbruch
1973	Sir Charles Hambro	675	st.	25.364	290.284	1987: Sir Charles; 1988: Shir Kooh; Abbruch 1995
1973	Radny	676	st.	25.716	290.751	1977: Norbright; 1983: Cougar; Abbruch 1985
1974	Tigre	677	st.	25.716	290.761	1984: Freeship L.; 1986: Happy Kari; 1988: Igre; 1988: Happy Marianne; 1989: Nor Explorer; Abbruch 1992
1974	Vespasian	678	st.	25.364	285.711	1982: Ocean Trader; 1984: Mirafiori; 1985: Rafio; Abbruch 1995
1974	Songa	679	st.	25.716	290.751	1977: Norborn; 1983: Seaborn; Abbruch 1985
1975	Licorne Oceane	680	st.	25.364	286.000	1988: Illinois; 1990: Lake Progress; Abbruch 1992
1975	Beaurivage	681	st.	25.716	289.979	1981: Berge Beaurivage; 1982: Berge Pilot; 1985: FPSO VI, Umbau zum Ölaufbereitungs-und -lagerschiff
1975	Cyprian	682	st.	25.364	289.980	1982: Berge Big
1976	Beaumont	683	st.	25.716	289.979	1981: Berge Beaumont; 1982: Berge Chief

Schweden
Uddevallavarvet AB., Uddevalla

Bauj.	Name	B.Nr.	Antrieb	kw	tdw	weiter Verbleib
1969	Thorshammer	226	st.	24.170	231.912	Abbruch 1983
1970	Norse King	234	st.	24.170	231.759	Abbruch 1982
1971	Osthav	236	st.	24.170	232.786	1979: Hoegh Laurel; 1982: Nikos M.; Abbruch 1983
1973	Kollbjorg	246	st.	24.200	232.918	1979: Philipps Enterprise; 1989: Enterprise I; 1990: Conkouati, Umbau zum Ölaufbereitungs- und -lagerschiff
1974	Norse Queen	282	st.	23.872	232.369	1983: Kaia Knudsen; 1985: Nefertiti, Umbau zum Ölaufbereitungs- und -lagerschiff; 1985: Misr; 1985: Al Kahera; 1987: Al Kahera I; Abbruch 1994
1974	Margaret Onstad	283	st.	24.170	233.009	1978: Marg; 1979: Sylvania; Abbruch 1984
1975	Adna	285	st.	24.170	233.009	1985: Mostank; 1986: Lady A.; Abbruch 1986 nach Totalschaden im Iran-Irak-Krieg
1976	Norseman	289	st.	24.170	233.000	1983: Thorshavet; Abbruch 1985 nach Totalschaden im Iran-Irak-Krieg
1976	Regina	291	st.	23.872	233.009	1986: Halkios; 1986: Alki; Abbruch 1993
1976	Polyvictoria	294	st	24.180	233.000	1988: Happy Sissel; 1989: Nor Adventurer; 1992: Lampeter; Abbruch 1995
1978	Nanny	298	st	39,240	498.995	1984: King Alexander

Götaverken Arendal AB., Göteborg

Bauj.	Name	B.Nr.	Antrieb	kw	tdw	weiter Verbleib
1969	Veni	842	st.	24.208	231.074	1980: Brali; 1982: Aguila Azteca; Abbruch 1985
1969	Alva Star	844	st.	24.208	231.759	1980: Al Saudia; Abbruch 1982
1970	Thorshavet	843	st.	24.203	231.150	Abbruch 1983
1970	Brita Onstad	846	st.	24.203	230.789	1979: Buena Suerte; Abbruch 1985
1970	World Princess	848	st.	24.208	230.099	Abbruch 1981

Bauj.	Name	B.Nr.	Antrieb	kw	tdw	weiter Verbleib
1971	Titan	847	st.	24.208	230.099	1975: Mobil Condor; Abbruch 1982
1971	Halcyon The Great	849	st.	24.208	230.271	1974: Energy Prosperity; Abbruch 1984
1971	Synia	850	st.	24.208	230.020	1977: Norbega; Abbruch 1984
1972	Sysla, ore-oil	828	st.	24.203	227.086	1979: Ruhr Ore; Abbruch 1986
1972	Ile de la Cite	853	st.	24.208	232.979	1981: Atia C.; Abbruch 1984
1973	Corona	834	st.	24.203	232.979	1979: Katkuru; 1979: Trajan; 1982: Dolce; Abbruch 1995
1973	Alva Bay, ore-oil	860	st.	24.208	225.898	1983: Clearwater Bay; Abbruch 1984
1973	Alva Sea, ore-oil	862	st.	24.208	225.010	1979: Umrüstung auf Dieselantrieb, 23.538 kw; 1985: Red Sea; 1987: Coral Rose; 1989: Bos Combo; 1991: Combo; 1991: Compass Rose; Abbruch 1992
1973	Runa, ore-oil	867	st.	24.208	227.408	1973: San Giusto; 1980: Rapana; 1991: Iliada; 1993: Omiros
1974	Rinda, ore-oil	868	st.	24.208	231.048	1974: Ambrosiana; 1980: Rimula; 1991: Odyssea; Abbruch 1996

Eriksbergs Mekaniska Verkstads AB., Göteborg

Bauj.	Name	B.Nr.	Antrieb	kw	tdw	weiter Verbleib
1973	Svealand, ore-oil	655	m	30.586	286.981	1978: World Gala; 1986: Neckar Ore; 1988: als reiner Erzcarrier klassifiziert; Abbruch 1996
1976	Neiva, Vorschiff bei Setenave, Setubal, gebaut	694	st.	26.856	323.097	1984: BT Investor; 1989: Abu Rasha; 1991: ABT Rasha; 1992: Skyros
1978	Nai Genova, Vorschiff bei Lisnave, Lissabon, gebaut	698	st.	32.373	409.400	1985: Zenit Iduna; 1985: Prairial; 1986: Acropolis
1978	Nai Superba, Vorschiff bei Setenave, Setubal, gebaut	699	st.	32.373	409.400	1985: Zenit Hera; 1985: Nanny; 1986: Parthenon

Kockums Mekaniska Verkstads AB., Malmö

Bauj.	Name	B.Nr.	Antrieb	kw	tdw	weiter Verbleib
1969	Sea Sovereign	518	st.	23.872	213.928	1977: South Sun; 1979: Salem; 1980: von der eigenen Besatzung versenkt
1969	John A. Mc. Cone	520	st.	22.380	215.419	1980: verkürzt, 152.401 tdw; 1991: Star Beacon; Abbruch 1993
1970	J.T Higgins	521	st.	22.380	215.411	1980: verkürzt, 152.404 tdw; 1988: Argosy; 1991: Sahar, Abbruch
1970	H.J. Haynes	522	st.	22.380	215.411	1980: verkürzt, 152.406 tdw; 1988: Java; 1993: Nan Hai Kai Tuo, Umbau zum Ölaufbereitungs- und -lagerschiff
1970	D.L. Bower	523	st.	22.380	215.411	1980: verkürzt, 152.385 tdw; 1991: Sea Power; Abbruch 1994
1970	Eugenie S. Niarchos	524	st.	22.380	215.757	1979: Eugenie II; Abbruch 1980
1970	Tabriz	528	st.	23.872	214.030	1979: Sirius; 1980: Union Energy; Abbruch 1980
1971	Jade	525	st.	23.872	259.471	1981 Yiannis II; Abbruch 1983
1971	Hudson Venture	526	st.	23.872	258.603	1976: Gratian; Abbruch 1983
1971	Hudson Friendship	527	st.	23.872	258.603	1976: Gordian; 1979: Jatuli; 1982: St. Tobias; Abbruch 1984
1971	London Pride	529	st.	23.872	259.182	Abbruch 1983
1971	Sea Serpent	530	st.	23.872	259.447	1979: Mt. Cabrite; Abbruch 1996
1972	Sea Swan	531	st.	23.872	259.447	1979: Saint Lucia; Abbruch 1996
1972	Sea Soldier	532	st	23.872	259.447	1979: Jaarli; 1987: Anax; Abbruch 1993
1972	Sea Splendour	533	st.	23.872	259.447	1979: Jurmo; 1987: Aias; Abbruch 1993
1972	Chevron London	534	st.	23.872	259.447	1984: verkürzt, 151.894 tdw; 1992: Cossack Pioneer, Umbau zum Ölaufbereitungs- und -lagerschiff
1972	Chevron Brussels	535	st.	23.872	259.447	1986: Polyanthus; Abbruch 1993
1972	Texaco Sweden	536	st.	23.872	259.768	Abbruch 1982
1973	Turquoise	537	st.	24.170	259.571	Abbruch 1984
1973	Esso Demetia	539	st.	23.872	258.979	1994: Abbruch als So Dem nach Brandschaden im Maschinenraum
1973	Esso Dalriada	540	st.	23.872	259.042	1984: Seal Island, Abbruch 1995 nach Explosion im Maschinenraum (94)
1973	Sea Scout	541	st.	23.872	260.158	1984: Tiburon, Totalschaden im Iran-Irak-Krieg; Abbruch als Stib
1973	Sea Swift	544	st.	23.872	260.158	1980: Safina Swift; 1985: Sea Swift; Abbruch
1974	Athene	538	st.	23.872	260.158	1985: Al Oyoun; 1986: Knock Dolian; 1987: Dorian; 1989: Cotinga; Abbruch 1993
1974	Atlantic Sun	542	st.	23.872	259.955	1981: Atlanticos; 1986: Totalschaden im Iran-Irak-Krieg, Abbruch als Ticos
1974	Daghild	543	st.	23.872	260.209	1979: Bolette; 1979: World Joy; 1980: Andres Bonifacio; Abbruch 1995
1974	Pacific Sun	545	st.	23.872	260.064	1979: World Sun; 1985: World Summit; Abbruch 1992
1974	Sea Saint	546	st.	29.840	362.118	1981: Safina Sahara; 1984: Sahara
1975	Sea Scape	547	st.	29.840	362.118	1985: Sea Scope; 1986: Paris

Bauj.	Name	B.Nr.	Antrieb	kw	tdw	weiter Verbleib
1975	Sea Stratus	548	st.	29.840	362.118	1978: London Trader; 1985: Volans
1975	Sea Symphony	549	st.	29.840	356.324	1980: World Symphony; 1992: Wyoming
1976	Tina	550	st.	29.840	357.023	
1976	Stavros G.L.	551	st.	29.840	357.054	
1976	Sea Serenade	552	st.	29.840	357.023	1982: Safina Al Arab; Abbruch 1984 nach Totalschaden im Iran-Irak-Krieg
1976	Wind Enterprise	553	st.	29.840	357.400	1985: W. Enterprise; 1986: Zerstörung des Deckshauses im Iran-Irak-Krieg; 1986: Happy Enterprise; 1987/88: Konstruktion eines neuen Deckshauses, Umrüstung auf Dieselantrieb, 21.133 kw; 1988: Samnanger; 1992: Pollux; 1995: Jahre Pollux

Kockums Varv A/B., Malmö

Bauj.	Name	B.Nr.	Antrieb	kw	tdw	weiter Verbleib
1977	Wind Eagle	554	st.	29.840	357.647	1985: W. Eagle; 1986: Mimosa; 1996: Guardian, Öllagerschiff
1977	Velma	555	st.	29.840	357.632	1985: Zenit Juno; 1986: Juno
1977	Sea Saga	556	st.	29.840	357.023	1986: Olympian Spirit
1977	Sea Song	557	st.	29.840	357.023	1988: Radwan G.; 1990: Hansa Vega; 1994: Companion
1977	Wind Escort	560	st.	29.840	357.632	1985: BT Broker; 1990: Berge Broker
1978	Vanja	566	st.	29.840	357.599	1985: Zenit Kraka; 1986: Kraka

Dänemark

Odense Staalskibsvaerft A/S, Odense & Lindö

Bauj.	Name	B.Nr.	Antrieb	kw	tdw	weiter Verbleib
1968	Marinula	22	st.	20.603	198.636	Abbruch 1982
1968	Dirch Maersk	24	st.	20.888	209.899	Abbruch 1980
1969	Mitra	25	st.	20.888	199.043	Abbruch 1978
1969	Dorthe Maersk	26	st.	20.888	209.000	1973: Dauphine; Abbruch 1979
1969	Evgenia Chandris	27	st.	20.888	208.899	1976: Angeliki G.; Abbruch 1982
1970	Esso Copenhagen	30	st.	23.872	253.300	Abbruch 1982
1970	Esso Skandia	32	st.	24.200	254.011	Abbruch 1983
1970	Texaco Denmark	33	st.	24.200	257.364	1979: Sipca Jeddah; Abbruch 1983
1971	Regina Maersk	34	st.	23.872	289.064	Abbruch 1982
1971	Texaco Copenhagen	35	st.	23.872	257.364	1979: Sipca Damman; Abbruch 1983
1971	Texaco Norway	36	st.	24.200	257.567	1981: Sipca Riyadh; 1981: Makkah; Abbruch 1983
1971	Rasmine Maersk	37	st.	23.872	289.064	1973: Adele; 1981: Tenaron; 1981: Arion; Abbruch 1982
1972	Rosa Maersk	38	st.	23.872	289.166	1975: Texaco Nederland; Abbruch 1987
1972	Arietta Livanos	39	st.	24.200	289.623	1978: Arietta; Abbruch 1982
1972	Eugenie Livanos	L 40	st.	24.203	289.649	1979: Eugenie; Abbruch 1982
1972	Roy Maersk	L 41	st.	23.872	290.080	1976: Texaco Ireland; Abbruch 1987
1972	Richard Maersk	L 42	st.	23.872	289.166	1975: Texaco Brasil; Abbruch 1987
1973	Romö Maersk	L 43	st.	23.872	290.588	Abbruch 1985
1973	Torill Knudsen	44	st.	23.872	289.776	1984: Torill ; 1986: Taftan; Abbruch 1993
1973	Rania Chandris	L 45	st.	24.203	290.588	1976: Antonios G.; Abbruch 1985
1973	Ras Maersk	46	st.	26.856	289.166	Abbruch 1985
1973	Robert Maersk	L 47	st.	26.856	289.166	1983: Matterhorn; Abbruch 1984
1974	Atlantic Emperor	L 48	st.	23.872	292.641	Abbruch 1994
1974	Atlantic Empress	49	st.	23.872	292.666	1979 nach Kollision gesunken
1974	Kristine Maersk	50	st.	26.856	336.107	1989: Bubiyan; Abbruch 1994
1974	Katrine Maersk	L 51	st.	26.856	339.104	1989: Al Jabriyah; 1993: Metrotank, Öllagerschiff
1974	Limatula	L 52	st.	26.856	315.695	1981: Arabian Sky; 1981: Alsama Alarabia; 1994: Mare Discovery
1975	Linga	53	st.	26.856	315.695	1981: Arabian Sea; 1994: Mare Champion
1975	Liparus	54	st.	26.856	315.697	1983: Paradise; 1990: Hellespont Paradise
1975	Limnea	55	st.	26.856	315.695	1983: Orpheum; 1990: Hellespont Orpheum
1975	Kirsten Kaersk	56	st.	26.856	339.003	1992: Kirsten
1976	Karoline Maersk	57	st.	26.856	339.308	1992: Karoline
1976	Kate Maersk	58	st.	26.856	339.206	1993: Laconia

Bauj.	Name	B.Nr.	Antrieb	kw	tdw	weiter Verbleib
1976	Limopsis	59	st.	26.856	315.713	1983: Diane; 1986: Matilde R.; 1987: Berge Borg
1976	Lyria	L 60	st.	26.856	315.700	1984: Louisiana; 1988: Berge Boss
1977	Karama Maersk	61/1	st.	26.856	337.733	1993: Concordia I
1977	Karen Maersk	62/1	st.	26.856	337.816	1993: Arcadia
1992	Eleo Maersk	141	m.	23.534	298.900	
1993	Elisabeth Maersk	142	m.	23.534	299.700	
1993	Emma Maersk	143	m.	23.534	298.900	
1993	Estelle Maersk	144	m.	23.534	299.700	
1994	Suhail Star	148	m.	23.479	301.862	
1995	Gemini Star	149	m.	23.479	301.862	
1995	Alphard Star	150	m.	23.479	301.858	
1995	Ellen Maersk	145	m.	23.534	299.700	
1995	Evelyn Maersk	146	m.	23.534	299.700	

Bundesrepublik Deutschland

Kieler Howaldtswerke AG, Kiel

Bauj.	Name	B.Nr.	Antrieb	kw	tdw	weiter Verbleib
1968	Esso Malaysia	1197	st.	22.380	193.802	1976: mit 202.207 tdw vermessen; Abbruch 1978

Howaldtswerke-Deutsche Werft AG, Kiel

Bauj.	Name	B.Nr.	Antrieb	kw	tdw	weiter Verbleib
1968	Murex	1133	st.	20.888	212.150	1982: Tazerka; Umbau zum Ölaufbereitungs- und -lagerschiff
1968	Esso Bernicia	1198	st.	22.380	193.658	Abbruch 1979
1969	Mactra	1200	st.	20.888	210.204	Abbruch 1980
1969	Esso Norway	1204	st.	22.380	193.048	1979: Kirsten Tasia; 1980: Honam Amber, mit 221.400 tdw vermessen; Abbruch 1985
1969	Texaco Hamburg	1207	st.	20.888	209.274	1978: Sipca II; 1978: Sipca Jubail; 1979: Avin Oil Leader; Abbruch 1984
1969	Texaco Frankfurt	1208	st.	20.888	209.407	1978: Sipca I; 1978: Sipca Dareen; 1979: Venus; 1982: Ekati; Abbruch 1983
1969	Texaco North America	1209	st.	20.888	209.407	1977: Olympic Sky; 1979: Kimberley; Abbruch 1982
1970	Texaco Europe	1210	st.	20.888	209.407	1977: Olympic Sea; Abbruch 1979
1971	Libra	13	st.	22.380	239.410	1975: Kiku Maru; 1975: Eastern Eagle; 1975: Cordoba; 1975: Balder King; 1976: Gull; 1979: Albahaa B.; 1980: nach Explosion gesunken
1971	Sagitta	20	st.	22.380	239.410	1981: Pilio; Abbruch 1985
1973	Havkong, ore-oil	46	st.	22.380	231.054	1976: World Recovery; Abbruch 1994
1973	Faust	55	st.	29.840	232.369	1983: Puma; Abbruch
1973	Falkefjell, ore-oil	56	st.	22.380	234.752	1976: Konkar Dinos; 1990: Konkar Alpin; Abbruch 1996
1974	Egmond	58	st.	23.872	240.269	1982: Good News; 1991: Ailsa Craig; Umbau zum Ölaufbereitungs- und -lagerschiff, 171.914 tdw
1974	Minerva	59	st.	23.872	236.807	1982: St. Benedict; 1983: Pogeez; 1984: Katarina Sea; 1984: Caribbean Breeze; 1985: Umm Al Qurah; 1986: Alvand; Abbruch 1995
1974	Victoria	60	st.	23.872	236.807	1983: Virginia; Abbruch 1985
1974	Westfalen	63	st.	23.872	240.598	1983: Jaguar; Abbruch 1984
1975	Sanko Crest	72	st.	23.872	241.199	1985: Crest; Abbruch
1975	Sanko Stresa	73	st.	23.872	241.199	1985: Stresa; 1990: Ambra Stresa; 1993: Stresa
1975	Wilhelmine Essberger	75	st.	23.872	240.828	1981: Washington Enterprise; 1982: Western Enterprise; 1983: Riannon, Abbruch
1976	Schleswig-Holstein	77	st.	23.872	240.827	1983: Energy Renown; 1991: New Renown; 1993: Öllagerschiff
1976	Niedersachsen	78	st.	23.872	240.827	1983: Ninemia; 1985: Totalschaden im Iran-Irak-Krieg; 1985: Mia, Abbruch
1976	Havdrott	85	st.	23.872	237.400	1985: BT Promoter; 1986: Citra Ayu, Ölaufbereitungs- und -lagerschiff

A.G. »Weser«, Bremen

Bauj.	Name	B.Nr.	Antrieb	kw	tdw	weiter Verbleib
1969	Esso Scotia	1370	st.	23.872	253.962	Abbruch 1981
1969	Esso Europa	1371	st.	23.536	257.995	Abbruch 1982
1970	Esso Wilhelmshaven	1372	st.	23.872	253.873	Abbruch 1982
1971	Michael C. Lemos	1374	st.	23.536	253.991	Abbruch 1983

Bauj.	Name	B.Nr.	Antrieb	kw	tdw	weiter Verbleib
1971	Chrysanthi M. Lemos	1375	st.	23.536	253.963	Abbruch 1984
1971	Melpo Lemos	1376	st.	22.872	253.985	Abbruch 1985
1972	Irene Lemos	1377	st.	23.872	253.985	1984: Kudat Sea; 1984: Porchester Sky; 1985: Umm Al Negeh; 1986: Free Enterprise; 1988: Happy Anne; 1989: Nor Frontier; Abbruch 1992
1972	Esso Gascogne	1385	st.	23.872	256.740	Abbruch 1985
1973	Esso Singapore	1386	st.	23.536	256.715	Abbruch 1984
1973	Esso Languedoc	1387	st.	23.872	256.726	1995: Languedoc; Abbruch 1996
1974	Esso Saba	1378	st.	23.872	256.740	1987: Esso Freeport; 1993: Moscliff
1974	Esso Bonn	1388	st.	23.536	256.692	1985: Esso Bahamas; 1993: Amazon Glory
1974	Esso Hamburg	1389	st.	23.872	256.740	1985: Esso Bermuda; 1993: Amazon Grace; Abbruch 1995
1975	Ioannis Colocotronis	1390	st.	33.570	392.798	1976: Berlin; 1986: Sapphire; 1995: Serenity
1975	Vassiliki Colocotronis	1391	st.	33.570	392.966	1976: Bremen; 1983: Klelia; 1986: White Rose; 1992 Öllagerschiff
1975	World Giant	1392	st.	33.107	386.599	1976: Brazilian Hope; 1986: Damavand; Abbruch 1994
1976	Shat-Alarab	1393	st.	33.107	392.543	1984: Minotaur; 1984: Totalschaden im Iran-Irak-Krieg; Abbruch 1985
1976	Bonn	1394	st.	33.107	392.607	1984: Boni; 1984: M. Vatan; Abbruch 1986 nach Totalschaden im Iran-Irak-Krieg
1977	Wahran	1397	st.	33.570	392.392	Abbruch 1985

Bremer Vulkan, Schiffbau- und Maschinenfabrik, Bremen

Bauj.	Name	B.Nr.	Antrieb	kw	tdw	weiter Verbleib
1974	Lagena	990	st.	26.856	317.221	Abbruch 1984
1974	Liotina	991	st.	26.856	317.521	
1975	Belfri	983	st.	29.840	317.499	1976: Al Rafidain; 1984: Vulcan; 1986: Avaj; 1988: Totalschaden im Iran-Irak-Krieg; Abbruch 1989
1975	Amica	984	st.	29.840	316.379	Abbruch 1985
1975	Lottia	992	st.	26.856	317.209	Abbruch 1985
1976	Energy Determination	994	st.	29.840	321.186	1979 nach Explosion auseinandergebrochen; Achterschiff gesunken, Vorschiff geborgen und verschrottet
1977	Ajdabya	1000	st.	26.856	317.822	1985: Adna; 1986: Alamoot

Niederlande

Nederlandsche Dok & Scheepsbouw Maatschappij, Amsterdam

Bauj.	Name	B.Nr.	Antrieb	kw	tdw	weiter Verbleib
1969	Melania	535	st.	20.888	212.760	1976: Andros Tempo; 1976: Atlas Titan; 1980: Abbruch nach Explosion
1969	Dagmar Maersk	539	st.	20.888	212.759	Abbruch 1981
1970	Mysella	536	st.	20.888	212.759	1976: Bergecaptain; 1976: Mobil Tern; 1978: Solon; 1982: Alaman; 1983: Achterschiff abgebrochen, Vorschiff zur Arbeitsplattform umgebaut
1970	Marticia	537	st.	20.888	212.759	1976: Bergemaster; 1976: Mobil Raven; 1977: Al Qasim; Abbruch 1983
1971	Fina Britannia	808	st.	23.536	230.284	Abbruch 1983
1971	Fina Canada	826	st.	23.536	230.778	Abbruch 1981
1972	Texaco Amsterdam	832	st.	23.536	233.326	Abbruch 1982
1973	British Progress	845	st.	23.872	224.999	Abbruch 1985
1973	Pegasus	854	st.	23.872	229.288	Abbruch 1982
1974	British Purpose	846	st.	23.536	224.999	Abbruch 1985
1974	Aquila	855	st.	23.872	229.288	1987: Coral Cape; 1992: U Am San; Abbruch 1996
1974	Virgo	857	st.	23.536	229.242	Abbruch 1993
1975	Nepco Bahamas	872	st.	23.545	230.139	1979: Bahamas; Abbruch 1985
1975	Harry Borthen	880	st.	23.536	229.886	1976: Jagarda; 1982: Eriskay; 1995: Song San
1978	Schelderix	884	st.	23.872	230.673	1982: Akarita; 1986: Miranda; 1988: Alborz; Abbruch 1994

Verolme Dok-En Scheepsbouw Maatschappij, Rozenburg

Bauj.	Name	B.Nr.	Antrieb	kw	tdw	weiter Verbleib
1969	Esso Cambria	785	st.	23.536	253.962	Abbruch 1981
1970	Esso Nederland	786	st.	23.536	253.962	Abbruch 1982
1970	Esso Europoort	787	st.	23.536	253.962	Abbruch 1982
1971	Chevron Kentucky	816	st.	23.872	253.554	Abbruch 1985
1972	Rudolph Peterson	817	st.	23.536	253.554	Abbruch 1986

Bauj.	Name	B.Nr.	Antrieb	kw	tdw	weiter Verbleib
1972	Esso Rotterdam	827	st.	23.872	257.625	1977: Esso Flandre; Abbruch 1982
1973	Esso Bonaire	828	st.	23.872	255.027	Abbruch 1983
1973	Staland	852	st.	23.536	254.892	Abbruch 1983
1974	British Promise	850	st.	23.872	253.837	1982: Sanandaj; Abbruch 1994 (Vor- und Achterschiff getrennt) nach Totalschaden im Iran-Irak-Krieg
1974	British Patience	851	st.	23.872	253.838	Abbruch 1982
1974	Lembulus	853	st.	23.536	254.146	1981: Annie; 1986: Sanna; Abbruch 1995
1975	Lepton	859	st.	26.856	318.938	Abbruch 1985
1975	Maasrix	878	st.	26.502	318.754	1983: Sea; 1985: Pulau Busing; 1990: Oslo Countess; 1993: Mount Athos
1975	Maasbracht	885	st.	26.856	318.707	Abbruch 1983
1976	Brazilian Marina	886	st.	26.502	319.226	1987: Marina; 1987: Incisive; 1987: BT Trader; 1990: Berge Trader; Abbruch 1994
1976	Brazilian Peace	888	st.	26.856	319.226	1982: Hellespont Enterprise; 1986: Totalschaden im Iran-Irak-Krieg; 1986: Enterprise, Abbruch

Verolme Scheepswerf, Alblasserdam B.V.

Bauj.	Name	B.Nr.	Antrieb	kw	tdw	weiter Verbleib
1972	Texaco Panama	833	st.	23.536	229.590	Abbruch 1982

Großbritannien

Swan Hunter Shipbuilders Ltd., Wallsend

Bauj.	Name	B.Nr.	Antrieb	kw	tdw	weiter Verbleib
1970	Esso Northumbria	3	st.	23.872	254.277	Abbruch 1982
1970	Esso Hibernia	4	st.	23.872	254.277	Abbruch 1983
1971	Texaco Great Britain	5	st.	23.872	256.489	Abbruch 1981
1972	London Lion	29	st.	23.872	256.387	1978: Tropical Lion, Öllagerschiff; 1994: Liwa, Öllagerschiff
1974	World Unicorn	28	st.	23.872	256.632	Abbruch 1984
1975	Windsor Lion	58	st.	23.872	256.548	1981: Meridian Sky; 1986: State; 1988: Avaj 2; Abbruch 1995
1976	Tyne Pride	63	st.	23.872	262.166	1976: Opportunity; 1979: Thermidor; 1988: El Omar; 1989: New Resource; 1994: Thai Resource
1977	Everett F. Wells	64	st.	23.872	263.382	1982: Agios Nikolaos Thalassoporos; 1984: Guam; Abbruch 1986

Lithgows Ltd., Port Glasgow

Bauj.	Name	B.Nr.	Antrieb	kw	tdw	weiter Verbleib
1974	Nordic Clansman	1183	st.	24.208	268.235	1982: Al Jazirah; Abbruch 1983
1976	Nordic Commander	1188	st.	24.208	268.693	1982: Cast Rorqual; 1983: Bora, Abbruch
1978	World Score	1191	st.	27.975	267.401	1990: Kosmos Sailor; 1991: Berge Forest
1979	World Scholar	1192	st.	27.975	268.112	1990: Kosmos Mariner; 1991: Berge Fister

Harland & Wolff Ltd., Belfast

Bauj.	Name	B.Nr.	Antrieb	kw	tdw	weiter Verbleib
1968	Myrina	1666	st.	22.380	193.048	Abbruch 1981
1970	Esso Ulidia	1676	st.	23.872	254.011	Abbruch 1983
1971	Esso Caledonia	1677	st.	23.872	250.011	Abbruch 1982
1972	Olympic Banner	1685	st.	23.872	268.792	1990: Latia; Abbruch 1995
1973	Olympic Brilliance	1686	st.	23.538	269.069	1990: Limnea; Abbruch 1995
1974	World Cavalier	1693	st.	26.856	268.337	Abbruch 1982
1975	Lotorium	1694	st.	26.856	268.393	1980: Lotor; 1980: Olympic Armour II
1975	Lampas	1695	st.	26.480	317.996	
1976	Lepeta	1696	st.	26.856	317.996	
1976	Leonia	1697	st.	26.856	317.996	
1977	Lima	1698	st.	26.856	318.013	
1978	Coastal Corpus Christi	1704	st.	26.856	338.014	1982: Carianna Venture; 1983; Venturia; 1988: Daqing; 1990: Maxus Widuri, Öllagerschiff
1978	Coastal Hercules	1705	st.	26.856	343.423	1983: Medusa, 1987: Abbruch nach Totalschaden im Iran-Irak-Krieg

Bauj.	Name	B.Nr.	Antrieb	kw	tdw	weiter Verbleib

Frankreich

Chantiers de L' Atlantique, St. Nazaire

Bauj.	Name	B.Nr.	Antrieb	kw	tdw	weiter Verbleib
1968	Magdala	R 23	st.	20.888	211.789	Abbruch 1978
1969	Miralda	S 23	st.	20.888	217.030	1982: Urania; Abbruch 1985
1969	Esso Anglia	U 23	st.	22.380	193.361	Abbruch 1978
1969	Esso Paris	V 23	st.	22.678	196.146	Abbruch 1980
1970	Emeraude	B 24	st.	24.170	223.598	Abbruch 1981
1970	Olympic Action	C 24	st.	22.074	222.772	Abbruch 1983
1970	Olympic Anthem	D 24	st.	22.380	222.792	Abbruch 1981
1970	Myrtea	X 23	st.	20.888	214.352	Abbruch 1982
1971	Hermione	I 24	st.	24.170	225.703	1982: Umbau zur Ölbarge Moudi (ohne Antrieb)
1971	Rubis	L 24	st.	24.170	223.653	Abbruch 1981
1971	Esso Bretagne	M 24	st.	24.203	259.210	Abbruch 1982
1972	Esso Provence	U 24	st.	24.170	259.210	Abbruch 1984
1972	Olympic Avenger	Y 24	st.	22.380	222.968	Abbruch 1986
1972	Olympic Aspiration	Z 24	st.	22.380	222.968	Abbruch 1986
1973	British Pride	C 25	st.	24.170	218.467	1982: Susangird; Abbruch 1995
1973	Latona	E 25	st.	24.170	282.684	Abbruch 1985
1973	Leda	F 25	st.	24.170	282.684	Abbruch 1985
1973	Saphir	L 25	st.	24.170	280.088	Abbruch 1985
1974	Lucina	D 25	st.	24.170	276.699	Abbruch 1985
1974	Latirus	M 25	st.	24.170	282.684	Abbruch 1984
1974	Latia	N 25	st.	24.170	282.684	Abbruch 1985
1974	Iseult	Q 25	st.	24.170	274.999	
1974	Esso Normandie	R 25	st.	24.170	273.999	1995: Alsace
1975	Esso Africa	S 25	st.	24.204	274.467	1994: Africa
1975	Labiosa	T 25	st.	24.170	278.219	1981: Autan
1975	Opale	Y 25	st.	24.170	279.999	1987: Happy Pilot; 1990: Torino
1975	Olympic Bravery	P 25	st.	24.170	278.397	Totalverlust 1976 (Strandung)
1976	Esso Picardie	U 25	st.	24.204	278.734	1995: Picardie
1976	Batillus	V 25	st.	48.341	550.001	Abbruch 1986
1976	Bellamya	X 25	st.	48.341	553.662	Abbruch 1986
1977	Alexander S. Onassis	C 26	st.	24.170	273.169	1990: Lyria
1977	Pierre Guillaumat	D 26	st.	48.490	555.051	1983: Ulsan Master, Abbruch
1979	Prairial	H 26	st.	48.490	554.974	1985: Sea Brilliance; 1986: Hellas Fos

Chantiers Navals de La Ciotat, La Ciotat

Bauj.	Name	B.Nr.	Antrieb	kw	tdw	weiter Verbleib
1971	Blois	264	st.	24.170	239.708	1981: Zafer; 1983: Zafer M.; Abbruch 1986
1971	Brumaire	265	st.	24.170	239.708	Abbruch 1982
1972	Normandie	262	st.	24.170	239.708	1983: Normand; Abbruch 1984
1972	Ferncourt	274	st.	24.170	249.261	1976: World Resolve; Abbruch 1985
1973	Beaugency	288	st.	24.170	239.601	1982: Polys; 1986: Polikon; 1987: Totalschaden im Iran-Irak-Krieg; 1991: Micky, Abbruch
1973	Ferncraig	287	st.	24.170	249.261	1978: Alize; Abbruch 1983
1975	Alsace	273	st.	24.170	239.708	Abbruch 1985
1975	Aquitaine	291	st.	24.170	239.708	1984: Nova; 1986: Ova; 1986: Va; 1987: Rova; 1988: Arica
1976	Brissac	303	st.	24.170	239.726	1987: Brisk; 1988: Koohe Zagros; Abbruch 1994
1976	Al Rawdatain	304	st.	26.856	331.953	1983: Alta; 1985: Ala; Abbruch 1986

Bauj.	Name	B.Nr.	Antrieb	kw	tdw	weiter Verbleib

Spanien

»Astano«, Astilleros Y Talleres Del Noroeste S.A., El Ferrol

Bauj.	Name	B.Nr.	Antrieb	kw	tdw	weiter Verbleib
1972	Arteaga	226	st.	27.900	323.087	1982: Abqaiq, Abbruch 1983
1973	Butron	227	st.	27.900	323.087	1982: Karan; 1983: Euroventure, Abbruch
1973	Chun Woo	233	m.	27.154	231.099	1981: Afran Comet; Abbruch 1982
1974	Ocean Park	229	st.	27.900	323.094	1982: Afran Ocean; 1990: Chevron Ocean; 1992: Saint Constantinos; 1996: Deep Blue
1974	Texaco Spain	234	st.	23.872	280.178	Abbruch 1983
1974	Tarragona	239	st.	23.872	276.063	Abbruch 1985
1975	Al Andalus	231	st.	27.900	362.946	1985: Dalus, Abbruch
1975	La Santa Maria	232	st.	27.900	362.942	1977: Santa Maria; 1987: Houda; Abbruch 1994
1975	Dalma	236	m.	30.288	265.040	1985: Alma, Abbruch
1976	Texaco London	235	st.	23.872	272.739	1983: Bishah; 1990: Texaco London; 1990: Star London; Abbruch 1994
1976	Texaco South America	240	st.	23.872	272.516	1990: Star South America; Abbruch 1995
1976	Carthago-Nova	241	st.	23.872	272.000	1993: Isabella
1977	Mundaca	242	st.	26.856	300.068	1984: Ocean Cloud; 1984: Yucatan Valley; 1985: Umm Al Madafa; 1986: Tochal; Abbruch 1994 nach Havarie (Wulstbug abgebrochen)
1977	Munguia	243	st.	26.856	300.068	1988: Indiana; 1995: Galp Funchal
1977	Monica Maria	244	st.	26.856	300.000	1983: Canaria; 1985: Totalschaden im Iran-Irak-Krieg; 1986: Canari, Abbruch
1981	Tarraco Augusta	245	st.	26.480	300.070	1985: Magnum; 1986: Totalschaden im Iran-Irak-Krieg; 1987: Mag, Abbruch

Astilleros Espanoles S.A., Cadiz

Bauj.	Name	B.Nr.	Antrieb	kw	tdw	weiter Verbleib
1973	Barcelona	89	m.	22.678	230.009	Abbruch 1989 (Vor- und Achterschiff getrennt) nach Totalschaden im Iran-Irak-Krieg (88)
1973	Amoco Milford Haven	93	m.	22.678	232.162	1986: Haven; 1991: nach Explosion gesunken
1973	Amoco Singapore	94	m.	22.678	232.162	1983: Bon Bateau; Umbau zum Ölaufbereitungs- und -lagerschiff
1974	Amoco Cadiz	95	m.	22.678	233.690	Totalverlust 1978 nach Strandung
1975	Amoco Europa	96	m.	22.678	230.000	1986: Gallant; 1987: Pivot; Abbruch 1996
1975	Gibraltar	98	m.	22.678	238.909	1987: Actinia; 1992: Fal XXIV; Öllagerschiff; Abbruch 1992
1976	Mycene	100	m.	24.320	238.889	1980 nach Explosion gesunken
1977	Maria Alejandra	101	m.	24.320	239.010	1980 nach Explosion gesunken

Astilleros Espanoles S.A., Puerto Real

Bauj.	Name	B.Nr.	Antrieb	kw	tdw	weiter Verbleib
1976	Aragon	99	m.	22.678	238.959	1992: Amazonia; Abbruch 1994
1977	Castillo de Salvatierra	1	st.	26.856	271.488	Abbruch 1985
1977	Castillo de Tamarit	2	st.	26.856	271.488	Abbruch 1985
1977	Santillana	3	st.	26.856	269.195	1983: Stena Atlantica; 1986: Achilles; 1986: Totalschaden im Iran-Irak-Krieg; Abbruch 1988
1978	Castillo de Bellver	4	st.	26.856	271.540	1983 nach Explosion gesunken
1979	Amoco Chicago	102	m.	24.469	238.518	Abbruch 1983
1981	Ypermachos	7	st.	26.480	271.967	1981: Rio Tinto; 1986: Golar Liz; 1989: New Prosperity
1996	Bourgogne	72	m.	21.736	295.300	

Portugal

Setenave- Estaleiros Navais de Setubal S.A.R.L.

Bauj.	Name	B.Nr.	Antrieb	kw	tdw	weiter Verbleib
1979	Nogueira	102	st.	26.117	323.092	1986: BT Banker; 1990: Berge Banker
1983	Nisa	104	st.	26.117	322.912	1989: Berge Nisa
1983	Settebello	106	st.	26.118	322.446	

Bauj.	Name	B.Nr.	Antrieb	kw	tdw	weiter Verbleib

Italien

Italcantieri S.p.A., Monfalcone

Bauj.	Name	B.Nr.	Antrieb	kw	tdw	weiter Verbleib
1970	Caterina M.	4228	st.	26.670	228.736	1979: Sirenia; Abbruch 1982
1970	Anita Monti	4229	st.	26.670	228.541	1979: Flying Cloud; Abbruch 1981
1971	San Giusto	4232	st.	26.670	231.135	1972: Porthos; 1979: Mobil Raven; Abbruch 1982
1971	Santa Rosalia	4253	st.	26.670	227.492	1980: Anna I. Angelicoussi; 1986: Angel; 1986: Totalschaden im Iran-Irak-Krieg; Abbruch 1987
1972	Esso Italia	4235	st.	24.245	254.361	Abbruch 1983
1972	Sant'Ambrogio	4244	m.	28.796	257.059	1978: Paraggi; 1981: Henriette II; Abbruch 1994
1972	Agip Sicilia	4259	m.	28.796	253.449	1986: Vega Oil, Umbau zum Ölaufbereitungs- und -lagerschiff
1973	Agip Sardegna	4260	m.	25.364	253.538	1985: Sloug, Umbau zum Ölaufbereitungs- und -lagerschiff
1973	Primarosa	4276	st.	24.245	254.276	Abbruch 1983
1974	Ritina	4277	st.	24.245	254.249	Abbruch 1983
1974	Nai Matteini	4290	st.	28.721	254.080	Abbruch 1985
1974	Nai Rocco Piaggio	4291	st.	24.245	254.116	Abbruch 1985
1974	Oceania	4304	m.	28.796	254.693	1979: Nirvana; 1987: Iskar 2; 1987 Boni; 1988: Explosion und Feuer im Maschinenraum; Abbruch 1989
1975	Nai di Stefano	4305	m.	28.796	254.885	1987: Aspra; 1991: Yellow Fin; Abbruch 1993
1975	Nai Mario Perrone	4306	m.	28.796	250.819	1986: Ambronia; 1991: Blue Fin; Abbruch 1993
1975	Volere	4307	m.	28.796	250.874	1986: Burmpac Bahamas; 1991: Harmony; Abbruch 1994
1976	Agip Campania	4308	m.	28.796	254.642	1989: Nan Hai Fa Xian, Umbau zum Ölaufbereitungs- und -lagerschiff
1976	Agip Lazio	4309	m.	28.796	254.642	Abbruch 1993
1976	Agip Marche	4312	m.	28.796	254.642	1987: verkürzt: 186.506 tdw
1977	Agip Abruzzo	4313	m.	28.796	254.642	1987: verkürzt: 186.506 tdw; 1991: Explosion und Feuer nach Kollision; Abbruch 1992

Jugoslawien

»Uljanik«, Brodogradiliste I Tvornica Dizel Motora, Pula

Bauj.	Name	B.Nr.	Antrieb	kw	tdw	weiter Verbleib
1972	Berge Istra, ore-oil	296	m.	26.110	227.557	1975: nach mehreren Explosionen gesunken
1972	Berge Adria, ore-oil	297	m.	26.110	227.561	1980: Umbau zum reinen Erzfrachter
1973	Berge Brioni, ore-oil	299	m.	26.110	227.187	1980: Umbau zum reinen Erzfrachter; 1988: Boca Grande, Erzlagerschiff
1974	Berge Vanga, ore-oil	300	m.	26.110	227.912	1979: gesunken
1974	Tarfala, ore-oil	301	m.	29.840	269.251	1978: Brazilian Wealth; 1981: Weser Ore; 1986: als reiner Erzcarrier klassifiziert
1974	Torne, ore-oil	302	m.	29.840	264.999	1979: Rhine Ore; 1995: als reiner Erzcarrier klassifiziert
1975	Mary R. Koch, ore-oil	303	m.	29.840	264.999	1985: Main Ore, als reiner Erzcarrier klassifiziert; Abbruch 1996
1975	Kanchenjunga	304	m.	30.526	277.136	
1976	Koyali	305	m.	30.526	276.811	Abbruch 1996
1976	Oloibiri	308	m.	30.526	276.895	seit 1979 Öllagerschiff in Nigeria
1977	Konkar Theodoros, ore-oil	307	m.	30.526	225.162	1987: Pankar Theodoros; 1988: Berge Athene

Japan

Hakodate Dock Co. Ltd., Hakodate

Bauj.	Name	B.Nr.	Antrieb	kw	tdw	weiter Verbleib
1975	Aegean Dolphin	594	st.	26.856	259.617	1979: Mistra; 1986: Totalschaden im Iran-Irak-Krieg; 1986: Mira, Abbruch 1987
1975	Aegean Sailor	595	st.	26.856	259.806	1979: Taygetos; Abbruch 1985
1977	Captain John G.P. Livanos	604	st.	26.856	259.657	1989: Choyo Maru; 1991: Captain John G.P. Livanos; 1995: Flandre

Hitachi Zosen, Sakai yard

Bauj.	Name	B.Nr.	Antrieb	kw	tdw	weiter Verbleib
1968	Marisa	4126	st.	20.888	210.258	1977: Aegean Captain; 1979: Kollision mit anschließendem Feuer; Abbruch 1980
1968	Nicholas J. Goulandris	4155	st.	21.634	195.565	1978: Nicholas; Abbruch 1981
1968	Meta	4164	st.	20.888	210.233	Abbruch 1982
1968	Hien Maru	4200	st.	25.364	195.119	1976: Glaros; Abbruch 1984

Bauj.	Name	B.Nr.	Antrieb	kw	tdw	weiter Verbleib
1968	Yasutama Maru	4201	st.	25.364	198.196	1976: Brazilian Faith; Abbruch 1980
1969	Mytilus	4165	st.	20.888	210.292	1981: Gregorio Del Pilar; 1988: Nita I, Öllagerschiff; 1993 Abbruch
1969	Olympic Armour	4180	st.	22.380	219.982	Abbruch 1980
1969	Kisogawa Maru	4194	st.	25.364	195.232	1980: Limassol, Abbruch
1969	Olympic Athlete	4213	st.	22.380	219.963	Abbruch 1981
1970	Olympic Adventure	4214	st.	22.380	219.706	Abbruch 1981
1970	Olympic Ambition	4224	st.	22.380	219.902	Abbruch 1981
1970	Aquarius	4230	st.	22.380	220.300	1972: Jumbo Pioneer; 1983: Zil; 1983: Bery, Abbruch
1970	Olympic Alliance	4232	st.	22.380	219.913	Abbruch 1981
1970	Kaien Maru	4268	st.	26.856	209.259	1976: Mobil Osprey; Abbruch 1979
1970	Nichian Maru	4282	st.	25.364	195.404	Abbruch 1980
1971	Hercules	4228	st.	22.380	220.117	1982 nach Beschädigung durch Bombenangriff freiwillig versenkt
1971	World Baroness	4297	st.	24.618	232.496	Abbruch 1983
1971	Eiko Maru	4300	st.	26.856	231.796	1986: World Trader; Abbruch 1994
1971	Sankolake	4302	st.	26.856	229.931	1976: World Prestige; Abbruch 1981
1971	Shin-En Maru	4330	st.	26.856	238.585	Abbruch 1982
1972	Ogden Nelson	4303	st.	26.856	266.120	Abbruch 1984
1972	Ioannis Chandris	4309	st.	26.856	266.428	1976: Coalinga; Abbruch 1986
1972	Olympic Bond	4316	st.	23.872	269.244	1985: Bond; Abbruch 1986
1972	Nichio Maru	4331	st.	26.856	238.729	1987: Nichio; 1989: Wisdom; Abbruch 1992
1972	Japan Carnation	4332	st.	26.856	237.658	Abbruch 1984
1972	Japan Lupinus	4348	st.	26.856	237.748	Abbruch 1987
1973	Eastern Lion	4337	st.	23.872	262.444	
1973	Hoko Maru	4349	st.	26.856	237.799	Abbruch 1986
1973	Kashimasan Maru	4350	st.	26.856	237.651	Abbruch 1983
1973	Nichiharu Maru	4351	st.	26.856	237.582	1988: Nichiharu; 1991: Matterhorn; Abbruch 1992
1973	Esso Osaka	4401	st.	26.856	283.154	Abbruch 1985
1974	World Crown	4370	st.	26.856	235.011	Abbruch 1985
1974	Western Lion	4371	st.	23.872	269.117	
1974	Northern Lion	4372	st.	23.872	269.117	
1974	World Admiral	4384	st.	26.856	237.311	Abbruch 1992
1974	Esso Honolulu	4402	st.	26.856	283.397	1994: Honolulu
1974	World Nisseki	4407	st.	26.856	262.699	1987: Pacificos; 1991: Yukong Successor; Abbruch 1995
1975	Southern Lion	4373	st.	23.872	264.799	
1975	Esso Bilbao	4403	st.	26.856	283.271	1986: Freedomship L.; Abbruch 1995
1975	Esso Hawaii	4404	st.	26.856	283.274	1994: Hawaii
1975	Khark	4415	st.	26.856	235.431	
1975	Kazuko	4424	st.	26.856	268.863	1987: Azuro; 1988: Knock Ville; 1991: Nielstor; 1992: FSO XV, Öllagerschiff; 1993: FSO XV Domy, Öllagerschiff
1976	World Brasilia	4422	st.	26.856	283.761	Abbruch 1993
1976	Spio	4432	st.	23.538	283.861	1979: Boree
1976	Katorisan Maru	4470	st.	26.856	237.569	Abbruch 1994

Hitachi Zosen, Ariake yard

Bauj.	Name	B.Nr.	Antrieb	kw	tdw	weiter Verbleib
1974	Shunko Maru	4410	st.	26.856	238.056	1986: Haru Orient; 1991: Ambra Orient; 1993: Ancora
1975	World Hitachi Zosen	4387	st.	26.856	268.904	Abbruch 1992 nach Kollisionsschaden
1975	World Ambassador	4421	st.	26.856	245.000	Abbruch 1993
1976	Esso Japan	4440	st.	33.570	406.640	1986: Safer; 1987: Umbau zur Öllagerbarge (ohne Antrieb)
1976	Esso Tokyo	4441	st.	33.570	406.258	1985: Red Seagull
1977	World Petrobras	4443	st.	33.570	411.508	1992: Media Star
1977	Esso Atlantic	4484	st.	33.570	516.893	1990: Kapetan Giannis
1977	Esso Pacific	4485	st.	33.570	516.423	1990: Kapetan Michalis
1986	Cosmo Jupiter	4823	m.	14.388	238.770	

Bauj.	Name	B.Nr.	Antrieb	kw	tdw	weiter Verbleib
1989	Columbia	4837	m.	15.284	258.076	1996: Verona
1989	Nichioh	4841	m.	16.029	242,356	
1990	Olympia	4838	m.	16.006	258.076	
1990	Sea Prince	4843	m.	15.284	275.782	1995: Totalschaden nach Strandung; 1995: Sea I; Totalverlust (gesunken)
1990	Sea Duke	4844	m.	15.284	275.993	1991: General Monarch; 1996: Taos
1991	Nichiryu	4850	m.	17.815	242.356	
1991	Goho	4853	m.	15.284	226.825	1994: Nichiyo
1991	Sawako	5002	m.	15.158	281.751	1991: Unity Lake; 1995: Agios Nikolaos
1991	Bloom Lake	5003	m.	15.160	281.794	1994: Grand Lady
1992	Cosmo Pleiades	4854	m.	18.073	234.999	
1992	New Venture	4856	m.	17.940	291.640	
1992	Nissho	4858	m.	16.035	242.510	
1992	New Valor	5012	m.	15.160	281.598	
1993	Arosa	4855	m.	21.770	291.381	
1993	Sea Princess	4859	m.	16.984	258.091	1993: General Ace
1993	New Victory	4860	m.	17.940	291.613	
1993	Tarim	4864	m.	19.125	280.954	
1995	Atlantic Liberty	4880	m.	21.670	311.625	
1995	Atlantic Prosperity	4881	m.	25.487	310.000	
1995	Tohzan	4890	m.	19.014	268.870	
1995	Golden Stream	5688	m.	21.840	275.616	
1995	Golden Fountain	5778	m.	21.256	301.665	
1996	Navix Astral	4851	m.	21.844	260.000	
1996	Ohminesan	4892	m.	25.487	258.000	

Ishikawajima Harima Heavy Industries Co. Ltd., Yokohama yard

Bauj.	Name	B.Nr.	Antrieb	kw	tdw	weiter Verbleib
1966	Idemitsu Maru	920	st.	24.618	209.413	Abbruch 1980
1968	Macoma	924	st.	20.888	209.995	Abbruch 1983
1968	Universe Ireland	2001	st.	27.900	331.825	1980: Avin Oil Episkopi; 1981: Haql Episkopi; 1984: Episkopi, Abbruch
1968	Metula	2019	st.	20.888	210.036	1974: Totalschaden nach Strandung; 1976: Tula; Abbruch
1969	Andros Apollon	1995	st.	20.888	219.013	Abbruch 1979
1969	Universe Japan	2002	st.	27.900	331.801	1980: Avin Oil Sfakia; 1980: Jubayl; Abbruch 1983
1969	Universe Korea	2003	st.	27.900	331.917	Abbruch 1980
1969	Marpessa	2020	st.	20.888	209.996	Totalverlust 1969 (gesunken)
1969	Shoju Maru	2072	st.	24.618	207.108	Abbruch 1981
1969	Japan Marguerite	2111	st.	26.856	209.165	Abbruch 1981
1970	Elena	1999	st.	20.515	206.070	1975: Al Rowdah; 1979: Mobil Tern; Abbruch 1982
1970	World Hero	2040	st.	21.634	219.436	Abbruch 1981
1970	King Alexander The Great	2052	st.	24.618	231.156	1979: Alexander; 1980: Alexander The Great; Abbruch 1980
1970	Andros Patria	2056	st.	20.888	218.665	1979: Abbruch nach Havarie (Tankexplosion, Risse im Schiffskörper)
1970	Japan Galanthus	2152	st.	26.856	208.902	Abbruch 1983
1971	World Honour	2105	st.	21.634	219.345	Abbruch 1980
1971	World Conqueror	2153	st.	22.380	217.310	Abbruch 1982
1971	Takaoka Maru	2206	st.	28.050	215.848	Abbruch 1984
1971	Kyoei Maru	2216	st.	27.378	216.119	1986: Blue Phoenix; 1987: Merlin; 1988: OSA Merlin; 1989: Trade Reliance; 1990: BT Renovator; 1990: BT Venture; Abbruch 1994
1971	Ohshima Maru	2218	st.	24.618	222.399	Abbruch 1985
1972	Athina S. Niarchos	2106	st.	21.634	234.610	1979: Athina, 1981: Fulton; Abbruch 1983
1972	Andros Atlas, ore-oil	2212	st.	20.888	227.669	Abbruch 1994
1972	Ryuko Maru	2285	st.	24.618	232.312	Abbruch 1982
1972	Tagawa Maru	2290	st.	27.378	219.801	Abbruch 1983
1973	Afran Zodiac	2270	st	24.618	231.430	1986: Emerald; Abbruch 1992
1973	Andros Antares, ore-oil	2304	st.	20.888	227.480	Abbruch 1994

Bauj.	Name	B.Nr.	Antrieb	kw	tdw	weiter Verbleib
1973	Takayama Maru	2338	st.	24.618	233.396	1986: Taisetsu; 1988: Novelty; Abbruch 1992
1973	Taiei Maru	2339	st.	24.618	233.378	Abbruch 1993
1974	World Premier	2311	st.	24.618	233.931	Abbruch 1984
1974	World Diplomat	2350	st.	24.618	234.426	Abbruch 1984
1974	Golden Daffodil	2352	st.	24.618	233.276	1980: Gekko Maru; Abbruch 1985
1975	Rio Horizonte	2360	st.	24.618	232.421	1987: Hikari Orient
1975	Azarpad	2386	st.	24.618	233.786	1986: Totalschaden im Iran-Irak-Krieg; Abbruch 1989
1975	Taisho Maru	2407	st.	24.618	232.421	1989: Taisho; 1989: Sailor
1975	Gresham	2418	st.	24.618	233.335	1989: Graz; Abbruch 1994
1976	Okeanos	2384	st.	24.618	232.750	1984: Corona Star
1976	Eisho Maru	2408	st.	24.618	232.644	1990: Aster C.; 1994: Fay
1976	Lombard	2419	st.	24.618	233.348	1990: D. Orchid; 1993: Yasmine; Abbruch 1994
1976	Asian Energy	2440	st.	24.618	229.945	

Ishikawajima Harima Heavy Industries Co. Ltd., Kure yard

Bauj.	Name	B.Nr.	Antrieb	kw	tdw	weiter Verbleib
1969	Andros Texas	2087	st.	20.888	217.136	Abbruch 1981
1970	Olympic Arrow	1998	st.	22.380	218.216	Abbruch 1981
1970	Andros Master	2088	st.	20.888	217.052	Abbruch 1981
1970	Andros Titan	2127	st.	20.888	232.643	Abbruch 1985
1970	Olympic Archer	2134	st.	22.380	218.496	Abbruch 1981
1971	Nisseki Maru	2168	st.	29.840	372.698	Abbruch 1985
1971	Kulu	2195	st.	22.380	221.792	1979: Eastern Prospector; 1979: Phoinikas; 1983: Hoini, Abbruch
1971	Terukuni Maru	2213	st.	29.840	244.803	Abbruch 1986
1972	Gondwana	2197	st.	24.916	221.597	1979: Spyros A. Lemos; 1984: Marily P., Abbruch
1972	Universe Pioneer	2268	st.	27.900	262.631	1980: Laurel; 1990: Stena Convoy
1972	Usa Maru, ore-oil	2271	st.	29.840	268.767	1984: Umrüstung auf Dieselantrieb, 13.240 kw; Abbruch 1995
1972	Japan Iris	2273	st.	29.840	252.056	Abbruch 1984
1973	Sinde	2196	st.	27.378	276.045	1973: Maasbree; 1985: Maas, Abbruch
1973	Globtik Tokyo	2239	st.	33.570	483.684	Abbruch 1986
1973	Globtik London	2282	st.	33.570	483.960	Abbruch 1985
1973	Universe Burmah	2283	st.	29.840	273.616	1986: Stena Concordia
1973	Conoco America	2289	st.	29.840	271.855	1978: Venture America; 1984: Erica; Abbruch 1985
1973	Setagawa Maru	2329	st.	29.840	274.149	Abbruch 1986
1974	Akama Maru	2335	st.	29.840	257.098	1991: Akama; 1992: Myrtos Bay; Abbruch 1996
1974	Jose Bonifacio, ore-oil	2279	st.	29.840	270.355	
1974	Universe Explorer	2284	st.	29.840	273.408	1986: Stena Explorer; 1990: Stena Conductor
1974	Universe Ranger	2293	st.	26.856	273.268	1980: Menantic; 1990: Stena Contender; 1995: Nkossa I, Umbau zum Ölaufbereitungs- und -lagerschiff
1974	Universe Mariner	2294	st.	29.840	273.205	1980: Peconic; 1990: Stena Congress
1974	Ise Maru	2343	st.	29.840	258.692	1985: Umrüstung auf Dieselantrieb, 17.653 kw; 1994: Somerset
1974	Andros Chryssi	2359	st.	29.840	282.883	
1974	Vidal de Negreiros	2375	st.	29.840	282.822	1996: Petrobras XXXI, Umbau zum Ölaufbereitungs- und -lagerschiff
1974	Cairu	2376	st.	29.840	282.747	1996: Petrobras 32, Umbau zum Ölaufbereitungs- und -lagerschiff
1975	Universe Guardian	2336	st.	29.840	273.616	1980: Arcadia; 1990: Stena Continent
1975	Nissei Maru	2344	st.	33.570	484.337	
1975	Universe Monitor	2345	st.	29.840	273.310	1980: Moselle; 1990: Stena Concept
1975	Universe Sentinel	2346	st.	29.840	273.409	1980: Hamlet; 1990: Stena Constellation
1975	Sunshine Leader	2422	st.	29.840	274.162	1986: Umrüstung auf Dieselantrieb, 17.065 kw; 1991: Pacific Leader
1976	Andros Petros	2382	st.	33.570	449.933	1977: Esso Caribbean; 1990: Kapetan Giorgis
1976	Olympic Breeze	2403	st.	29.840	269.532	
1976	Conoco Independence	2437	st.	29.840	274.774	1978: Venture Independence; 1988: Independence
1976	Texaco Veraguas	2482	st.	29.840	274.165	1990: Star Veraguas
1976	Universe Frontier	2506	st.	29.840	269.574	1977: Aristotle S. Onassis; 1990: Lucina

Bauj.	Name	B.Nr.	Antrieb	kw	tdw	weiter Verbleib
1977	Homeric	2405	st.	33.570	446.500	1977: Esso Mediterranenan; 1991: Kapetan Panagiotis
1977	Texaco Caribbean	2483	st.	26.856	274.347	1990: Star Caribbean
1981	Nissho Maru	2708	m.	22.508	257.865	
1982	Kazimah	2766	m.	25.009	294.739	1987: Townsend; 1989: Kazimah
1983	Al Funtas	2767	m.	25.009	294.739	1987: Middletown; 1989: Al Funtas
1984	Tohkai Maru	2810	m.	15.888	238.465	1986: Cosmo Andromeda; 1996: Eleuthera
1985	Idemitsu Maru	2921	m.	15.557	258.090	
1986	Cosmo Galaxy	2910	m.	14.268	238.770	
1986	Cosmo Venus	2956	m.	14.268	238.770	
1987	Cosmo Neptune	2963	m.	14.268	238.770	
1988	T.Y. Draco	2970	m.	18.015	240.041	
1989	Takachiho	2974	m.	20.029	239.986	
1989	T.S. Asclepius	2984	m.	20.243	258.049	
1990	Diamond City	2982	m.	16.594	243.850	
1990	Orpheus Asia	2995	m.	18.220	258.090	
1991	Taiho Maru	2996	m.	19.544	258.085	
1991	Sunrise I	2997	m.	19.523	258.095	
1992	Cosmo Astraea	3013	m.	18.029	238.770	
1993	Takashima Maru	3025	m.	18.025	239.999	
1993	Navix Adventure	3028	m.	18.073	258.096	
1993	Toba	3029	m.	17.839	260.619	
1993	Okinoshima Maru	3031	m.	18.021	258.079	
1994	Takao	3030	m.	20.029	260.552	1996: Crane Princess
1994	Han-ei	3049	m.	20.059	259.999	
1995	Super Zearth	3053	m.	22.001	258.096	

Ishikawajima Harima Heavy Industries Co. Ltd., Tokyo yard

Bauj.	Name	B.Nr.	Antrieb	kw	tdw	weiter Verbleib
1972	Andros Aries, ore-oil	2161	st.	20.888	227.399	Abbruch 1993
1973	Buko Maru	2286	st.	24.618	232.253	Abbruch 1986

Ishikawajima Harima Heavy Industries Co. Ltd., Chita yard

Bauj.	Name	B.Nr.	Antrieb	kw	tdw	weiter Verbleib
1974	World Bermuda	2332	st.	29.840	275.937	1995: Mona, Abbruch
1974	Andes Maru	2353	st.	29.840	273.147	1986: World Champion, Abbruch 1996
1975	Shuho Maru	2348	st.	29.840	274.341	1986: Umrüstung auf Dieselantrieb, 17.065 kw; 1991: Shuho; 1994: Dorset
1975	Tokuyama Maru	2349	st.	29.840	256.819	1989: Takatsuki; 1993: Zante
1975	Ethnic	2401	st.	26.856	274.629	
1976	Rosebay	2436	st.	29.840	272.000	1990: Rome
1976	Andros Georgios	2441	st.	24.618	229.044	
1976	Hazel Prosperity	2442	st.	29.840	274.626	1978: Tenko Maru; 1986: Umrüstung auf Dieselantrieb, 20.125 kw; 1986: T.S. Fortune; 1989: Eredine
1977	Patriotic	2402	st.	26.856	269.500	

Kawasaki Dockyard Co. Ltd., Kobe

Bauj.	Name	B.Nr.	Antrieb	kw	tdw	weiter Verbleib
1968	Mangelia	1100	st.	20.888	209.838	1976: Andros Tanker; 1976: Jarmona; 1979: Korea Donghae 2; Abbruch 1983
1968	Kiho Maru	1110	st.	20.888	189.475	1975: Atlantic Progress, 201.177 tdw; Abbruch 1982

Kawasaki Heavy Industries Ltd., Sakaide

Bauj.	Name	B.Nr.	Antrieb	kw	tdw	weiter Verbleib
1969	Melo	1005	st.	20.888	209.805	1976: World Recovery; 1976: Selefkia; Abbruch 1980
1969	Bideford	1103	st.	20.888	220.691	1972: Camden; Abbruch 1981
1969	World Chief	1104	st.	24.618	222.777	1981: Fulton II; Abbruch 1983
1969	Fernhaven	1108	st.	20.888	220.023	1982: St. Christophorus; Abbruch 1984
1969	Golar Patricia	1112	st.	22.380	216.326	Totalverlust 1973 (nach Explosion gesunken)
1969	Shoen Maru	1125	st.	25.364	200.312	Abbruch 1980

Bauj.	Name	B.Nr.	Antrieb	kw	tdw	weiter Verbleib
1970	Elisabeth Knudsen	1111	st.	20.888	219.655	1979: Korea Donghae; Abbruch 1983
1970	Golar Betty	1113	st.	22.380	217.675	1977: Energy Concentration; 1980: Totalschaden nach Zusammenknicken des Schiffskörpers; Abbruch 1981, Vor- und Achterschiff getrennt
1970	Boxford	1114	st.	20.888	220.050	1973: Carnegie; 1979: Philip of Macedon; Abbruch 1982
1970	Golar Nichu	1132	st.	22.380	215.780	1980: Honam Ruby; 1987: Star Ray; 1988: Abbruch nach Totalschaden im Iran-Irak-Krieg
1970	Juko Maru	1134	st.	26.856	223.421	1977: Reunion; 1988: Supernal; 1990: Öllagerschiff
1971	Hoegh Hill, ore-oil	1116	st.	24.618	249.259	1987: Olympus; Abbruch 1993
1971	British Scientist	1133	st.	22.380	219.996	Abbruch 1981
1971	Japan Orchid	1151	st.	26.856	231.722	Abbruch 1987
1971	Asukagawa Maru	1155	st.	26.856	232.337	1977: World Endeavour; Abbruch 1983
1972	La Loma, ore-oil	1141	st.	24.618	249.223	1978: World Truth; 1987: Trade Fortitude; Abbruch 1995
1972	Fernmount	1144	st.	22.380	218.987	1978: Honam Topaz; Abbruch 1993
1972	Golar Kansai	1148	st.	22.380	219.287	1988: Axon; Abbruch 1992
1972	World Empire	1161	st.	26.856	231.833	Abbruch 1983
1972	Toho Maru	1163	st.	26.856	231.907	Abbruch 1982
1972	Ujigawa Maru	1164	st.	26.856	232.131	1977: World Saga; 1982: Umbau zur Ölbohrplattform S.S.D.C.-86 für den Einsatz in der Beaufort See, Kanada
1972	Japan Itochu	1180	st.	26.856	232.725	1974: World Monarch; Abbruch 1983
1973	World Sovereign	1162	st.	26.856	233.313	1984: Sovereign; Abbruch 1987
1973	Hoegh Hood, ore-oil	1167	st.	24.618	249.259	1987: Merit I; 1990: Atlas Pride; 1993: Mare Brazil
1973	Castleton	1177	st.	20.888	228.352	Abbruch 1983
1973	Harmony Venture	1179	st.	26.856	231.990	1986: Pegasus I; 1989: Bos Energy; 1991: Energy; Abbruch 1992
1973	Seiwa Maru	1183	st.	26.856	231.436	1988: Seiwa; 1991: Nima A.; Abbruch 1993
1973	Tivoli	1184	st.	26.856	231.796	Abbruch 1984
1973	Golar Robin	1187	st.	22.380	219.387	1989: Robin; 1993: Mountain Sky; Abbruch 1995
1974	Golar Kanto	1178	st.	22.380	219.175	1988: Argos; 1990: Unista; Abbruch 1995
1974	Esso Kawasaki	1191	st.	26.856	307.432	1994: Kawasaki
1974	World Comet	1193	st.	26.856	233.161	Abbruch 1985
1974	Manhattan King	1199	st.	26.856	229.805	1981: Zuiko Maru; 1987: Tsuru Orient
1974	British Respect	1204	st.	26.856	277.747	1992: Delos
1974	Energy Growth	1208	st.	26.856	233.959	1989: Happy Traveller; 1990: Gambit Traveller; 1990: Farsund Traveller; Abbruch 1993
1974	World Brigadier	1209	st.	26.856	233.348	1989: Brittany; Abbruch 1993
1974	Tactic	1210	st.	26.856	237.085	1987: Totalschaden im Iran-Irak-Krieg; 1987: Actic; Abbruch
1974	Japan Violet	1216	st.	26.856	233.234	1987: Umrüstung auf Dieselantrieb, 16.256 kw; 1993: Violet
1975	Esso Geneva	1192	st.	26.856	307.400	1977: Al-Duriyah; 1983: Esso Al-Duriyah; 1984: Esso Geneva; 1994: Geneva
1975	World Azalea	1194	st.	26.856	233.653	1984: Aleza I; 1984: Aleza; Abbruch 1995
1975	Wako Maru	1197	st.	26.856	233.350	1986: Pacific Memory; 1986: Umrüstung auf Dieselantrieb; 1995: Kudos
1975	Fujikawa Maru	1200	st.	26.856	234.478	1985: Umrüstung auf Dieselantrieb, 16.256 kw; 1988: Fujikawa; 1993: Seamaster
1975	Hilda Knudsen	1215	st.	33.570	409.499	1984: Hilda; 1984: Buyuk Selcuklu; 1986: Happy Sailor; 1989: Vendela; 1991: Mira Star
1976	World Philippines	1195	st.	26.856	234.102	1980: Eastern Laurel; 1989: Lima; 1990: Lini; Abbruch 1994
1976	Japan Daisy	1196	st.	26.856	233.757	1991: J. Daisy; 1996: Tai Hung San
1976	Takasaka Maru	1198	st.	26.856	235.048	1982: auf Dieselantrieb umgerüstet: 26.480 kw; 1987: Tokachi; 1992: Noura
1976	Coraggio	1212	st	33.570	423.798	1985: Corag; Abbruch
1976	Golar Patricia	1217	st.	33.570	424.420	1979: Robinson; 1984: Auriga
1976	Esso Deutschland	1233	st.	33.570	421.681	1985: Grand; 1990: Hellespont Grand
1977	Seiko Maru, ore-oil	1230	st.	26.856	248.228	1979/80: Umrüstung auf Dieselantrieb, 26.408 kw
1986	Kakuho	1395	m.	15.491	258.084	
1987	Isuzugawa Maru	1406	m.	16.771	243.486	
1992	Wisteria	1424	m.	18.536	258.096	
1992	Suzuka	1426	m.	18.535	264.999	

Bauj.	Name	B.Nr.	Antrieb	kw	tdw	weiter Verbleib
1992	Sumidagawa	1432	m.	18.530	269.065	
1993	Apollo Ohshima	1436	m.	18.535	253.992	
1994	Apollo Akama	1439	m.	20.596	258.068	
1995	Navix Azalea	1444	m.	18.536	269.141	

Mitsubishi Heavy Industries. Ltd., Nagasaki

Bauj.	Name	B.Nr.	Antrieb	kw	tdw	weiter Verbleib
1967	Bergehus	1627	m.	18.799	205.807	1979: Energy Endurance; 1981: Abbruch nach Beschädigungen am Vorschiff durch schwere See
1968	Megara	1634	st.	20.888	210.067	1976: Dyvi Nova; Abbruch 1978
1968	Berge Commander	1641	m.	20.590	206.198	1981: Stelios; 1986: Stilikon; 1987: Totalschaden im Iran-Irak-Krieg; Abbruch 1988
1968	Universe Kuwait	1651	st.	27.900	332.092	1980: Avin Oil Gerani; 1980: Khurais Gerani; 1983: Gerani; Abbruch 1984
1968	Yowa Maru	1654	st.	26.856	209.871	Abbruch 1980
1968	Medora	1655	st.	20.888	210.658	1980: Fulmar F.S.U., Umbau zum Ölaufbereitungs- und -lagerschiff
1969	Universe Portugal	1652	st.	27.900	332.337	Abbruch 1980
1969	Universe Iran	1653	st.	27.900	332.178	Abbruch 1980
1969	Mysia	1656	st.	20.888	210.846	Abbruch 1978
1969	Andros Star	1661	st.	20.888	220.211	Abbruch 1981
1969	Japan Canna	1667	st.	26.856	215.725	Abbruch 1981
1969	Keiyo Maru	1669	st.	26.856	210.610	Abbruch 1981
1970	Olympic Accord	1657	st.	22.380	219.359	Abbruch 1981
1970	British Explorer	1662	st.	22.380	219.014	Abbruch 1981
1970	British Inventor	1663	st.	22.380	218.928	Abbruch 1981
1970	Andros Orion	1664	st.	20.888	247.553	Abbruch 1982
1970	James E. O'Brien	1665	st.	22.380	221.035	Abbruch 1982
1970	E. Hornsby Wasson	1666	st.	22.380	221.020	Abbruch 1982
1970	Towada Maru	1670	st.	25.364	227.288	Abbruch 1983
1970	Okinoshima Maru	1671	st.	26.856	254.772	Abbruch 1985
1970	Takase Maru	1676	st.	25.364	226.948	Abbruch 1984
1971	F.A. Davies	1672	st.	20.888	233.198	Abbruch 1981
1971	United Overseas I	1673	st.	23.872	230.891	Abbruch 1983
1971	British Navigator	1674	st.	22.380	218.587	1976: Sivand; 1984: Totalschaden im Iran-Irak-Krieg; Abbruch 1986
1971	British Prospector	1675	st.	22.380	218.813	1979: South Foundation; Abbruch 1983
1971	Zuiko Maru	1677	st.	25.364	238.673	Abbruch 1980
1971	Paul L. Fahrney	1679	st.	23.872	268.086	1986: Mariners Legacy; 1986: Legacy; Abbruch 1992
1971	J.R. Grey	1680	st.	23.872	268.275	Abbruch 1985
1971	J. Paul Getty	1681	st.	22.380	227.355	1986: Diamond Queen; 1990: Connecticut; Abbruch 1992
1971	World Mitsubishi	1689	st.	25.364	238.504	Abbruch 1984
1972	Meiko Maru	1678	st.	25.364	237.755	Abbruch 1982
1972	George M. Keller	1682	st.	23.872	268.247	Abbruch 1986
1972	Howard W. Bell	1683	st.	23.872	268.314	Abbruch 1986
1972	Naess Ambassador, ore-oil	1684	st.	23.872	268.728	1974: Nordic Conqueror; 1980: Cast Narwhal; 1983: Castor; 1986: Totalschaden im Iran-Irak-Krieg, Abbruch
1972	Lauderdale, ore-oil	1685	st.	23.872	264.591	1982: Alkisma Alarabia; 1994: Abbruch
1972	Shinko Maru	1687	st.	25.364	237.570	Abbruch 1982
1972	Ryuyo Maru	1688	st.	25.364	237.556	Abbruch 1983
1972	Tottori Maru	1695	st.	25.364	237.380	Abbruch 1993
1972	Takamiya Maru	1696	st.	26.856	254.132	1989: Jasper; 1989: Jamaica; Abbruch 1992
1972	Japan Adonis	1698	st.	25.364	237.090	Abbruch 1984
1972	Kyokko Maru	1701	st.	25.364	237.201	Abbruch 1982
1973	Neptune World	1691	st.	25.364	237.366	Abbruch 1983
1973	Licorne Atlantique, ore-oil	1692	st.	23.872	262.411	1987: Musashi Spirit; 1990: Mountain Spirit; Abbruch 1993
1973	Venoil	1693	st.	26.856	330.954	1981: Resolute; 1983: Opportunity; Abbruch 1984
1973	Venpet	1694	st.	26.856	330.869	1980: Alexander The Great; 1984: Totalschaden im Iran-Irak-Krieg, Abbruch

Bauj.	Name	B.Nr.	Antrieb	kw	tdw	weiter Verbleib
1973	George F. Getty II	1697	st.	22.380	227.440	1986: Diamond Orbis; 1990: Aurora Australis; 1991: Chryssi
1973	Otto N. Miller	1699	st.	25.364	268.436	1988: Sanam; 1988: Sana; 1991: Arabian Sea II; 1994: Mare Asia
1973	Chevron Feluy	1700	st.	25.364	268.430	
1973	World Progress	1702	st.	25.364	241.092	Abbruch 1996
1973	British Norness	1705	st.	22.380	269.349	1988: Happy Norness; 1991: Thorness; 1993: Symi
1973	Tokiwa Maru	1710	st.	25.364	237.455	Abbruch 1993
1973	Hoen Maru	1711	st.	25.364	237.180	1989: Aurora Borealis; 1991: Crete
1973	Japan Aster	1712	st.	25.364	237.304	Abbruch 1987
1973	Kokko Maru	1713	st.	25.364	237.796	Abbruch 1986
1973	Eastern Dale	1714	st.	25.364	236.779	1978: Toko Maru; Abbruch 1986
1973	Showa Maru	1724	st.	25.364	237.695	1975: Heiwa Maru; 1988: Heiwa; Abbruch 1993
1973	Charles Pigott	1730	st.	25.364	268.373	
1974	British Renown	1703	st.	22.380	261.011	Abbruch 1994
1974	British Resolution	1704	st.	22.380	270.665	
1974	British Trident	1706	st.	22.380	275.333	1989: Eastern Trust; 1992: Assos Bay; 1996: Fortune Queen; Abbruch
1974	Chevron Nagasaki	1708	st.	25.364	268.242	
1974	L.W. Funkhouser	1709	st.	25.364	268.244	Abbruch 1985
1974	Grand Alliance	1715	st.	25.364	265.187	1982: Fellowship L.
1974	Los Angeles Getty	1719	st.	22.380	227.305	1986: Diamond Marine; 1992: Lord; Abbruch 1995
1974	Chevron Copenhagen	1720	st.	23.872	268.237	
1974	Chevron Edinburgh	1721	st.	23.872	268.333	
1974	Chevron Freeport	1722	st.	23.872	264.000	Abbruch 1985
1974	Chevron Pernis	1723	st.	25.364	268.023	Abbruch 1985
1974	Miyata Maru	1725	st.	26.856	254.160	1992: Miyata; 1993: Fiskardo Bay; 1996: Demo I, Abbruch
1974	Amur Maru	1726	st.	25.364	237.018	1986: World Victory; Abbruch 1994
1974	C.W. Kitto	1731	st.	25.364	268.345	Abbruch 1995
1974	Texaco Italia	1732	st.	25.364	267.848	1983: Asir; 1990: Texaco Italia; 1990: Star Italia; Abbruch 1994
1974	Chambord	1736	st.	25.364	274.075	1987: Ambor; 1988: Knock More
1974	Chinon	1737	st.	25.804	269.702	1984: Fairship L.; 1985: Totalverlust im Iran-Irak-Krieg, Abbruch
1975	Onyx	1707	st.	25.364	269.745	1986: Faroship L.; Abbruch 1994
1975	Grand Brilliance	1716	st.	23.872	268.254	1982: Fortuneship L.; Abbruch 1995
1975	Licorne Pacifique	1718	st.	23.872	269.007	
1975	Alps Maru	1727	st.	28.348	275.715	1986: Pacific Valour; 1986: Umrüstung auf Dieselantrieb, 18.757 kw; 1988: Kristhild
1975	World City	1729	st.	25.364	235.799	1979: Western City; 1989: Cali; Abbruch 1995
1975	Texaco Japan	1733	st.	25.364	263.599	1990: Star Japan
1975	Al Riyadh	1734	st.	25.364	236.794	1985: Orion Trader; 1991: Sentosa Pride
1975	British Resource	1738	st.	25.364	269.695	1981/82: Umrüstung auf Dieselantrieb, 15.704 kw
1975	British Reliance	1739	st.	25.364	269.770	
1975	World Dignity	1742	st.	28.348	268.599	1990: Doha
1975	Chevron Burnaby	1745	st.	26.856	276.775	1994: Union
1975	Chevron Rome	1746	st.	26.856	276.665	Abbruch 1985
1975	Chevron Perth	1747	st.	26.856	272.394	
1975	Chevron Antwerp	1748	st.	26.856	272.399	Abbruch 1994
1976	British Ranger	1740	st.	25.364	269.881	
1976	Grand Concordance	1741	st.	25.364	267.589	1982: Friendship L.
1976	World Longevity	1743	st.	28.348	276.467	1987: Gentian; 1987: Eastern Power
1976	Hida Maru	1750	st.	26.856	254.376	1987: Apollo Sun; 1995: Hua San
1976	Chevron North America	1751	st.	33.570	412.612	1993: Kapetan Hatzis
1976	Chevron South America	1752	st.	33.570	412.612	
1976	Aiko Maru	1754	st.	33.570	413.012	1986: Embassy; 1990: Hellespont Embassy
1976	Jinko Maru	1755	st.	33.570	413.549	Abbruch 1986
1976	Chenonceaux	1757	st.	25.364	269.919	1987: Once

Bauj.	Name	B.Nr.	Antrieb	kw	tdw	weiter Verbleib
1976	Chaumont	1758	st.	25.364	269.713	
1977	Al Rekkah	1744	st.	33.570	414.366	1987: Bridgeton
1977	David Packard	1753	st.	33.570	406.592	1993: Kapetan Hiotis
1985	Tagawa Maru	1975	m.	15.160	235.992	
1986	Tokyo Maru	1976	m.	14.829	258.094	
1986	Shoju Maru	1981	m.	14.827	258.034	
1987	Takamatsu Maru	1977	m.	14.829	254.008	
1987	Kyuseki Maru	1978	m	20.160	259.992	
1988	Nisseki Maru	2006	m.	13.041	258.094	
1988	Diamond Ace	2013	m.	15.358	248.049	
1989	Diamond Bell	2014	m.	15.358	243.850	
1989	Navix Seibu	2024	m.	16.335	234.734	
1990	Diamond Dream	2025	m.	15.358	248.050	
1991	Sunrise II	2038	m.	19.726	258.096	
1991	Tokiwa	2045	m.	15.358	243.850	
1992	Diamond Echo	2051	m.	15.358	247.875	
1992	Orpheus Orchid	2054	m.	19.934	258.080	
1992	Pacific Venus	2055	m.	21.920	258.096	
1992	Izusan Maru	2068	m.	18.632	264.301	
1993	Ocean Guardian	2059	m.	25.007	290.927	
1993	Libra Star	2064	m.	20.594	291.435	
1993	Phoenix Star	2065	m.	20.594	291.435	
1993	Cosmo Delphinus	2071	m.	17.506	258.095	
1993	Sunrise III	2072	m.	19.726	258.096	
1994	Al Bali Star	2066	m.	20.602	291.435	
1994	Diamond Grace	2076	m.	21.920	259.999	
1994	Diamond Falcon	2077	m	19.728	259.999	
1995	Diamond Hope	2080	m.	21.920	259.999	
1995	Diamond Iris	2086	m.	21.920	259.999	
1996	Ramlah	2093	m.	24.713	299.450	
1996	Ghawar	2094	m.	24.713	299.450	
1996	Watban	2095	m.	24.713	299.450	
1996	Hawtah	2096	m.	24.713	299.450	
1996	Safaniyah	2097	m.	24.710	299.450	

Mitsui Shipbuilding & Engineering Co. Ltd., Chiba

Bauj.	Name	B.Nr.	Antrieb	kw	tdw	weiter Verbleib
1969	Ardtaraig	794	st.	20.888	217.563	1979: Kypros; Abbruch 1982
1969	Ardshiel	795	st.	20.888	217.520	1977: Marakanda; Abbruch 1980
1970	Ardlui	815	st.	20.888	217.616	1981: Elpida; 1983: Pidias, Abbruch
1970	Ardvar	816	st.	20.888	217.463	1979: Paula; 1980: Perch; 1983: Theomitor; Abbruch 1986
1970	Berge King	817	m.	26.334	284.919	1986: Khark 2; Abbruch 1994
1970	Meigen Maru	870	st.	25.364	207.822	Abbruch 1981
1971	Mitsuminesan Maru	874	m.	28.348	227.753	1977: Mobil Kestrel; 1991: Osprey; Abbruch 1993
1971	World Happiness	812	st.	21.634	227.691	Abbruch 1985
1971	British Pioneer	847	st.	22.380	226.145	1981: Tish Pion; 1981: M. Ceyhan; 1985: Totalschaden im Iran-Irak-Krieg; Abbruch 1986
1971	Berge Queen	863	m.	26.334	284.976	1983: Berge Bragd; 1986: Khark 3; Abbruch 1994
1971	Polyscandia	892	m.	25.513	224.850	1982: Son Bong; 1985: Totalverlust im Iran-Irak-Krieg (nach Bombenangriff gesunken)
1971	Gohryusan Maru	906	m.	28.348	227.604	1983: Southern Cross Trader; 1988: Pelopidas V; Abbruch 1995
1972	World Horizon	813	st.	21.634	227.639	Abbruch 1982
1972	British Surveyor	872	st.	22.380	226.319	1976: Shoush; Abbruch 1994
1972	Berge Princess	875	m.	26.334	284.507	1989: Lux Princess; 1990: Oslo Princess; Abbruch 1995

Bauj.	Name	B.Nr.	Antrieb	kw	tdw	weiter Verbleib
1972	Polynesia	897	m.	25.513	224.617	1986: Janiche; 1986: Mia Margarethe; 1988: Bisotoon
1973	Berge Prince	899	m.	26.334	284.002	
1973	Thorsholm	929	m.	25.513	284.299	1986: Patria; 1989: Thorsholm; Abbruch 1994
1973	Berge Lord	934	m.	26.334	284.500	
1973	Thorsaga	957	m.	25.513	284.299	1985: Mississippi; 1986: Khark 4
1973	Takakurasan Maru	961	m.	28.348	272.491	1978: Mobil Swift; 1992: Swift; 1996: Zafiro Producer, Umbau zum Ölaufbereituns- und -lagerschiff
1973	Berge Duke	976	m.	26.334	284.002	
1974	Berge Septimus	946	m.	26.334	284.512	
1974	Polybritannia	966	st.	26.856	273.275	1979: Amoco Seafarer; 1980: Umrüstung auf Dieselantrieb; 26.333 kw 1985: Ocean Seafarer; 1989: Kosmos Seafarer; 1992: Leonidas
1974	Ohminesan Maru	969	m.	28.348	234.157	1989: Ohminesan; 1993: Tai San
1974	Japan Cosmos	970	st.	26.856	273.222	Abbruch 1987
1974	Meitai Maru	974	m.	28.348	234.238	1989: T.M. Regulus
1974	Troilus	979	st.	26.856	273.516	1975: Al-Dhafrah; 1985: Alda, Abbruch
1974	Texaco Africa	980	st.	26.856	274.597	1990: Star Africa
1974	Hemland	995	st.	33.570	372.217	1977: Brazilian Splendour; 1985 Hawaii; 1986: Totalverlust im Iran-Irak-Krieg; 1987: H, Abbruch
1975	Lanistes	953	st.	26.856	311.896	
1975	Barbara T. Shaheen	960	st.	26.856	273.727	1976: Yoko Maru; 1986: Kakuyo Maru; 1991: Ocean Jewel
1975	Laconica	965	st.	26.856	306.950	Abbruch 1985
1975	World Duke	977	st.	26.856	241.295	1985: Bright Duke; 1994: Lourdas; Abbruch 1996
1975	Malmros Mariner	996	st.	33.570	372.217	1978: Brazilian Pride; 1986: Dena
1975	Berge Emperor	1004	st.	33.570	423.700	1985: Emperor; Abbruch 1986
1976	Berge Empress	1005	st.	33.570	423.745	1985: Empress; 1986: Happy Empress; 1987: Sea Empress; 1996: Empress Des Mers
1976	Bacca	1001	m.	30.511	271.892	1985: Phoenix Trader
1977	Shinanogawa Maru	1003	st.	26.480	241.936	1985: Umrüstung auf Dieselantrieb, 16.285 kw; 1993: Shinanogawa; 1995: Heng San
1977	Litiopa	1048	st.	26.856	310.991	1985: Flagship L.; 1987: Jamunda; 1988: Berge Bragd
1980	Berge Pioneer	1113	m.	30.084	360.700	
1981	Berge Enterprise	1112	m.	30.084	360.700	
1986	Otowasan Maru	1335	m.	15.153	239.783	
1990	Cosmo Dione	1366	m.	17.094	238.759	
1991	Yahiko Maru	1367	m.	16.690	258.091	
1991	Tohdoh	1381	m.	19.639	258.096	
1992	Kanayama Maru	1378	m.	19.930	258.094	
1992	Oriental Venture	1382	m.	15.962	281.018	
1993	Mitsumine	1395	m.	19.956	260.995	

Nippon Kokan K.K., Tsu

Bauj.	Name	B.Nr.	Antrieb	kw	tdw	weiter Verbleib
1970	Port Hawkesbury	2	m.	25.513	257.028	1986: Porthmeus; 1986: Red Sea Pioneer; Abbruch 1993
1970	Jalinga	3	st.	23.126	262.972	Abbruch 1982
1971	T.G. Shaughnessy	4	m.	25.513	252.831	1982: Shin-En Maru; 1986: Shining Star; Abbruch 1993
1971	Jamunda	5	st.	23.126	262.901	1982: Lancer Lion, Abbruch
1971	Jarl Malmros, ore-oil	7	st.	23.872	218.957	1979: World Era; 1981: Donau Ore; Abbruch 1986
1972	Kinko Maru	9	st.	26.856	261.361	1987: Eternity; Abbruch 1992
1972	Tartar, ore-oil	10	st.	23.872	219.080	1978: World Lady; Abbruch 1985
1972	Violando N. Goulandris	11	st.	23.126	262.315	1978: Violando; Abbruch 1984
1972	Tsurumi Maru, ore-oil	14	st.	22.380	217.273	1981: Tsurumi; 1982: Alster Ore; 1987: Alster Star; Abbruch 1995
1972	Tarumi	15	st.	26.856	262.139	1978: Tarumi Maru; Abbruch 1982
1972	Tantalus, ore-oil	16	st.	22.380	218.035	1984: Tantra; 1986: Antarctica; 1986: Totalschaden im Iran-Irak-Krieg; 1987: Abbruch
1973	World NKK	12	st.	23.126	266.169	1987: Ingerid Helene; 1993: SPEC-LDE-888

Bauj.	Name	B.Nr.	Antrieb	kw	tdw	weiter Verbleib
1973	Docecanyon, ore-oil	17	st.	25.364	275.636	
1973	Esso Okinawa	18	st.	23.126	260.910	Abbruch 1986
1973	Esso Kagoshima	19	st.	23.126	259.599	Abbruch 1986
1973	Atsuta Maru, ore-oil	20	st.	22.380	217.451	1982: als reiner Erzfrachter klassifiziert; 1986: Umrüstung auf Dieselantrieb, 11.033 kw
1974	Esso Indonesia	21	st.	23.126	261.230	Abbruch 1986
1974	Shima Maru	22	st.	26.856	262.001	1987: Erato II; 1987: Ocean Harmony; 1988: World Harmony; Abbruch 1993
1974	Jarabella	25	st.	23.126	262.901	1982: Yukong Leader; 1989: Happy Leader; 1990: Gambit Leader; 1990: Labella; 1991: South Sea; 1993: Mega Hawk; Abbruch 1995
1974	I.D. Sinclair	27	m.	25.439	254.735	1986: Fidius; 1987: Happy Master; 1989: Nor Master; 1992: Assimina
1974	Jastella	30	st.	23.126	255.999	1982: Yukong Pioneer; Abbruch 1995
1974	World Renown	31	st.	26.856	262.267	Abbruch 1994
1975	Tokitsu Maru	23	st,	26.856	261.546	1986: Umrüstung auf Dieselantrieb, 19.419 kw; 1993: Pacific Jewel
1975	World Eminence	26	st.	23.126	261.729	
1975	Marietta	29	st.	23.126	257.899	1984: Acquila Trader
1975	World Achievement	32	st.	26.856	262.208	1985: Achievement; 1986: Totalschaden im Iran-Irak-Krieg; 1986: Achieve, Abbruch
1975	Nafkratis	33	st.	23.126	261.073	
1976	Titus	34	st.	33.570	379.999	1980: Energy Explorer; 1991: New Explorer
1976	Jarmada	35	st.	33.570	379.999	1985: F.S.U. Covenas, Umbau zum Ölaufbereitungs- und -lagerschiff
1976	Esso Madrid	37	st.	33.570	388.119	1986: Capitol; 1990: Hellespont Capitol
1976	Satsuma Maru	40	st.	26.856	261.916	1988: Satsuma; 1992: Edinburgh Satsuma; Abbruch 1995
1977	Esso Le Havre	38	st.	33.570	380.000	1986: Paramount; 1990: Hellespont Paramount
1986	Grand Phoenix, ore-oil	96	m.	17.021	290.793	
1991	T.S. Prosperity	127	m.	17.278	258.080	
1992	Helios Breeze	130	m.	17.771	258.069	
1993	Berge Sigval	133	m.	23.170	306.430	
1993	Berge Stavanger	134	m.	22.839	306.474	
1993	Satsuma	135	m.	17.770	258.019	
1994	Takayama	140	m.	17.771	259.991	
1994	Carina Star	137	m.	20.230	305.668	
1994	Hydra Star	138	m.	20.230	305.846	
1994	Orion Star	139	m.	20.230	305.783	

Sasebo Heavy Industries Co. Ltd., Sasebo

Bauj.	Name	B.Nr.	Antrieb	kw	tdw	weiter Verbleib
1968	Bulford	181	st.	20.888	214.204	1972: Casterbridge; 1979: Amathus; Abbruch 1981
1969	Energy Transport	178	st.	22.380	217.153	Abbruch 1982
1969	Energy Evolution	182	st.	22.380	216.796	Abbruch 1983
1969	Arabiyah	184	st.	22.380	212.259	Abbruch 1981
1969	Al Funtas	186	st.	22.380	212.160	Abbruch 1980
1969	Mobil Pegasus	187	st.	22.380	215.062	Abbruch 1979
1970	Energy Generation	192	st.	22.380	225.677	Abbruch 1983
1970	Al Badiah	194	st.	22.380	212.126	Abbruch 1981
1970	Energy Resource	196	st.	22.380	216.322	Abbruch 1983
1970	Mobil Pinnacle	197	st.	22.380	215.062	Abbruch 1984
1970	Energy Production	204	st.	22.380	216.305	Abbruch 1984
1971	Energy Vitality	202	st.	22.380	216.305	Abbruch 1982
1971	Mobil Pride	203	st.	22.380	214.992	1981: Yanbu Pride; 1988: Trade Honor; Abbruch 1992
1971	Mobil Progress	206	st.	22.380	215.002	1981: Yanbu Progress; 1988: Trade Independence; 1992: Eman; Abbruch 1993
1971	Mitsutama Maru	216	st.	26.110	222.137	Abbruch 1981
1972	World Duchess	208	st.	24.618	225.687	Abbruch 1982
1972	World General	209	st.	24.618	225.859	Abbruch 1981

Bauj.	Name	B.Nr.	Antrieb	kw	tdw	weiter Verbleib
1972	Energy Creation	212	st.	24.618	223.926	Abbruch 1982
1972	Energy Mobility	214	st.	24.618	223.921	1986: Totalverlust im Iran-Irak-Krieg; Abbruch 1987
1972	Ikuyo Maru	219	st.	26.110	258.279	1988: Trade Reliance; 1988: Sanandaj 2; Abbruch 1995
1973	World Victoria	217	st.	24.618	225.489	Abbruch 1983
1973	Mobil Petroleum	218	st.	22.380	215.205	Abbruch 1985
1973	Munetama Maru	222	st.	26.856	258.093	Abbruch 1984
1973	Mobil Magnolia	224	st.	26.856	280.428	1983: Al Bilad; 1983: Yanbu Star; 1984: Mobil Petrel; 1993: Magnolia
1973	Splendid Diamond	228	st.	24.618	224.336	1977: Nassau, 1982: Hellespont Endeavour; Abbruch 1983
1974	Energy Progress	220	st.	26.856	281.864	
1974	Isis	223	st.	26.856	285.096	Abbruch 1984
1974	Eleftheroupolis	230	st.	26.856	285.503	1981: Kiko Maru; 1987: Fuji Orient; 1990: Mountain Cloud
1974	Cys Crown	232	st.	26.856	258.344	1986: Mototama; 1986: Umrüstung auf Dieselantrieb, 18.433 kw 1993: Crown Jewel I
1975	World Knight	226	st.	26.856	258.434	1984: Totalschaden im Iran-Irak-Krieg; 1984: Knight; Abbruch 1985
1975	Chase Venture	233	st.	26.856	284.632	1986: Khark 5; 1991: Koohrang
1975	World Trophy	234	st.	26.856	262.635	1986: Sunlight Jewel
1976	Mobil Eagle	236	st.	27.240	285.151	1980: Umrüstung auf Dieselantrieb, 26.480 kw; 1985: Al Nisr Al Arabi; 1993: Falcon
1976	Philipps America	237	st.	26.856	267.643	1986: Sun Arcadia; 1987: Umrüstung auf Dieselantrieb, 20.125 kw; 1995: Arcadian I
1976	Mobil Hawk	239	st.	26.856	285.452	1979: Umrüstung auf Dieselantrieb, 26.480 kw; 1985: Al Saqr Al Arabi; 1993: Hawk
1977	Al Faiha	247	st.	26.856	267.908	1987: Tonbridge
1986	Kashimasan Maru	360	m.	16.918	239.351	
1987	Ariake	363	m.	14.947	238.898	1996: Asian Progress
1990	Tsukubasan Maru	375	m.	18.507	259.998	
1991	Kaimon	380	m.	18.507	258.076	
1991	Welsh Venture	382	m.	18.286	280.491	
1992	Cosmo Artemis	384	m.	21.770	261.284	
1993	Musashi Spirit	385	m.	22.920	280.654	
1993	New Vitality	386	m.	20.625	290,691	
1993	Atlantic Ruby	387	m.	18.505	260.988	
1995	Katori	401	m.	30.173	259.999	

Sumitomo Shipbuilding & Machinery Co. Ltd, Yokosuka

Bauj.	Name	B.Nr.	Antrieb	kw	tdw	weiter Verbleib
1973	Takasaki Maru	1005	st.	28.348	273.454	1975: Al Riyadh; 1983: Superior; 1986: Totalschaden im Iran-Irak-Krieg; 1986: Super; Abbruch 1987
1973	Conoco Canada	1009	st.	28.348	247.179	1978: Venture Canada; 1984: Ada; Abbruch 1985
1974	Fairfield Jason	1006	st.	28.348	272.000	1987: Umrüstung auf Dieselantrieb, 19.860 kw; 1992: Skopelos
1974	Saint Marcet	1010	st.	28.348	277.108	1983: Kypros; 1985: Totalschaden im Iran-Irak-Krieg; 1985: Pro; Abbruch
1974	World Canada	1011	st.	28.348	276.574	1985: World Xanadu; Abbruch 1996
1974	Athos	1012	st.	28.348	276.234	1984: Umrüstung auf Dieselantrieb, 26.480 kw
1974	Mobil Mariner	1014	st.	28.348	276.368	1974: Saudi Glory; 1984: Umrüstung auf Dieselantrieb, 26.480 kw
1974	D'Artagnan	1015	st.	28.348	276.234	1981: Umrüstung auf Dieselantrieb, 26.480 kw
1975	Al Haramain	1017	st.	28.348	281.595	1984: Umrüstung auf Dieselantrieb, 26.480 kw; 1987: Saudi Splendour
1975	Ogden Sungari	1018	st.	28.348	275.932	1984: Sungari; 1987: Totalschaden im Iran-Irak-Krieg; Abbruch 1988
1975	Mobil Falcon	1019	st.	37.300	277.000	1981: Umrüstung auf Dieselantrieb, 26.480 kw; 1991: Harrier
1975	Conoco Europe	1020	st.	25.812	277.099	1978: Venture Europe; 1987: Europe; 1994: Svelvik
1975	Moscliff	1021	st.	25.856	272.700	1985: Actor; 1988: Jarabella; 1991: Ambra Blue; 1993: Argostoli Bay; 1996: Dolphin 41, Abbruch
1976	Neubau, nicht getauft	1016	st.	37.300	418.610	1979: Seawise Giant; 1980: verlängert bei Nippon Kokan K.K., Tsu: 564.763 tdw; 1989: Happy Giant; 1991: Jahre Viking
1976	Primrose	1025	st.	28.348	272.700	1990: Pisa
1993	Tartar	1179	m.	18.139	279.937	

Bauj.	Name	B.Nr.	Antrieb	kw	tdw	weiter Verbleib
1993	Olympic Loyality	1184	m.	18.536	303.184	
1993	Eagle	1185	m.	20.596	284.493	
1994	Berge Stadt	1183	m.	25.745	306.951	
1996	Raven	1189	m.	26.105	280.000	
1996	Olympic Legacy	1201	m.	20.596	280.000	

Südkorea

Hyundai Heavy Industries Co. Ltd., Ulsan

Bauj.	Name	B.Nr.	Antrieb	kw	tdw	weiter Verbleib
1974	Atlantic Baron	7301	st.	23.872	267.801	1977: Prosperity; 1990: ABT Summer; 1991: Totalverlust (gesunken)
1975	Korea Sun	7302	st.	23.872	267.801	1986: Umrüstung auf Dieselantrieb, 17.521 kw; 1989: Happy Mia; 1991: Mia; Abbruch 1992
1975	Pan Asia Courage	7303	st.	26.856	232.999	1980: Energy Courage; 1988: Asian Energy; 1990: Happy Fighter; 1991: South Breeze; Abbruch 1993
1975	Althea	7304	st.	26.856	233.365	1979: Asia Maru; 1986: Umrüstung auf Dieselantrieb, 22.100 kw; 1990: Ambra Whaler; 1993: Mega Pilot
1975	Lotus	7305	st.	26.856	232.999	1984: Ujigawa Maru; Abbruch 1985
1975	Fairfield Sunrise	7306	st,	26.856	233.365	1987: Platinum
1976	World Heritage	7307	st.	26.856	267.577	1987: Calamus; 1987: Eastern Strength
1976	Korea Star	7308	st.	26.856	266.982	1989: Mariner
1976	World Dynasty	7309	st.	26.856	267.268	1981: Koei Maru; Abbruch 1987
1976	Korea Banner	7310	st.	26.856	266.982	1994: Stolidli; 1994: Abbruch nach Totalschaden (Explosion im Maschinenraum)
1977	Cattleya	7412	st.	26.856	267.807	1987: Eastern Courage; 1994: Ikaria
1978	Saffron	7411	st.	26.856	268.050	1987: Eastern Promise; 1994: Promise; 1996: Osprey Promise
1988	Fina Europe	468	m.	14.638	255.087	1990: Samco Europe
1988	World Prelude	480	m.	17.859	265.243	
1988	Pacific Tower	485	m.	20.101	245.653	
1988	Yukong Frontier	493	m.	14.638	255.346	
1988	Yukong Commander	494	m.	14.638	255.346	
1988	World Prince	498	m.	13.976	265.322	
1989	Fina Samco	469	m.	14.638	255.087	1991: Samco
1989	World Pendant	499	m.	17.859	265.316	
1989	Nicoline Maersk	606	m.	17.859	255.312	1992: Maersk Navarin
1989	Niels Maersk	607	m.	17.859	255.312	1991: Honam Sapphire
1989	Maersk Nautilus	623	m.	17.859	255.028	
1989	Maersk Navigator	624	m.	17.859	255.312	1993: Maersk Neptune
1990	Yukong Voyager	495	m.	16.263	255.226	
1991	Sea Lord	698	m.	14.350	282.057	
1991	Sea Lady	699	m.	14.350	284.497	
1991	Sea Highness	733	m.	16.490	284.317	
1991	Al Awdah	741	m.	16.490	284.532	
1992	Sea Duke	745	m.	16.490	284.420	
1992	Al Tahreer	749	m.	16.188	284.533	
1993	Sea Duchess	801	m.	19.728	284.480	
1993	Chios	803	m.	21.133	301.824	
1993	New Wisdom	810	m.	25.487	279.864	
1994	New Vision	811	m.	22.938	279.864	
1994	Polaris Star	823	m.	23.461	301.569	
1994	Markab Star	824	m.	23.461	301.569	
1994	Mirfak Star	841	m.	23.461	301.569	
1994	Hamal Star	842	m.	23.461	301.550	
1994	Shaula Star	843	m.	23.461	301.569	
1995	Pherkad Star	825	m.	23.461	301.569	
1995	Crown Unity	905	m.	24.468	300.000	

Bauj.	Name	B.Nr.	Antrieb	kw	tdw	weiter Verbleib
1995	Hyundai Star	907	m.	23.373	280.000	
1996	Majestic Unity	906	m.	24.468	300.549	
1996	Hyundai Banner	908	m.	27.186	281.000	
1996	Equatorial Lion	946	m.	25.487	274.000	
1996	**Meridian Lion**	**947**	**m.**	**25.487**	**274.000**	

Daewoo Shipbuilding & Heavy Machinery Ltd., Okpo

Bauj.	Name	B.Nr.	Antrieb	kw	tdw	weiter Verbleib
1988	World Phoenix	5017	m.	18.308	258.064	
1989	World Prime	5027	m.	18.308	258.062	
1989	World Prospect	5029	m.	18.308	275.984	
1989	Golar Klementine	5031	m.	18.529	304.662	1990: Columba Star
1989	Golar Cordelia	5032	m.	18.529	304.707	1990: Dorado Star
1990	Argo Athena	5033	m.	16.668	285.640	
1990	Argo Dione	5034	m.	18.503	285.715	1991: Damar; 1994: Sabang
1990	Argo Elektra	5037	m.	16.668	285.690	1993: Alexita
1990	Argo Hebe	5038	m.	16.668	285.690	
1990	Vanadis	5039	m.	23.456	285.872	
1991	Argo Pallas	5048	m.	21.145	286.739	
1992	Irian	5052	m.	21.145	285.715	
1992	Argo Thetis	5056	m.	21.145	286.006	
1992	Al Samidoon	5057	m.	18.779	284.889	
1992	Argo Daphne	5058	m.	23.456	285.933	
1992	Ambon	5059	m.	21.133	285.771	
1992	Golar Stirling	5060	m.	22.192	302.440	
1992	Golar Glasgow	5061	m.	26.079	275.000	
1992	Al Shuhadaa	5068	m.	18.779	285.117	
1993	Golar Edinburgh	5062	m.	26.105	282.107	
1993	Golar Dundee	5063	m.	26.079	302.432	
1993	Sala	5069	m.	23.456	293.376	
1993	Seki	5070	m.	23.479	293.238	1994: Sebu
1993	Siam	5071	m.	23.479	299.993	
1993	Soro	5072	m.	23.479	299.637	
1993	Suva	5074	m.	23.461	293.371	
1993	Sylt	5075	m.	23.461	293.297	
1994	Provence I	5077	m.	23.479	285.364	1994: Provence
1995	Flores	5081	m.	23.456	280.410	
1995	Mindoro	5082	m.	22.942	300.294	
1995	Yukong Achiever	5089	m.	24.438	280.00	
1995	Erica	5090	m.	27.186	298.816	
1995	Murex	5091	m.	26.480	298.306	
1995	Macoma	5092	m.	26.480	298.432	
1995	Magdala	5093	m.	26.480	278.000	
1995	Myrina	5094	m.	26.480	298.504	
1996	Megara	5095	m.	26.480	278.000	
1996	Iran Noor	5083	m.	27.186	300.000	
1996	Iran Noah	5084	m.	27.186	300.000	
1996	Iran Nabi	5085	m.	27.186	300.000	
1996	Iran Najm	5086	m.	27.186	300.000	
1996	Iran Nesa	5087	m.	27.186	300.000	
1996	Hoyo Garnet	5096	m.	27.186	280.000	1996: Oriental Garnet

Bauj.	Name	B.Nr.	Antrieb	kw	tdw	weiter Verbleib
Samsung Shipbuilding & Heavy Industries Co. Ltd.						
1995	Yukong Navigator	1115	m.	23.293	277.798	
1995	Yukong Planner	1116	m.	23.293	278.157	

Taiwan

China Shipbuilding Corp., Kaohsiung

Bauj.	Name	B.Nr.	Antrieb	kw	tdw	weiter Verbleib
1977	Burmah Endeavour	1	st.	33.570	457.841	1988: Stena Queen
1978	Burmah Enterprise	2	st.	33.570	457.927	1988: Stena King
1981	Chang Yun	151	m.	22.508	224.738	
1987	Ruhr Ore, ore-oil	320	m.	16.123	305.863	
1988	Alster Ore, ore-oil	327	m.	16.123	305.893	
1994	Dar Yun	579	m.	23.303	258.468	

USA

Seatrain Shipbuilding Corp., Brooklyn

Bauj.	Name	B.Nr.	Antrieb	kw	tdw	weiter Verbleib
1973	Brooklyn	100	st.	37.300	229.727	1994: New Brooklyn
1974	Williamsburgh	101	st.	37.300	228.701	Abbruch 1994
1977	Stuyvesant	102	st.	37.300	228.274	Abbruch 1992
1978	Bay Ridge	103	st.	37.300	205.000	

Bethlehem Steel Corp., Sparrows Point

Bauj.	Name	B.Nr.	Antrieb	kw	tdw	weiter Verbleib
1975	Massachussetts	4642	st.	26.110	268.310	1988: Ocean Runner; 1993: Astro Gamma
1976	New York	4643	st.	26.110	268.310	1988: Ocean Challenger; 1993: Astro Alpha
1976	Maryland	4644	st.	26.110	268.310	1988: Ocean Wizzard; 1993: Astro Beta
1977	American Spirit	4645	st.	26.110	266.585	1982: Arco Spirit
1977	American Independence	4646	st.	26.110	266.585	1982: Arco Independence

Newport News Shipbuilding & Dry Dock Co., Newport News

Bauj.	Name	B.Nr.	Antrieb	kw	tdw	weiter Verbleib
1979	U.S.T. Atlantic	613	st.	33.570	404.531	1994: Marine Atlantic
1980	U.S.T. Pacific	614	st.	33.570	404.531	1994: Marine Pacific

National Steel & Shipbuilding Co., San Diego

Bauj.	Name	B.Nr.	Antrieb	kw	tdw	weiter Verbleib
1986	Exxon Valdez	438	m.	23.280	214.853	1990: Exxon Mediterranean; 1993: S/R Mediterranean;
1987	Exxon Long Beach	439	m.	23.280	214.853	1993: S/R Long Beach

Brasilien

Ishikawajima Do Brasil Estaleiros S.A., Rio de Janeiro

Bauj.	Name	B.Nr.	Antrieb	kw	tdw	weiter Verbleib
1978	Henrique Dias	61	st.	29.840	279.749	
1979	Jose do Patrocinio	62	st.	29.840	279.913	
1979	Barao de Maua	63	st.	29.840	280.103	
1980	Felipe de Camarao	64	st.	29.840	279.688	
1986	Docefjord, ore-oil	145	m.	16.432	310.700	
1987	Tijuca, ore-oil	146	m.	16.432	310.700	

Literaturverzeichnis

Bes, J.: Tanker Shipping, London 1963

Brennecke, Jochen: Tanker, Koehlers Verlagsgesellschaft, Herford 1975 und 1980

Drewry Shipping Consultants Ltd.: The Role of VLCCs in the 1980s, London 1984

Drewry Shipping Consultants Ltd.: The Future of the Supertanker, London 1991

Hooke, Norman: Modern Shipping Disasters, Lloyd's of London Press Ltd., 1989

Lloyd's Shipping Index, Jahrgänge 1963 bis 1996, Lloyd's of London Press, London

Lloyd's Register of Ships, London, verschiedene Jahrgänge 1959 - 1995,

Marine News, Journal of the World Ship Society, Kendal, Cumbria, Jahrgänge 1963 - 1996

Mostert, Noel: Supertanker, deutsche Übersetzung, Ullstein, Frankfurt/Main, 1975

Ratcliffe, Mike: Liquid Gold Ships, Lloyd's of London Press Ltd., London 1985

Skeet, Ian: OPEC, Twenty Five Years of Prices and Politics, Cambridge Energy Studies, Cambridge 1988